BIBLIOTHÈQUE FRANCE-AMÉRIQUE

GEORGES WEILL
PROFESSEUR A L'UNIVERSITÉ DE CAEN

Histoire des États-Unis de 1787 à 1917

AVEC SEPT PLANCHES HORS TEXTE

LIBRAIRIE FÉLIX ALCAN

HISTOIRE DES ÉTATS-UNIS

LIBRAIRIE FÉLIX ALCAN

BIBLIOTHÈQUE FRANCE-AMÉRIQUE

Histoire du Canada, par F.-X. Garneau. Cinquième édition, revue, annotée et publiée avec un avant-propos par son petit-fils, Hector Garneau. Préface de M. Gabriel Hanotaux, de l'Académie française, président du Comité France-Amérique. 2 forts volumes in-8°.

Tome premier (1534-1744). Un volume in-8° avec portrait de l'Auteur. 1913 . . . . 10 fr. »

Tome second. Un volume in-8° (*sous presse*).

Les Promesses de la Vie américaine, par H. Croly. Traduit de l'anglais par Firmin Roz et Fénard, introduction par Firmin Roz. Un vol. in-8°. 1913 . . . . 3 fr. 50

Les Etats-Unis et la France, par E. Boutroux, P.-W. Bartlett, J. M. Baldwin, L. Bénédite, W. V. R. Berry, d'Estournelles de Constant, L. Gillet, D. J. Hill, J. H. Hyde, Morton Fullerton. Un vol. in-8°, avec 18 pl. hors texte. 1914 . . . . 5 fr. »

La France et la Guerre. *Opinions d'un Américain*, par James Mark Baldwin. Une brochure in-8°. 1915 . . . . 1 fr. »

Le secours américain en France (*American Aid in France*), par William G. Sharp et Gabriel Hanotaux. Une brochure in-8°. 1915 . . . . 1 fr. »

Le Devoir des Neutres, par Ruy Barbosa. Avant-propos : *La Sentence du Juge*, par Graça Aranha. Traduit du portugais par Cardozo de Bethencourt. Une broch. in-8°, avec une planche hors texte. 2e édit., 1917. 2 fr. »

Le Chili et la Guerre, par C. Silva Vildósola, ancien directeur du *Mercurio* de Santiago du Chili, traduit de l'espagnol par Cardozo de Bethencourt, ancien bibliothécaire de l'Académie des Sciences de Lisbonne. Une brochure in-8°, 1917 . . . . 1 fr. 80

L'Allemagne et l'Amérique latine. *Souvenirs d'un voyageur naturaliste*, par Emile-R. Wagner, correspondant du Muséum de Paris, avec préface de M. Edmond Perrier, membre de l'Institut, directeur du Muséum d'Histoire naturelle. 1 vol. in-8°, avec une carte hors texte. 1918. 3 fr. 50

A travers la forêt brésilienne. *De l'Amazone aux Andes*, par le même. 1 vol. in-8°, avec 8 planches hors texte. 1919 . . . . 3 fr. 50

La République de Costa Rica. *Son avenir économique et le Canal de Panama*, par le comte Maurice de Périgny, précédé d'une préface de M. Martinenche, Secrétaire général du Groupement des Universités et des Grandes Ecoles de France pour les relations avec l'Amérique latine. 1 vol. in-8° avec 10 pl. et une carte hors texte, 1918 . . . . 5 fr. »

L'Union des États-Unis et de la France, par G. Hanotaux, de l'Académie française, président du Comité France-Amérique (texte français et texte anglais, traduit par W. Morton-Fullerton). 1 brochure in-8, 1918 . 0 fr. 90

La France et la Guerre de l'Indépendance Américaine : 1776-1783, par le Capitaine Joachim Merlant, professeur-adjoint à la Faculté des Lettres de l'Université de Montpellier. 1 volume in-8°, avec 6 planches et 1 carte hors texte. 1918 . . . . 3 fr. 50

Pages choisies de José Enrique Rodó, choix et introduction de M. Hugo D. Barbagelata. 1 vol. in-8°, avec un portrait hors texte . . . . . . 3 fr. 50

Pages choisies de Rubén Darío, choix et introduction de M. Ventura García Calderón. 1 vol. in-8°, avec un portrait hors texte . . . . 3 fr. 50

Histoire des États-Unis de 1787 à 1917, par Georges Weill, professeur à l'Université de Caen. 1 vol. in-8°, avec 7 planches hors texte. 1919. 3 fr. 50

La République Argentine et sa vie économique, par Georges Lafond, secrétaire général de la Chambre de Commerce argentine de Paris, 1 vol. in-8° (*à paraître*).

Histoire de la Colombie et du Vénézuéla, par J. Humbert, 1 vol. in-8° (*à paraître*).

Le Pérou moderne, par le Capitaine de corvette Guette. 1 vol. in-8° (*à paraître*).

HISTOIRE
DES
ÉTATS-UNIS
de 1787 à 1917

PAR

GEORGES WEILL

PROFESSEUR A L'UNIVERSITÉ DE CAEN

AVEC SEPT PLANCHES HORS TEXTE

PARIS
LIBRAIRIE FÉLIX ALCAN
108, BOULEVARD SAINT-GERMAIN

1919

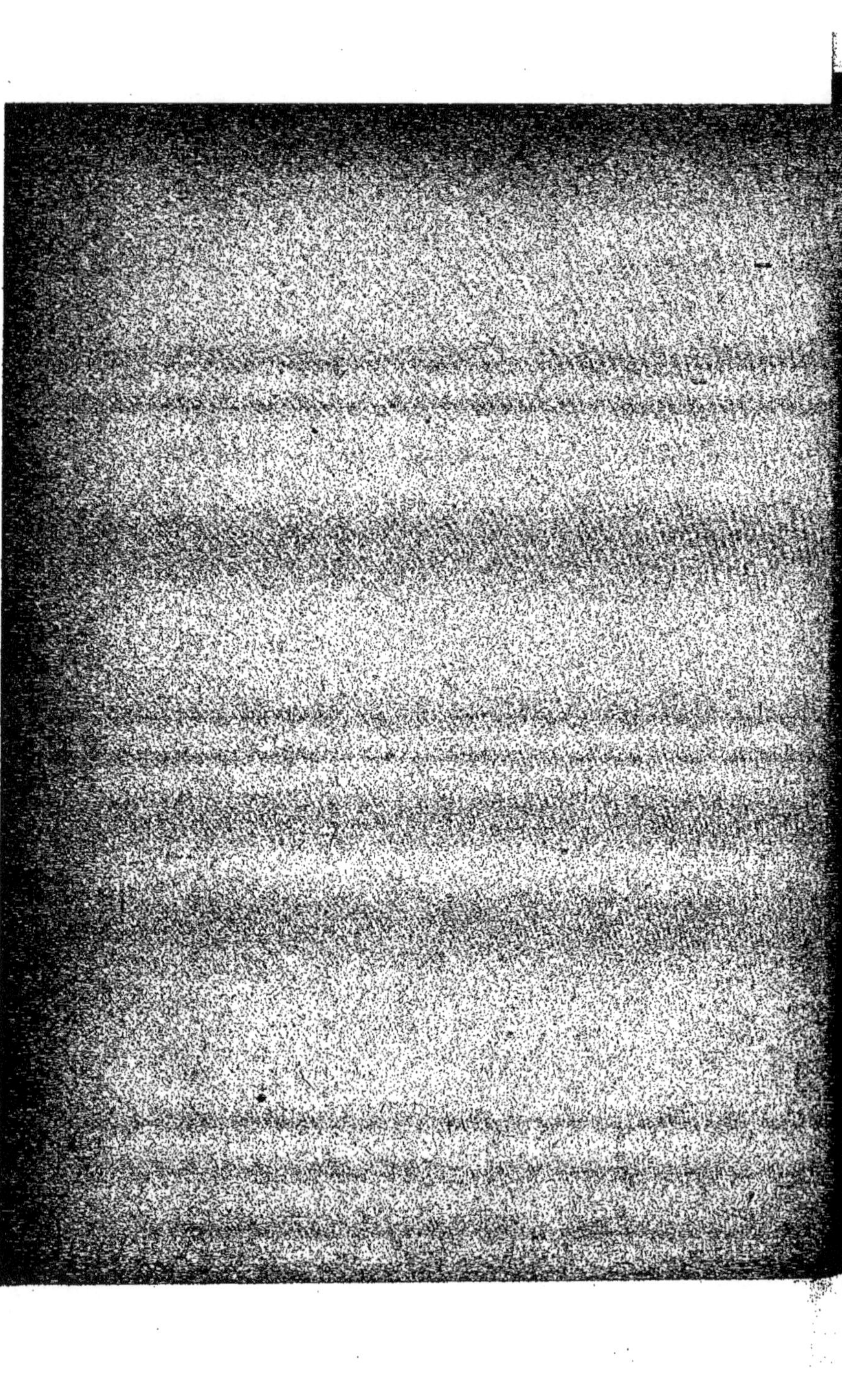

AVANT-PROPOS

Il n'existe pas de livre français qui raconte l'histoire des États-Unis depuis le vote de la Constitution jusqu'au début du xxe siècle ; j'essaye de combler cette lacune par le présent résumé. Il a été rédigé d'après les travaux des historiens américains. Je dois citer deux ouvrages surtout auxquels j'ai fait de fréquents emprunts : pour la période antérieure à 1850, c'est celui de Mac Master, si précieux par les renseignements qu'il a réunis sur la vie économique et sociale du peuple américain ; pour les années entre 1850 et 1877, c'est celui de Rhodes, aussi remarquable par le talent littéraire que par la sûreté de la critique et l'abondance de la documentation[1]. La collection de l'*American Historical Review* depuis 1895 m'a également rendu les plus signalés services. Je serais heureux que mon livre pût contribuer à faire mieux connaître à la France la grande démocratie du Nouveau Monde.

1. John Bach Mc Master : *A History of the people of the United States, from the Revolution to the Civil War*, New-York, 1907-1913, 8 vol. in-8°.
James Ford Rhodes : *History of the United States from the compromise of 1850*, Londres, 1893-1910, 7 vol. in-8°.

PLANCHE I.

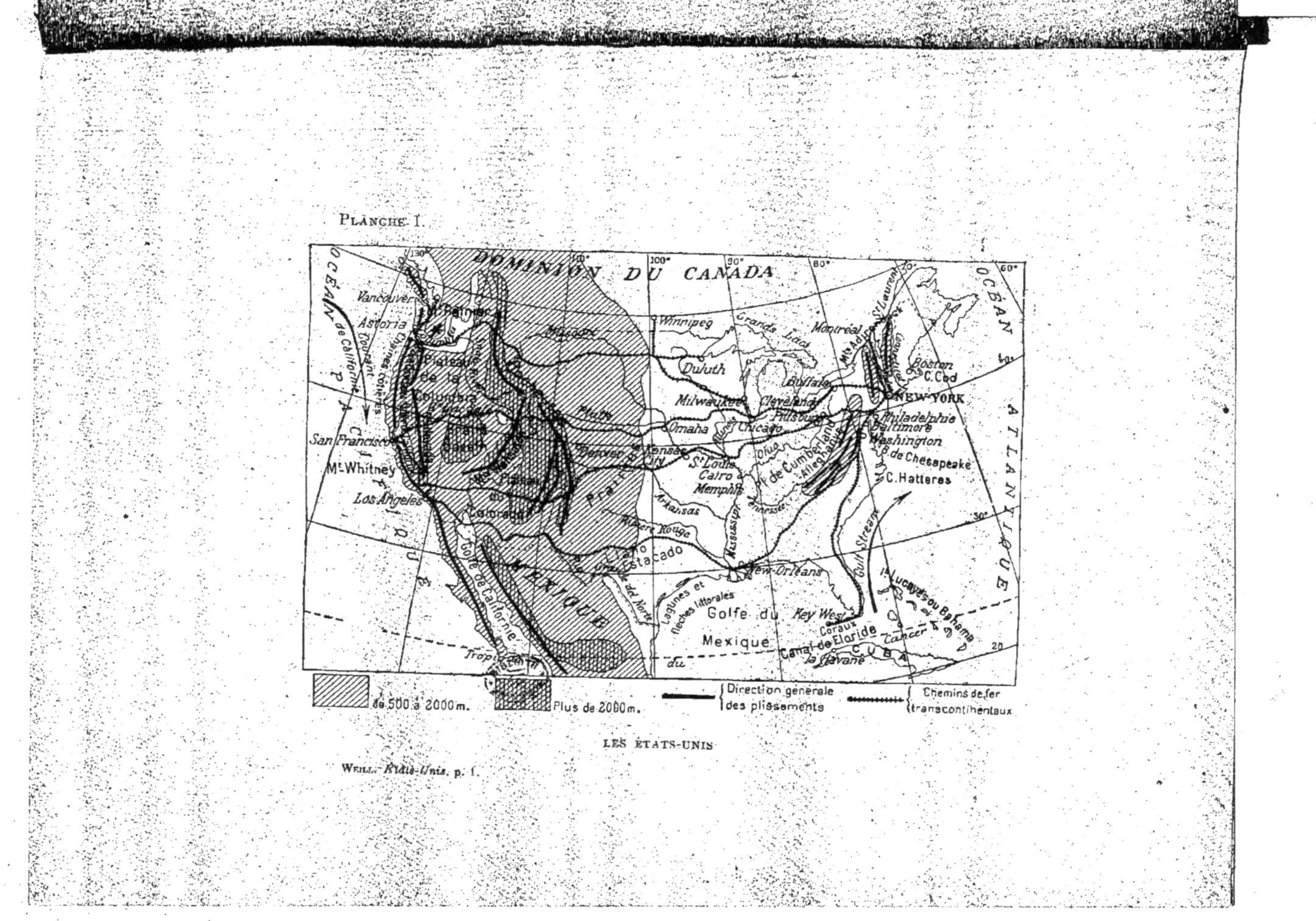

LES ÉTATS-UNIS

WEILL. États-Unis. p. 1.

HISTOIRE DES ETATS-UNIS

(1787-1917)

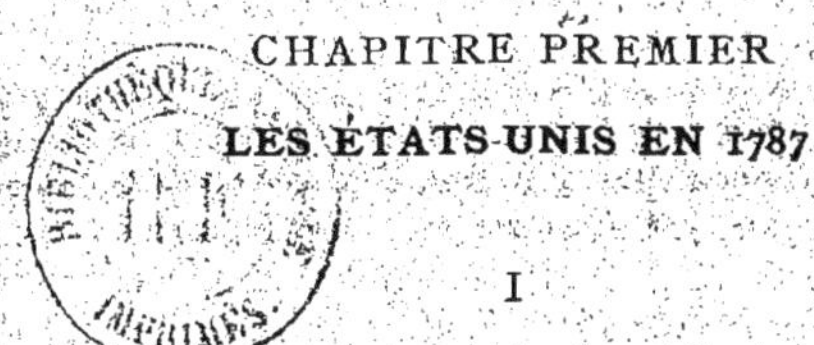

CHAPITRE PREMIER

LES ÉTATS-UNIS EN 1787

I

Les États-Unis, reconnus indépendants par la Grande-Bretagne depuis les préliminaires de 1782 et le traité définitif de 1783, s'étendaient à l'ouest jusqu'au Mississipi. Au nord, la frontière, mal fixée, devait suivre la rivière Sainte-Croix, la ligne de partage des eaux, le Saint-Laurent et les grands lacs. Au sud, la rivière Sainte-Marie jusqu'à sa source, puis une ligne suivant le 31e degré de latitude jusqu'au Mississipi les séparaient de l'Espagne. Cela faisait un pays grand comme quatre fois la France. En réalité, la plus grande partie de cet immense territoire ne renfermait pas d'habitants blancs ; c'est entre l'Atlantique et la chaîne des Alleghanys que se trouvait toute la population d'origine européenne. Cette population, qui paraît avoir été de 3.250.000 âmes en 1783, atteignait en 1790, lors du premier recensement, le chiffre de 3.929.000 habitants. Les treize États qui se la partageaient n'étaient autres que les treize colonies anglaises révoltées contre la métropole depuis 1776. On peut y distinguer divers groupes : les États de la Nouvelle-Angleterre, ceux du Milieu (*Middle States*), ceux du Sud et de l'extrême Sud.

La Nouvelle-Angleterre comprenait les États de Massachusetts, New-Hampshire, Connecticut et Rhode-Island. La Nouvelle-Angleterre conservait la marque de ces « Pères pèlerins » qui étaient venus sur la *Fleur-de-Mai* s'y établir au commencement du XVIIe siècle; l'esprit puritain y demeurait dominant. C'étaient des puritains que ces « fermiers » (*farmers*) qui cultivaient soigneusement leurs petites propriétés, menant une vie simple et austère, étonnant les étrangers par l'insatiable curiosité avec laquelle ils posaient des questions sur les pays lointains. C'étaient des puritains que ces gens de mer installés dans les excellents ports naturels qui pullulent sur la côte, et vivant du cabotage, de la contrebande, surtout de la pêche. Ces populations puritaines avaient une instruction primaire plus avancée peut-être que n'importe quel pays d'Europe à cette époque; instruction assez rudimentaire encore, puisque l'école fonctionnait seulement pendant deux mois en hiver pour les garçons avec un maître, et pendant deux mois en été pour les filles avec une maîtresse. Un pédagogue habile, Noah Webster, venait de publier de bons manuels pour les débutants. Quelques élèves de l'école primaire passaient à l'académie, sorte d'école secondaire où la discipline était sévère, où les sermons, les prières, la lecture de la Bible occupaient au moins autant d'heures que les études littéraires ou scientifiques. Enfin ceux qui voulaient aborder les études supérieures allaient passer quatre ans dans un « collège », à Harvard ou à Yale. Dans ces deux Universités comme dans toutes celles de l'époque, les humanités classiques étaient l'objet principal de l'enseignement; voilà pourquoi des journalistes à l'esprit très moderne, tels que Madison ou Hamilton, signaient « Publius » ou « Helvidius »; voilà pourquoi une région renfermait des localités appelées Ithaque, Marathon, Syracuse, Utique, Cicéron, Scipion, Virgile, Homère.

Dans toute la Nouvelle-Angleterre les personnages les plus importants étaient les ministres; ces hommes instruits, gradués des deux grands collèges, exerçaient une sérieuse influence, à condition de la mériter par leurs actes et leurs discours. Le sermon était pour les fermiers et les boutiquiers puritains l'événement de la semaine; beaucoup y venaient avec un crayon et un carnet, pour prendre des notes qui fournissaient ensuite matière à de longues discussions dans les familles. Le dimanche était rigoureusement respecté; le théâtre et la danse rencontraient beaucoup d'ennemis. Les rivaux des ministres étaient les avocats, les légistes qui, dans le Nord comme dans tous les États, devenaient les chefs des partis politiques. Le plus important des

États puritains était le Massachusetts; en 1790 il comptait 475.000 habitants, si l'on y rattache le territoire septentrional, déjà autonome, qui devait former plus tard l'État du Maine. Sa grande ville, Boston, qui possédait 20.000 âmes, était fière de son antiquité, fière du rôle qu'elle avait joué dans la guerre de l'Indépendance, fière aussi d'être la cité la plus instruite de l'Amérique.

Les États du Centre étaient la Pennsylvanie, New-York, New-Jersey et le Delaware. L'agriculture y tenait une grande place, mais c'était le commerce qui dominait, surtout dans les deux villes rivales de New-York et de Philadelphie. New-York avait été ruiné par la Révolution; les Anglais y étaient restés les maîtres pendant toute la guerre, et leur départ avait fait émigrer à leur suite beaucoup de « loyalistes ». La ville commençait à peine à se relever de cette crise en 1787; mais déjà le gouverneur actif et remuant qui dirigeait l'État, George Clinton, rêvait d'en faire le premier port de la Confédération. Pour le moment la cité, qui portait encore les traces de son origine hollandaise, était éclipsée par Philadelphie. La ville de Benjamin Franklin s'honorait d'avoir abrité les signataires de la Déclaration d'indépendance; elle était la première, non seulement par le chiffre de sa population qui dépassait 30.000 individus, mais par l'élégance de ses habitants et la bonne tenue de ses rues; les quakers, toujours nombreux, se plaignaient en vain du luxe déployé par la haute société. Bien des voyageurs lui préféraient pourtant Baltimore, cité mondaine où s'installa un théâtre à demeure, malgré les protestations des puritains. New-York, Philadelphie et Baltimore se disputaient en 1787 la prépondérance commerciale, soit pour le trafic intérieur entre la côte et l'Ouest, soit pour le trafic maritime avec les Indes occidentales, c'est-à-dire avec les Antilles.

Le Maryland, où se trouvait Baltimore, était, comme la Virginie, un de ces États-frontières (*border States*) qui donnaient aux gens du Nord une première idée du climat et de la vie du Sud. La Virginie, avec les 747.000 habitants qui figurent au recensement de 1790, tenait le premier rang parmi les treize États. Elle dominait surtout les autres par le prestige que lui assurait le talent de ses hommes politiques; c'est là que le fougueux Patrick Henry avait dénoncé les méfaits de Georges III; c'est elle qui avait donné à la Confédération Jefferson et surtout Washington. Ces hommes différaient beaucoup de ceux du

Massachusetts; ils formaient une aristocratie de planteurs, habitués à diriger de vastes propriétés, à se faire obéir de leurs esclaves. Si les hommes de Boston appartenaient aux familles des Têtes Rondes, ceux de Richmond descendaient des Cavaliers; le groupe religieux dominant ici n'était plus la secte congrégationaliste, mais l'Église anglicane. Elle dominait l'instruction de la jeunesse, même au collège Guillaume et Marie, la plus ancienne des Universités américaines; mais le parti de Jefferson venait de faire voter par les Chambres virginiennes la loi qui enlevait tout caractère obligatoire aux contributions payées par les fidèles pour l'entretien du culte.

Les deux Carolines et la Géorgie formaient l'extrême Sud. Une population noire très nombreuse y cultivait pour le compte des planteurs le tabac et l'indigo, avec un végétal dont personne alors ne soupçonnait l'avenir, le coton. Les planteurs menaient la politique de ces États, et surtout du plus important parmi eux, la Caroline du Sud; ils avaient fait de Charleston une ville active, aimable et brillante. Les blancs pauvres étaient pour eux des clients soumis, incapables d'arriver à l'indépendance économique, parce que le travail servile faisait au travail libre une concurrence victorieuse.

Dès 1787 l'usage opposait le Nord et le Sud, l'un comprenant la Nouvelle-Angleterre et les États du Centre, l'autre commençant au Maryland et à la Virginie pour aller jusqu'à l'extrémité de la Géorgie. Le Nord avait le climat de l'Europe, le Sud celui des pays chauds; l'un était peuplé de travailleurs libres, l'autre contenait 600.000 noirs asservis par les blancs; le Nord possédait une vie maritime très active, les côtes du Sud n'offraient presque pas de bons ports. Entre ces deux régions les communications étaient difficiles; à une époque où l'on mettait six jours, et parfois neuf en hiver, pour faire en voiture le voyage de Boston à New-York, les rapports entre la Nouvelle-Angleterre et les Carolines se réduisaient à peu de choses: la voie de mer était plus commode, mais les armateurs aimaient mieux employer leurs bateaux au commerce ou à la pêche qu'au transport des voyageurs. Cependant le Nord et le Sud avaient des liens entre eux. Ils parlaient la même langue, l'anglais; même les colons étrangers, allemands et scandinaves surtout, l'apprenaient vite. Ils avaient la même religion, le protestantisme; toutes les églises protestantes, les « dénominations » diverses, venaient de se donner entre 1783 et 1787 une organisation nationale, en se séparant des églises de la Grande-Bretagne. L'Église anglicane ou épiscopalienne s'efforçait de retrouver une popularité affaiblie par les penchants « loyalistes » de son clergé pendant la guerre de l'Indépendance. Le méthodisme, encore un peu dédaigné à ce moment comme une secte de prolétaires, allait progresser très vite. La plupart des Américains étaient croyants ; les libres penseurs à idées radicales, comme Jefferson ou Thomas Paine, formaient une imperceptible minorité ; dans toutes les confessions protestantes, la Bible rencontrait peu d'incrédules. Les catholiques étaient 30.000 à peine ; le Maryland lui-même, la colonie catholique fondée par lord Baltimore, avait maintenant une majorité protestante.

Le pays qui s'appelait le Nord par opposition au Sud s'appelait aussi l'Est par opposition à l'Ouest[1]. On ne peut pas fixer à l'Ouest une limite géographique déterminée ; le pays ainsi désigné a varié sans cesse d'emplacement pendant cent ans. L'Ouest, c'était la région non occupée encore, la terre libre accessible aux colons qui voulaient l'explorer et la défricher ; elle comprenait aussi le territoire plus reculé qu'on nommait le « lointain Ouest », le Far West. Entre les districts déjà civilisés, organisés pour la vie régulière, et les terres où de petits groupes de pionniers s'aventuraient au milieu des Indiens, s'étendait une ligne imaginaire qu'on nommait la frontière (*frontier*). Cette ligne a sans cesse changé à mesure que les *frontiersmen* gagnaient du terrain ; elle n'a cessé de reculer vers l'occident jusqu'au jour où la rencontre des blancs venus de l'Atlantique avec les blancs venus du Pacifique a définitivement fait disparaître la « frontière ».

Le traité de 1783 étendait l'Ouest américain jusqu'au Mississipi ; mais la plus grande partie de cet immense pays appartenait aux tribus indiennes. Les Indiens laissaient la terre en friche et ne vivaient que de la chasse ; ils excellaient à guetter, à flairer les bêtes sauvages, en imitant leurs cris. Très actifs au moment d'une chasse ou d'une guerre, ils donnaient tout le reste de leur temps à la paresse ou à la débauche, abandonnant les travaux inférieurs à leurs femmes. Cette race indolente ne pouvait résister, malgré sa bravoure, à l'activité continue et

1. Les Américains faisaient la distinction entre le Nord et l'Est, mais elle disparut bientôt dans l'usage.

passionnée des colons blancs; mais ceux-ci commençaient à peine à dépasser les montagnes. L'Ouest, pour les gens du Nord, c'était la partie occidentale de l'État de New-York jusqu'aux lacs Érié et Ontario; c'était surtout la région avoisinant la Pennsylvanie. On y accédait péniblement, faute de routes; le chemin le plus fréquenté menait de Philadelphie à la petite ville de Pittsburg, où l'on avait l'avantage de pouvoir s'embarquer sur l'Ohio, la « belle rivière » si bienfaisante pour les colons.

Les gens du Sud étaient allés plus loin dans l'Ouest. Ils avaient peuplé le Kentucky, encore soumis à la Virginie, mais aspirant déjà en 1787 à devenir un État indépendant. D'autres aventuriers hardis, menés par l'énergique Sevier, petit-fils d'un huguenot français, jetaient les bases d'un autre État, le Tennessee, qui faisait des tentatives pour s'affranchir de la Caroline du Nord. C'est que les gens de l'Ouest avaient un esprit à part. Dans le Nord et le Sud vivait une population européenne, établie depuis longtemps, connaissant les mœurs et les raffinements du Vieux Monde. Vers l'Ouest se dirigeaient les prolétaires énergiques, les pionniers aventureux, tous ceux qui aspiraient non seulement à la propriété foncière, mais à une vie nouvelle, dégagée des servitudes politiques et sociales qu'ils avaient appris à détester.

II

Les treize États avaient organisé pendant la guerre de l'Indépendance un gouvernement fédéral, dont l'acte constitutionnel fut promulgué en 1781 : ce furent les « Articles de confédération ». Quelques années suffirent pour montrer combien ce régime était faible et impuissant ; le Congrès continental, à qui l'on avait confié les pouvoirs fédéraux, demeurait à la merci de chacun des États. Le principe adopté par tous était de laisser les États souverains pour leurs affaires intérieures, et de les faire représenter par le Congrès pour les affaires extérieures ; mais il est impossible d'établir dans la vie politique réelle une division aussi tranchée. Chaque État possédait sa monnaie, frappait de droits de douanes les produits de ses voisins ; la plupart mettaient peu d'empressement à payer leur part des dettes contractées en commun pour le salut de la Révolution. Le Congrès ne pouvait obtenir le respect des engagements pris envers les deux voisines des États-Unis, l'Angleterre et l'Espagne : l'Angleterre en profita pour conserver les postes-frontières qu'elle aurait dû évacuer dans le voisinage des grands lacs ; l'Espagne menaça la libre navigation du Mississipi. Les difficultés économiques n'étaient pas moins sérieuses : le Congrès avait besoin d'un droit de douane pour s'assurer des ressources régulières, et douze États le lui accordèrent ; mais le veto d'un seul, celui de New-York, fit échouer le projet. Enfin quelques hommes d'initiative s'entendirent pour exhorter le Congrès à faire convoquer une Convention qui améliorerait le régime fédéral ; après quelques hésitations l'assemblée invita les législatures de tous les États à nommer leurs délégués. C'est ainsi que la convention de Philadelphie se réunit en 1787.

Cependant ce Congrès tant méprisé sut, avant de disparaître, mener à terme une œuvre qui suffit à sa gloire : c'est l'ordonnance de 1787 sur les territoires du Nord-Ouest. Dès 1780 il avait proposé aux États d'abandonner au profit de la Confédération leurs droits sur les territoires de l'Ouest ; « ce domaine, disait-il, sera colonisé, puis divisé en États républicains distincts, qui deviendront membres de notre union fédérale, et auront les mêmes droits de souveraineté, de liberté et d'indépendance que les autres États ». Il fallait du courage, au moment le plus critique de la période révolutionnaire, pour formuler cette grande vue d'avenir. Les États avaient successivement consenti l'abandon qui leur était demandé. Le Congrès conclut avec les tribus indiennes des traités qui lui assuraient, moyennant quelques présents, d'immenses domaines inutiles pour elles ; puis il aboutit, après divers essais d'organisation, à l'ordonnance de 1787. D'après ce règlement, le territoire du Nord-Ouest, c'est-à-dire le pays au nord de l'Ohio, devait former trois États, qui jouiraient de l'égalité complète avec les treize États primitifs. La formation d'un État nouveau, suivant l'ordonnance, comporte trois étapes : d'abord, après un commencement de colonisation, le Congrès institue un Territoire, en fixe les limites et lui envoie des fonctionnaires pour le gouverner ; puis, quand la population est devenue plus nombreuse, elle est autorisée à nommer une assemblée qui, de concert avec le gouverneur fédéral, légifère sous la surveillance du Congrès ; enfin la population, ayant atteint un chiffre jugé suffisant, nomme une convention qui rédige un projet de Constitution, et le Congrès, lorsqu'il a ratifié ce projet, proclame l'admission de l'État, devenu l'égal des autres.

Tout nouvel État devait s'engager à respecter la propriété fédérale, le droit du Congrès sur les terres publiques non concédées encore à des colons; il devait laisser toutes ses voies navigables ouvertes aux citoyens de tous les États. L'ordonnance décida aussi que l'esclavage serait prohibé à perpétuité dans le territoire du Nord-Ouest. Le Congrès, en promulguant ce grand acte législatif, dépassait les limites de ses pouvoirs; jamais audace ne fut mieux justifiée par le succès. L'ordonnance de 1787 fut aussi importante pour l'avenir des États-Unis que la Constitution elle-même; car il ne faut point oublier que la colonisation de l'Ouest a été le fait essentiel de l'histoire américaine pendant cent ans, et que ce fait dépasse par ses conséquences les événements politiques survenus dans les vieux États du Nord et du Sud.

Pendant que le Congrès continental achevait ce travail, les législatures des divers États s'étaient décidées, non sans peine, à envoyer leurs délégués à la convention; Rhode-Island seul persista jusqu'au bout dans son abstention. La convention de Philadelphie s'ouvrit en mai 1787, mais les premiers arrivés durent attendre les autres pendant quinze jours: finalement 55 délégués furent présents. La convention décida que les séances ne seraient point publiques; les membres gardèrent bien le secret, car il a fallu attendre plus de trente ans avant que les notes détaillées prises par Madison aient été publiées, faisant connaître à tous l'histoire de ces mémorables discussions. L'assemblée comprenait l'élite des hommes politiques alors vivants; si John Adams était alors ministre plénipotentiaire à Londres et Jefferson à Paris, si Patrick Henry et Jay ne figuraient point parmi les délégués, la Virginie avait envoyé Washington, Madison et son jeune gouverneur Edmond Randolph; la Pennsylvanie était représentée non seulement par Franklin, mais par le grand jurisconsulte Wilson; citons encore des personnages comme Elbridge Gerry et Rufus King pour le Massachusetts, les deux Pinckney pour la Caroline du Sud, Hamilton pour New-York. Les uns étaient des anciens, dont plusieurs, comme Franklin et Wilson, avaient signé en 1776 la Déclaration d'indépendance; les autres étaient plus jeunes, comme Hamilton et Madison, et avaient porté les armes pendant la guerre. On voyait parmi eux beaucoup d'hommes instruits : plus de la moitié avaient pris leurs grades à Harvard, à Yale ou dans un autre collège universitaire. La plupart connaissaient la politique par une expérience directe, parce qu'ils siégeaient dans une législature d'État ou bien au Congrès. Enfin c'étaient des Américains pratiques et hardis, qui n'hésitèrent point, devant la situation dangereuse du pays, à outrepasser leur mandat ; on les avait nommés pour amender les Articles de confédération, ils firent une Constitution entièrement nouvelle.

L'assemblée subit l'influence de son doyen Franklin, alors âgé de quatre-vingt-un ans, et de Washington élu président par un vote unanime. Les discussions furent néanmoins très vives. La plus orageuse est celle qui mit aux prises les grands et les petits États ; les premiers, surtout les États du Sud, voulaient dans les deux Chambres un nombre de membres proportionnel à la population ; les seconds réclamaient l'égalité entre les États, quel que fût le chiffre de leurs habitants. On aboutit à un compromis : la Chambre des représentants serait élue d'après le principe de la proportionnalité ; le Sénat comprendrait deux membres par État, et cette clause d'égalité ne pourrait jamais être modifiée. Mais comment fixerait-on le nombre de représentants attribués à chaque État ? Là-dessus nouveau débat : le Sud voulait que l'on comptât dans la population les nègres aussi bien que les blancs, malgré l'absence de tout droit politique pour les esclaves ; le Nord s'y opposait énergiquement. Ce fut l'objet d'un nouveau compromis ; on compterait comme électeurs tous les hommes libres et les trois cinquièmes des esclaves : régime bizarre qui devait fonctionner, au grand avantage du Sud, jusqu'à la guerre civile. L'esclavage lui-même ne fut pas mis en question, malgré les efforts de Rufus King ; mais la traite africaine avait, même dans le Sud, un grand nombre d'ennemis. On arriva donc à un troisième compromis : l'importation des esclaves serait prohibée à partir de 1808, mais les États libres s'engageaient à restituer aux maîtres les esclaves fugitifs arrêtés sur leurs terres. Après quatre mois de travail, la Constitution fut achevée le 18 septembre : sur les cinquante-cinq membres de la convention, trente-huit seulement y apposèrent leur signature.

La Constitution des États-Unis repose sur le principe de la séparation des pouvoirs. Ce principe était appliqué déjà dans la plupart des Constitutions d'États, qui donnaient le pouvoir exécutif au gouverneur et le pouvoir législatif à la législature, composée ordinairement de deux Chambres; il était prôné dans ce livre de *l'Esprit des lois*, que les membres de la convention connaissaient et citaient volontiers. On sépara le pouvoir législatif, le pouvoir exécutif et le pouvoir judiciaire.

Le pouvoir législatif est partagé entre les deux Chambres du Congrès. La Chambre des représentants est nommée pour deux ans, dans les conditions fixées par chaque État; comme elle est élue d'après la population, le nombre des représentants pourra être modifié après chacun des recensements décennaux prescrits par la Constitution. Le Sénat comprend deux membres pour chaque État, nommés pour six ans par la législature de l'État; il se renouvelle par tiers tous les deux ans[1]. La Chambre examine la première les lois financières. Le Sénat, outre ses attributions législatives, a deux pouvoirs spéciaux, celui de valider les nominations de fonctionnaires faites par le Président, et celui de ratifier les traités conclus avec les puissances étrangères; cette ratification n'est valable que si elle obtient la majorité des deux tiers des sénateurs présents.

Le pouvoir exécutif appartient au Président des États-Unis, nommé pour quatre ans par les électeurs présidentiels. Chaque État possède un nombre d'électeurs égal au nombre total des sénateurs et des représentants auxquels il a droit dans le Congrès. Ces électeurs, désignés d'après le mode que choisira l'État, ne peuvent être en même temps ni sénateurs, ni représentants, ni fonctionnaires des États-Unis. Dans la pensée de la convention de 1787, ce devaient être des hommes vivant en dehors de la politique, représentant l'opinion moyenne du pays, et votant pour un personnage qui inspirait confiance à la nation. Le compte des votes présidentiels est fait par le président du Sénat en présence du Sénat et de la Chambre. Les électeurs nomment, en même temps que le Président, un Vice-Président. Celui-ci a la présidence du

1. Pour les premières années, la Constitution fixa le nombre de représentants attribué à chaque Etat; il variait depuis un (Rhode-Island, Delaware) jusqu'à dix (Virginie). Plus tard on appliqua la règle donnant un représentant pour 30.000 personnes. Les premiers sénateurs devaient siéger, les uns deux ans seulement, les autres quatre ans, les autres six ans, jusqu'à ce que le renouvellement par tiers fût régulièrement établi.

Sénat ; si le Président meurt ou démissionne avant la fin des quatre ans, il le remplace jusqu'à l'expiration de cette période.

Le pouvoir judiciaire appartient à la Cour Suprême, et aux Cours inférieures que le Congrès aura jugé nécessaire de créer. Tous les juges « conserveront leurs charges tant que leur conduite ne donnera lieu à aucun reproche », c'est-à-dire, posséderont en fait l'inamovibilité.

La Constitution énumère les pouvoirs appartenant au Congrès : ce sont principalement les pouvoirs financiers, la réglementation du commerce et de la naturalisation, le service des postes, l'établissement des brevets d'invention, les rapports avec l'étranger ou bien avec les Indiens, les pouvoirs militaires, enfin la législation exclusive sur le district où siègera le gouvernement fédéral. La Constitution interdit aux États d'exercer désormais ceux de ces pouvoirs qui annuleraient l'action du gouvernement central. De même elle fixe les pouvoirs des juges fédéraux, pour distinguer ce qui est de leur ressort et ce qui appartient aux tribunaux des États.

Les constituants de 1787 eurent soin d'assurer, avec le respect de la séparation des pouvoirs, les moyens de résoudre les conflits possibles. Le Congrès n'est pas sans contrepoids, car le Président a le droit d'arrêter par son veto, dans un délai de dix jours, tout bill présenté à sa signature ; les Chambres ne peuvent passer outre que si toutes les deux adoptent la loi par une majorité des deux tiers. Quant au Président, il subit, nous venons de le voir, le contrôle du Sénat, et la Chambre peut lui refuser les crédits qu'il demande. Le corps judiciaire n'est pas intangible, puisque les juges fédéraux peuvent, comme le Président lui-même, être mis en accusation (*impeachment*) devant le Sénat, qui aura le droit de les révoquer si la majorité des deux tiers les déclare coupables. Enfin les constituants ont prévu le droit de révision ; un amendement à la Constitution a besoin, pour y prendre place, de l'adoption par les deux Chambres à la majorité des deux tiers, puis de l'approbation par les trois quarts des États[1].

Tels sont les principaux articles de cette Constitution qui, entrée en vigueur en 1789, régit encore aujourd'hui les États-Unis. A part les dix amendements qui, proposés dès 1789, furent le complément naturel

1. Cette approbation peut être donnée, selon les cas, par les législatures ou par des conventions élues à cet effet.

de l'Acte de 1787, elle n'a subi que de rares modifications : sept autres amendements ont été adoptés depuis lors, dont trois après la guerre civile pour abolir l'esclavage avec toutes ses conséquences. Bien des changements se sont produits dans la manière d'appliquer la Constitution, mais depuis cent trente ans elle subsiste et demeure la loi de la grande République. Aussi comprend-on l'attachement religieux que lui portent les Américains.

CHAPITRE II

LES DÉBUTS DE L'UNION

I

L'assemblée de Philadelphie, par un dernier acte d'audace, avait décidé que la Constitution nouvelle entrerait en vigueur dès que neuf États l'auraient acceptée. Mais allait-on l'accepter ? Le désir de posséder un gouvernement central capable d'une action efficace l'emporterait-il sur le sentiment particulariste, si puissant dans la plupart des États ? La question passionna les Américains et mit aux prises, pendant plus d'un an, deux partis qui se formèrent spontanément, sans comité directeur, sans organisation d'ensemble ; les amis de la Constitution prirent le nom de « fédéralistes » et appelèrent leurs adversaires « antifédéralistes ». Ces derniers reprochaient à la convention de Philadelphie d'avoir méconnu son mandat, qui était de conserver, en les améliorant, les Articles de confédération. Le gouvernement nouveau ne menaçait-il pas de détruire, avec l'indépendance des États, la liberté individuelle si chère à tous les Américains ? Un pamphlet antifédéraliste faisait faire l'éloge des nouvelles lois par un Turc : le Président, affirmait celui-ci, aura le même pouvoir que le sultan, le Sénat sera son divan, les juges fédéraux ses cadis.

Les fédéralistes au début n'étaient, semble-t-il, qu'une minorité ; mais parmi eux se trouvaient la plupart des hommes d'initiative, ceux qui voulaient sauver le pays de l'impuissance et de l'anarchie ; leur propagande fut bien menée, leur action plus audacieuse que celle de leurs adversaires. En Pennsylvanie, comme la Chambre législative renfermait une majorité fédéraliste, la minorité s'abstint de venir siéger, pour que l'assemblée ne pût pas, faute du *quorum* nécessaire (il manquait deux voix), convoquer une convention ; les fédéralistes allèrent enlever chez eux deux députés, les menèrent de force à la séance et purent ainsi obtenir le vote qu'ils désiraient. La convention pennsylvanienne ratifia la Constitution, et cet événement fut célébré à Philadelphie au son des canons et des cloches. Le Delaware et New-Jersey votèrent de même en 1787. Les deux États les plus douteux semblaient être la Virginie et le Massachusetts, ces deux républiques dominantes où le patriotisme local avait une grande force. Mais dans le Massachusetts les deux groupes d'hommes les plus influents, les ministres et les légistes, firent campagne pour la Constitution et remportèrent la victoire. En Virginie, Patrick Henry menait l'opposition et faisait appel à la fierté de ses concitoyens ; leur État livrerait-il à un Congrès inconnu le droit de lever les impôts, d'infliger à ses habitants la détestable « accise », c'est-à-dire les contributions indirectes ? Mais ses objurgations passionnées vinrent échouer contre les raisonnements lucides et calmes de Madison, et le vote favorable de la Virginie assura gain de cause aux fédéralistes. Leur politique n'aurait peut-être pas triomphé sans la transaction proposée par le Massachusetts. On reprochait aux constituants d'avoir omis toute garantie pour les droits individuels, apanage précieux de la race anglo-saxonne. La convention du Massachusetts, à la suite d'un accord entre les deux partis opposés, approuva la Constitution, mais demanda le vote immédiat d'un amendement qui renfermerait un véritable bill des droits. Cette acceptation semi-conditionnelle fut imitée dans plusieurs États et décida Jefferson, longtemps hésitant, à écrire de Paris qu'il conseillait d'approuver la nouvelle loi.

Après le vote de la Virginie, rendu le 25 juin 1788, dix États avaient accepté la Constitution, qui pouvait ainsi entrer en vigueur ; mais elle avait besoin, pour acquérir une autorité véritable, d'obtenir encore le suffrage de New-York. Dans cet État la polémique faisait rage depuis un an. Parmi les nombreux écrits parus sur le sujet, on remarqua une série d'articles signés « Publius », et insérés dans trois journaux alternativement pendant les derniers mois de 1787 et les premiers de 1788. On sut plus tard qu'ils étaient l'œuvre de trois collaborateurs, Jay, Madison et surtout Hamilton. Ces articles furent aussitôt réunis dans un ouvrage intitulé *Le Fédéraliste*; il est demeuré célèbre jusqu'à nos jours comme le commentaire le plus clair et l'apologie la plus habile de la Constitution[1]. Mais les antifédéralistes avaient à leur tête le gouverneur Clinton, dont l'influence était considérable. Enfin l'on transigea; New-York émit un vote favorable, en l'accompagnant d'un vœu formel pour qu'une nouvelle convention remît sur le chantier l'acte constitutionnel.

Ce nouveau succès décida le Congrès continental à prendre des mesures définitives, sans attendre l'adhésion des deux États réfractaires, la Caroline du Nord et la petite république de Rhode-Island. Il fixa au premier mercredi de janvier 1789 le choix des électeurs présidentiels, au premier mercredi de février la nomination du Président et du Vice-Président, au premier mercredi de mars l'inauguration du nouveau régime. Ce dernier jour se trouvait être le 4 mars. Voilà pourquoi, aujourd'hui encore, le 4 mars marque tous les deux ans la fin des pouvoirs d'un Congrès, et tous les quatre ans l'inauguration du Président nouveau ou réélu.

Les difficultés qu'avait rencontrées le vote de la Constitution prouvaient que le sort du nouveau régime était encore mal assuré. Mais il possédait une grande force dans la popularité universelle de l'homme qui allait en diriger les débuts. Quand les électeurs présidentiels se furent réunis en février 1789, on sut bientôt que les 69 votants avaient tous donné leur voix à Washington. Ils se divisèrent à propos du choix du Vice-Président; pendant que les antifédéralistes votaient pour George Clinton, les fédéralistes donnèrent 38 voix à John Adams, le tribun qui avait tant contribué à soulever le Massachusetts contre les iniquités de la métropole. Le siège provisoire du gouvernement nouveau devait être New-York; les souscriptions des marchands de la ville permirent d'aménager rapidement un édifice digne de recevoir les assemblées. Le soir du 3 mars des salves d'artillerie furent tirées en l'honneur de ce Congrès continental qui, dépourvu de force et d'autorité, avait du moins su bien finir. Le 4 au matin, de nouvelles salves célébrèrent la naissance des États-Unis. Comme les voyages étaient longs et difficiles, très peu de membres du Congrès se trouvaient à leur

1. V. *Le Fédéraliste*, nouvelle édition française, 1902.

poste ; enfin le 1er avril la Chambre, le 6 avril le Sénat furent en nombre pour ouvrir leur session. Le dépouillement du scrutin présidentiel fit proclamer élus Washington et Adams. Le nouveau Président vint lentement de Mont-Vernon à New-York au milieu d'ovations continuelles, et la cérémonie de la prestation de serment se fit le 30 avril. Le gouvernement des États-Unis se trouvait constitué juste au moment où la France allait voir s'ouvrir les États Généraux.

On commença aussitôt le travail sérieux. Les fédéralistes avaient la majorité dans les deux Chambres ; les antifédéralistes ne faisaient plus une opposition de principe à la Constitution, maintenant que les électeurs l'avaient adoptée ; ils voulaient seulement la compléter et veiller à ce que le pouvoir central n'étendît pas trop son domaine. Pendant deux ou trois ans il n'y eut pas de luttes politiques suivies et de partis organisés. D'ailleurs la Chambre des représentants, qui au début intéressait l'opinion publique plus que le Sénat, trouva un *leader* excellent dans Madison. Ce Virginien cultivé, judicieux, modéré avait l'art de manier les assemblées ; son esprit pratique, opportuniste, lui faisait toujours découvrir les compromis utiles, moyennant quoi il défendait avec une fermeté inébranlable les institutions dont l'Union avait besoin pour vivre. Dès les premières séances il proposa de voter les amendements réclamés par les conventions d'États ; le Congrès, puis les législatures appliquèrent de façon satisfaisante la procédure indiquée par la Constitution, dans laquelle prirent place dix amendements. Ces articles nouveaux interdisent au Congrès de légiférer sur la religion, de restreindre la liberté de la parole ou de la presse, le droit de réunion et de pétition ; ils interdisent de réquisitionner des logements pour les soldats ; ils garantissent les citoyens contre toute perquisition ou procédure arbitraire, leur assurent le jugement par jury et prohibent les amendes excessives, les peines cruelles. Voici enfin le dixième amendement : « Les pouvoirs qui ne sont pas délégués aux États-Unis par la Constitution, ou refusés par elle aux États, sont réservés aux États respectivement ou au peuple. » Il convient de citer le texte complet de cet article, à cause des controverses passionnées auxquelles il a donné lieu pendant un demi-siècle. Le débat ne cessa point jusqu'à la guerre civile entre les partisans de l'interprétation stricte, qui voulaient enfermer le gouvernement fédéral dans les limites marquées expressé-

PLANCHE II.

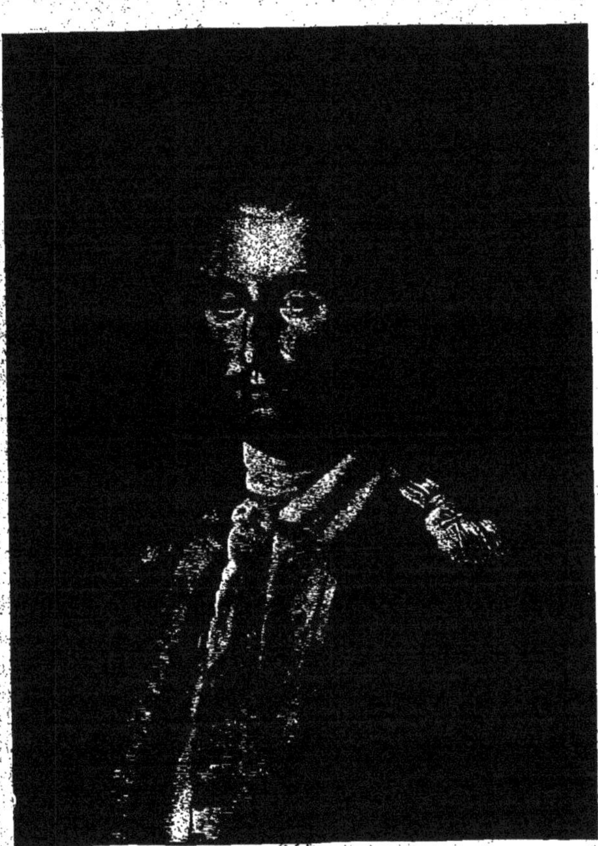

LE GÉNÉRAL WASHINGTON

WEILL, *États-Unis*, p. 16.

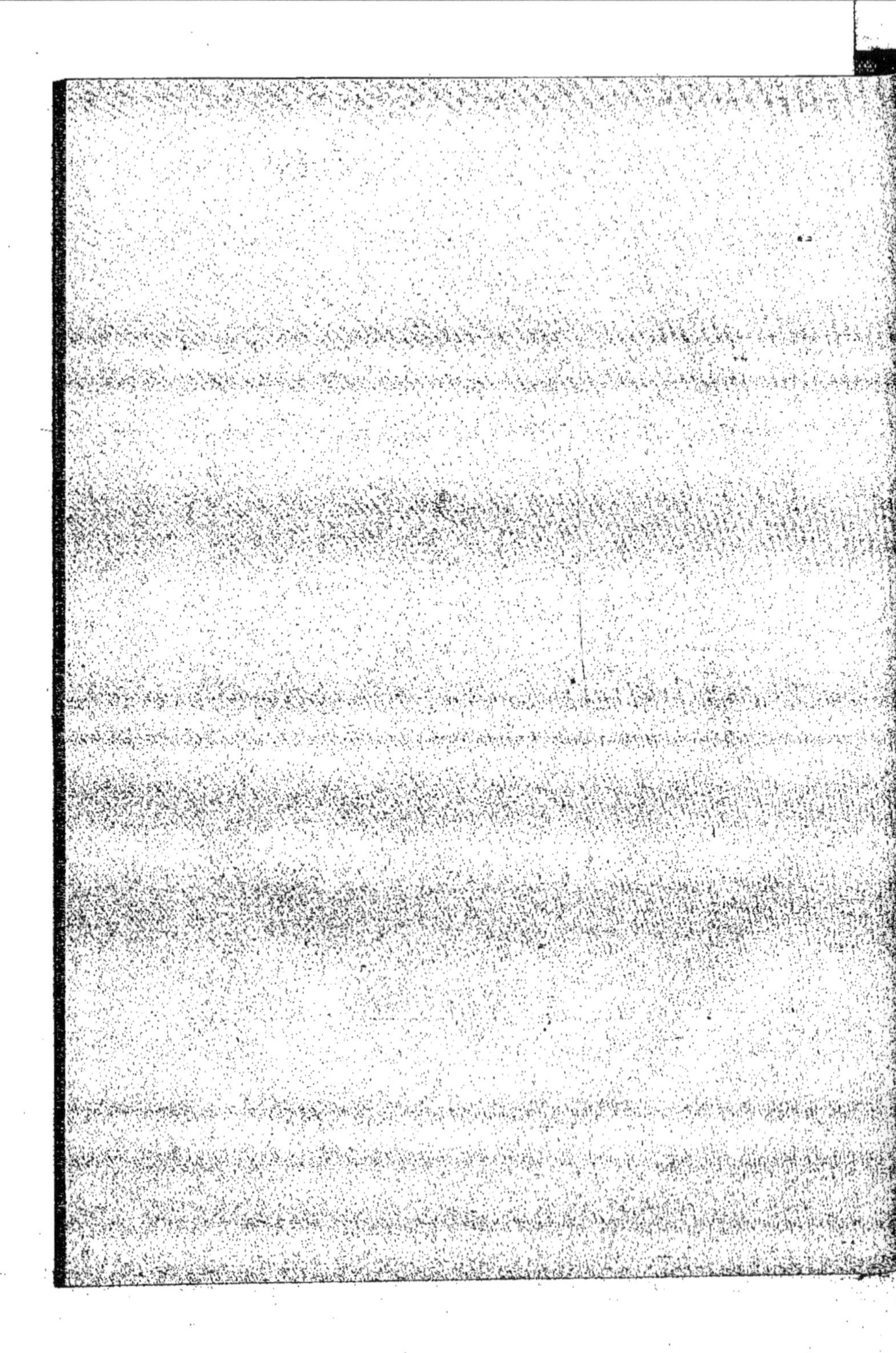

ment par l'Acte de 1787, et ceux de l'interprétation large, qui attribuaient au Congrès le droit de faire toutes les lois nécessaires pour le bon fonctionnement des pouvoirs énumérés par la Constitution.

Le Congrès s'occupa aussi dès la première année d'assurer au nouveau gouvernement des revenus réguliers. Cette fois il ne suffisait plus de l'opposition d'un État sur treize pour faire échouer les lois financières; on vota les droits de douane qui semblaient suffisants. La discussion provoquée par l'établissement de ce tarif annonçait toutes celles qui se sont renouvelées si fréquemment depuis cent trente ans sur le régime douanier de l'Amérique. Ferait-on un tarif purement fiscal, pour donner l'argent nécessaire à l'Union, ou bien un tarif protectionniste, pour favoriser les industries et les cultures indigènes ? Les intérêts contradictoires des diverses régions furent défendus avec chaleur ; on transigea et l'on adopta un tarif simplement fiscal, mais avec certaines élévations de droits qui portaient la marque du protectionnisme. La direction du personnel chargé de lever ces taxes fut confiée, non point aux États, mais au gouvernement fédéral, qui reçut aussi la charge d'entretenir les phares et tout le matériel nécessaire à la navigation le long des côtes.

Pendant que la Chambre assurait la vie financière de l'Union, le Sénat mettait sur pied l'organisation judiciaire ; il créa une Cour fédérale de district par État, puis au degré supérieur trois Cours de circuit, enfin la Cour suprême, composée d'un grand juge (*chief justice*) et de cinq juges. Les résultats féconds obtenus dans la première session du Congrès décidèrent la Caroline du Nord à donner l'adhésion qu'elle avait refusée jusque-là. La petite république de Rhode-Island, rassurée par les amendements sur la question de la liberté religieuse, et menacée par le Congrès de la rupture des relations commerciales, accepta également la Constitution (mai 1790). L'Union se trouvait au complet.

Tandis que le Congrès travaillait ainsi, le Président organisait le pouvoir exécutif. Washington n'était pas une intelligence puissante, un homme aux vues de génie, aux intuitions rapides ; ce n'était pas non plus un causeur spirituel ni un brillant lettré. Mais il avait du bon sens, le jugement sain, l'activité consciencieuse et méthodique. Il aimait demander, sur les problèmes difficiles, des consultations écrites aux personnages importants du monde politique ; pourvu de ces documents, il les étudiait, se réservait le temps de réfléchir et prenait sa décision. Ses amis le virent apporter aux devoirs de son nouvel état l'application continue qui lui avait permis autrefois de bien gérer ses domaines, puis de bien commander l'armée américaine. Son calme et son égalité d'âme imposaient à son entourage ; on ne le vit presque jamais rire aux éclats ; on fut stupéfait les rares fois où il se laissa emporter à un accès de colère, par exemple à la nouvelle d'une défaite essuyée contre les Indiens, ou après la lecture d'un journal qui l'attaquait personnellement. Sa froideur voulue prévenait l'intimité ; les deux hommes auxquels il a témoigné le plus d'affection, Lafayette et Hamilton, observèrent toujours à son égard une réserve respectueuse. Washington avait conscience de sa valeur, des services rendus par lui, et se montrait un peu trop sensible aux critiques de la presse ; mais cette légère faiblesse ne l'empêchait pas de posséder ce don naturel de l'autorité qui fait le prestige d'un chef d'État.

Le nouveau Président ne trouvait devant lui aucun exemple à suivre, aucune tradition qui pût le guider. Cet aristocrate virginien, habitué à vivre dans une société brillante, jugeait nécessaire de maintenir une certaine étiquette ; John Adams et Hamilton, consultés par lui, l'encouragèrent dans cette idée, parlèrent de créer un cérémonial imposant ; mais son bon sens l'empêcha d'adopter complètement leur avis et de choquer les goûts simples de la plupart de ses compatriotes. Il annonça l'intention de ne pas rendre de visites, fixa des jours déterminés pour ses réceptions particulières, un soir par semaine pour ses dîners où furent invités seulement les hauts fonctionnaires, les sénateurs ou les représentants, et les étrangers de distinction ; une heure fut consacrée, tous les mardis, à la réception publique, où le Président apparaissait en habit de velours noir, les cheveux poudrés, l'épée de parade au côté. Ses magnifiques équipages, les brillantes réceptions mondaines du vendredi soir chez sa femme, soulevèrent les railleries de ceux qui préféraient la simplicité républicaine ; mais chacun sut bientôt qu'il donnait une faible part de son temps aux cérémonies, et que les précautions prises contre les importuns avaient pour objet de lui permettre le travail réfléchi et prolongé.

Le Président n'avait guère à utiliser l'activité du Vice-Président, dont la fonction prit dès lors le caractère, qu'elle a conservé, d'une dignité purement honorifique. Ses vrais conseillers furent les ministres ou, pour employer le mot américain, les secrétaires, placés à la tête des départements exécutifs. Il les nommait avec l'assentiment du Sénat, mais on lui reconnut le droit de les révoquer seul, puisque lui seul était responsable du pouvoir exécutif. Trois départements furent institués : le secrétaire d'État fut avant tout un ministre des affaires étrangères, mais comme ses attributions comprenaient aussi l'intérieur et les affaires indiennes, il prit une importance très grande ; le secrétaire de la trésorerie était un ministre des finances ; le secrétaire de la guerre fut chargé de l'armée et de la marine. Les lois sur les cours fédérales instituèrent l'attorney général qui fut, non pas un ministre de la justice, mais le conseiller légal du Président. La direction générale des postes, sans être considérée comme un département ministériel, reçut un chef autonome. Le Président, d'après la Constitution, pouvait demander aux secrétaires des consultations écrites, en s'adressant à eux séparément. Washington le fit d'abord, mais trouva bientôt plus utile de les réunir, de provoquer des échanges de vues et des consultations orales. Ainsi naquit le « cabinet », composé d'abord de quatre personnes, auxquelles le directeur des postes fut adjoint plus tard. Ce cabinet demeura entièrement différent d'un cabinet anglais, sans lien entre ses membres, sans responsabilité devant le Congrès.

Les premiers choix de Washington montrèrent sa volonté de réunir autour de lui les représentants de tous les partis, de toutes les régions. Les deux principaux secrétaires furent Hamilton et Jefferson : Hamilton, homme du Nord, partisan d'un gouvernement central puissant, devint secrétaire de la trésorerie ; Jefferson, homme du Sud, bien connu pour son antipathie contre la centralisation, fut nommé secrétaire d'Etat sans qu'on attendît même son retour de France. En vertu du même principe d'équilibre, un homme du Nord, le général Knox, ancien compagnon d'armes du Président, devint secrétaire de la guerre, tandis qu'un homme du Sud, le Virginien Randolph, était nommé attorney général. A la tête de la Cour suprême Washington plaça Jay, juriste de valeur, mais connu surtout pour diverses missions diplomatiques remplies avec succès depuis 1782[1].

1. Voici quelques-uns des traitements fixés par le Congrès : président, 25.000 dol-

II

Les graves questions financières qui se posaient devant le nouveau gouvernement donnèrent un rôle considérable au secrétaire de la trésorerie. Alexandre Hamilton, qui n'avait en 1789 que trente-deux ans, était arrivé très jeune des Antilles anglaises à New-York; aide de camp favori de Washington pendant la guerre de l'Indépendance, remarqué pour sa bravoure à York-Town, il était devenu après 1783 un des premiers avocats de New-York; mais son activité au barreau ne l'empêchait pas de faire toujours de la politique, de montrer sans relâche à ses concitoyens les défauts des Articles de confédération, les dangers d'un gouvernement trop faible. Cette campagne l'avait uni pendant longtemps avec Madison; mais autant le Virginien était prudent et pondéré, autant son ami de New-York était fougueux et cassant. Hamilton demeurait un véritable Anglais, admirateur de l'aristocratie, assez dédaigneux envers les fermiers et les boutiquiers qui élisaient les membres du Congrès. Devenu ministre, il révéla une netteté d'esprit, une facilité de travail, une ténacité dans l'application de son programme, qui lui permirent de fonder le système financier des États-Unis.

Le rapport présenté par Hamilton à la Chambre des représentants au début de 1790 montra que la dette publique se composait de trois parties : dette extérieure de l'Union, dette intérieure de l'Union, dettes des États. Le total montait à 80 millions de dollars, somme considérable pour un petit pays sans capitaux. Néanmoins le secrétaire proposa de les mettre toutes les trois à la charge de l'Union, et de faire de ce bloc une dette consolidée. Sur la dette extérieure, tout le monde acceptait ses vues; mais la dette intérieure semblait sujette à réduction. Depuis dix ans on était persuadé que la Confédération ne pourrait pas tenir ses engagements; les porteurs des titres émis depuis 1776 s'étaient résignés à n'être remboursés que partiellement, et ces titres avaient subi une baisse énorme. Dès que le projet de Hamilton fut

lars; secrétaires, 3.500; grand juge, 4.000. Sénateurs et représentants reçurent six dollars par jour de présence réelle aux sessions, outre une indemnité de route.

connu, les capitalistes de New-York s'empressèrent d'acheter ces valeurs; on parcourut les villages, on envoya des bateaux rapides vers les villes de la côte afin de rafler les titres dépréciés, avant que se répandît la nouvelle qu'ils seraient remboursés à leur valeur nominale. Plusieurs membres du Congrès purent dire, non sans raison, que la générosité du secrétaire envers les créanciers du Trésor profiterait uniquement à quelques spéculateurs; ce fut l'opinion de Madison et le motif de la première divergence entre les deux anciens alliés. Mais Hamilton fit comprendre la nécessité d'assurer dès le premier jour le crédit de l'Union par le respect scrupuleux des engagements pris, et son opinion l'emporta.

La troisième partie de son plan rencontra beaucoup plus d'adversaires. L'Union assumerait-elle les dettes contractées pendant la guerre par les États? Le Congrès se partagea en « assomptionnistes » et « anti-assomptionnistes ». Les premiers voyaient là un moyen d'augmenter le prestige et la popularité du nouveau gouvernement fédéral; les seconds craignaient d'affaiblir l'autonomie et l'autorité des gouvernements d'États. Il y avait aussi des conflits d'intérêts locaux : le Massachusetts, qui pliait sous le fardeau des engagements pris pendant la Révolution, trouvait le projet de loi excellent; la Virginie, qui avait déjà remboursé presque tous ses créanciers, n'entendait point payer pour les États obérés. Son opposition fit d'abord échouer les assomptionnistes. Alors Hamilton se mit à négocier avec l'homme le plus important de la Virginie, Jefferson, qui était revenu trop récemment de France pour avoir pris position dans le débat. A côté de la question financière, le Congrès se passionnait à ce moment pour le choix de l'emplacement où serait construite la capitale fédérale; les gens du Nord la voulaient sur les bords du Susquehanna; ceux du Sud, les Virginiens surtout, demandaient qu'elle s'élevât sur les bords du Potomac. Il fut convenu que Hamilton déciderait ses amis à faire adopter le site du Potomac, tandis que Jefferson agirait sur les siens en faveur du plan financier proposé par le secrétaire. Pour gagner les représentants de la Pennsylvanie, qui demeuraient douteux, on leur promit que Philadelphie, au lieu de New-York, deviendrait la capitale provisoire de l'Union jusqu'à 1800. Tous ces pourparlers réussirent, et la création de la dette consolidée fonda le crédit de la nouvelle république. Si elle provoqua d'abord une véritable fièvre de spéculation, elle prépara aussi la renaissance du commerce.

Comme il fallait des ressources nouvelles pour payer les intérêts d'une dette si élevée, Hamilton fit créer par le Congrès un impôt sur les boissons, malgré l'horreur des Américains pour les impôts intérieurs (par opposition aux douanes), et en particulier pour « l'accise ». Enfin il proposa la création d'une Banque nationale privilégiée. Les objections furent nombreuses ; les quatre banques locales existant alors suffisaient aux besoins d'un commerce encore médiocre ; et surtout la Constitution n'attribuait au Congrès aucun pouvoir concernant les banques. Hamilton répondit en formulant la théorie des « pouvoirs implicites » ; la Constitution n'ayant pu tout dire, les pouvoirs attribués par elle au gouvernement fédéral en impliquaient d'autres ; les attributions financières du Congrès, par exemple, impliquaient le droit de créer une Banque nationale[1]. Cette doctrine, adoptée par le Congrès, parut quelque peu audacieuse à Washington, mais après avoir consulté Jefferson, qui la combattit, et Hamilton, qui réfuta les arguments de son collègue, le Président signa le bill. Le privilège de la Banque nationale devait durer jusqu'à 1811. Elle émit des actions ; la souscription, ouverte à Philadelphie le 4 juillet, fut couverte en un quart d'heure. En somme le premier Congrès, qui prit fin le 4 mars 1791, avait accompli une remarquable œuvre d'organisation. Avant de se séparer il inaugura l'extension régulière de la république en admettant deux États nouveaux, le Kentucky et le Vermont.

Le Congrès avait eu à s'occuper aussi de l'esclavage, mais personne à cette époque ne soupçonnait qu'il y eût là une question dangereuse pour l'existence même des États-Unis. On vota presque sans débat le bill sur la restitution des esclaves fugitifs, qui devait être complété par une autre loi en 1793. Une pétition des quakers contre la traite souleva des polémiques plus vives ; les représentants du Sud, qui la combattaient, formulèrent dès ce jour les arguments répétés depuis lors pendant soixante-dix ans en faveur de l'esclavage. La Chambre décida que le Congrès ne pouvait pas jusqu'en 1808 prohiber l'importation des esclaves, que les règlements faits sur eux par les États ne le regar-

1. De même on exposa plus tard que le pouvoir de faire fonctionner le service des postes impliquait celui de construire des routes nationales.

daient point, mais qu'il pouvait défendre aux citoyens américains de faire la traite pour le compte des étrangers, et aux étrangers d'équiper des bâtiments négriers dans les ports des États-Unis.

Washington s'était montré à la hauteur de sa tâche ; il apparaissait comme l'arbitre des partis, et tous désiraient le voir demeurer le chef de la république ; on le décida, non sans peine, à se représenter en 1792 devant le corps électoral modifié par le recensement de 1790, le premier des recensements décennaux. Les 135 électeurs présidentiels le réélurent à l'unanimité pour un second « terme », qui devait commencer le 4 mars 1793. Cette seconde présidence allait être plus agitée que la première, à cause des affaires extérieures que nous verrons plus tard ; mais si Washington hésita dès 1792 à conserver le pouvoir, c'est qu'il était fatigué des querelles toujours renaissantes entre ses deux principaux conseillers, Hamilton et Jefferson.

Hamilton, encouragé par les succès de sa politique, voulait un gouvernement dépensant beaucoup et faisant de grandes choses ; avec l'imprudence qui lui avait fait exposer devant la convention de 1787 un plan de régime autoritaire, il ne craignait pas de répéter que les classes élevées doivent gouverner, que le peuple doit se laisser conduire ; ce langage plaisait aux élégants de Philadelphie et de New-York, parmi lesquels il était de bon goût de railler les vertus républicaines et « le monstre à treize têtes ». Jefferson était un philosophe pénétré de cette idée que tout bien et toute vertu viennent du peuple ; au lieu d'admirer l'Angleterre, il pensait que l'Amérique avait une grande mission à remplir en donnant au monde l'exemple d'une démocratie libre et prospère. Ces doctrines, qui inspirèrent la Déclaration d'indépendance, avaient été fortifiées par les quatre années qu'il venait de passer en France ; frappé comme Franklin par la misère du peuple, il avait subi le charme de cette société parisienne où tous, grands seigneurs, bourgeois et lettrés, avaient foi dans l'idéal social annoncé par les philosophes[1]. A son retour, il fut choqué de trouver dans la petite

1. Trente ans plus tard, achevant dans son autobiographie le récit du séjour en France, il terminait par ces mots : « Je ne puis quitter ce grand et beau pays sans exprimer mon sentiment sur sa prééminence parmi toutes les nations de la terre. » Tout voyageur, ajoute-t-il, à qui l'on demanderait quel est son pays préféré, nommerait son pays natal d'abord, et en second lieu la France.

cour qui entourait le Président une société dédaigneuse à l'égard du peuple, et d'entendre beaucoup d'hommes notables mettre en doute la durée d'un régime républicain. Défiant par caractère, Jefferson voyait dans la défiance envers les gouvernants une nécessité de la démocratie. Washington lui inspirait, à défaut de sympathie, une confiance entière, et il respectait la hauteur d'âme du « Fabius américain ». Mais chez Hamilton tout lui déplaisait, non seulement les idées, mais le goût du luxe, des mœurs relâchées, surtout un entourage de financiers, de spéculateurs qui faisaient fête au secrétaire de la trésorerie et qui, sans ébranler sa probité personnelle, savaient tirer profit de ses complaisances. John Adams, plus austère, tout plein de la gravité puritaine, se rapprochait de Hamilton par son admiration pour l'Angleterre, par son horreur pour la démocratie intégrale, par son estime pour le gouvernement des « bien nés ». Jefferson vit dans ces compagnons du Président des personnages dangereux, capables de conspirer contre la liberté du peuple ; résolu à leur tenir tête, il trouva un confident sûr dans Madison, son ancien disciple qui devint son ami intime ; il acheva la rupture entre Hamilton et le leader virginien, dont l'attachement à l'Union n'avait pas détruit l'amour pour l'autonomie et les droits de son État natal.

L'opposition des deux secrétaires était aussi l'opposition de deux partis. Vers 1793 on vit se constituer en face des « fédéralistes », amis de Hamilton, le groupement nouveau de ceux qui s'appelèrent les « républicains fédéraux », puis simplement les « républicains », pour montrer qu'ils soupçonnaient leurs adversaires de viser à l'établissement de la monarchie. Washington réélu essaya de nouveau de rapprocher ses deux conseillers, sans aboutir à autre chose qu'à un replâtrage éphémère. Jefferson n'hésita point à favoriser la fondation d'un journal, la *National Gazette*, qui attaqua vivement son collègue ; puis il donna en décembre 1793 une démission annoncée déjà plusieurs fois. Ce n'était pas une victoire pour Hamilton ; l'ancien secrétaire d'État, retiré dans son domaine de Monticello, devint un adversaire plus dangereux que jamais, travaillant par ses entretiens et ses lettres à former le parti nouveau, inspirant les journaux d'opposition dont le plus brillant fut l'*Aurora*, fondée à Philadelphie par Bache, petit-fils de Franklin. D'ailleurs les « républicains » possédaient la majorité dans la Chambre qui siégea depuis décembre 1793, et ils prétendirent soumettre toute l'administration du secrétaire de la trésorerie à une enquête détaillée; Hamilton laissa faire, puis finit par démissionner en janvier 1795, vivement regretté de Washington. Lui aussi quittait le pouvoir pour se jeter dans la bataille politique; il devint le conseiller, l'inspirateur des fédéralistes.

La querelle des deux hommes politiques intéressait le Congrès, mais laissait encore indifférente la plus grande partie de la population. Tandis que les gens de la côte s'occupaient de la guerre franco-anglaise, les gens de l'Ouest songeaient surtout à combattre deux ennemis également détestés, les employés du fisc et les Indiens. Une de leurs principales ressources, dans la Pennsylvanie occidentale, était le whiskey; ils le distillaient eux-mêmes, comme nos bouilleurs de cru en France, et ne voulaient point laisser toucher à cette liqueur, si précieuse pour des hommes qui trouvaient péniblement leur nourriture. Le whiskey servait même de monnaie dans cette région où le numéraire était rare, le papier-monnaie inconnu, où le commerce était encore un troc de produits. Dès 1791, après le vote de la loi qui instituait l'impôt des boissons, les troubles avaient commencé aux environs de Pittsburg; les premiers collecteurs qui se présentèrent furent insultés, maltraités, quelques-uns goudronnés, comme ceux de 1768. Le Congrès diminua l'impôt, le Président lança une proclamation conciliante, mais en vain; la patience du gouvernement donnait courage aux rebelles, qui pendant trois années empêchèrent l'exécution de la loi fédérale. L'Union, si neuve et si fragile, saurait-elle se faire obéir? Hamilton décida enfin le Président à passer aux actes, surtout quand les distillateurs, aidés par de nombreux aventuriers, eurent organisé une véritable insurrection en août 1794. Washington convoqua les milices de quatre États, près de 13.000 hommes, pour prévenir toute résistance par l'étalage de forces considérables. On vit les jeunes miliciens répondre en foule à cet appel, heureux de jouer au soldat sous les ordres du héros national; la beauté des monts Alleghanys, qu'on leur faisait traverser, augmenta encore l'enthousiasme. Devant cette masse imposante les insurgés se dispersèrent et se soumirent sans combattre; on put se borner à deux condamnations, après quoi Washington fit grâce. Les miliciens revinrent chez eux triomphants, persuadés qu'ils avaient sauvé la patrie; du moins ils avaient rendu un grand service, en permettant au gouvernement fédéral de prouver pour la première fois qu'il saurait faire appliquer les lois.

On ne pouvait en finir aussi facilement avec les Indiens. Le Président, comme l'ancien Congrès continental, s'efforçait de multiplier les traités qui délimitaient le domaine respectif des deux races; mais ces traités étaient violés, tantôt par les sauvages qui se jetaient brusquement sur un groupe isolé de colons, tantôt (et plus souvent) par les pionniers blancs qui dépassaient la limite fixée, qui faisaient volontiers la chasse aux Peaux-Rouges. Le gouvernement fédéral avait reçu la mission de traiter les affaires indiennes; mais les États s'en mêlaient aussi et, poussés par les *frontiersmen*, se montraient plus agressifs que le Congrès. Washington traita d'égal à égal avec le chef des Creeks, puissante confédération des tribus voisines et ennemies de la Géorgie; ce chef, un métis intelligent, vint à New-York signer le traité de 1790 et fut reçu avec de grands égards. Au nord de l'Ohio les Indiens avaient durement expié, pendant la guerre de l'Indépendance, l'appui donné aux Anglais; mais il y avait encore là des tribus féroces et braves qui écrasèrent en novembre 1791, par une attaque subite sur les bords du Wabash, le vieux Saint-Clair, ancien compagnon d'armes de Washington et gouverneur du territoire du Nord-Ouest. Ce désastre ne fut réparé qu'en 1794 par la victoire du général Wayne; les vaincus traitèrent en 1795 et renoncèrent au pays à l'est du Wabash. D'autres conventions signées peu après suspendirent les guerres et permirent aux colons d'occuper de vastes domaines. Ce fut un des meilleurs succès obtenus par Washington vers la fin de sa seconde présidence.

CHAPITRE III

LA POLITIQUE EXTÉRIEURE DES FÉDÉRALISTES

I

Les Américains avaient suivi avec sympathie les débuts de la Révolution française, qui leur apparaissait comme une sœur de la leur ; les violences qui l'accompagnaient les étonnèrent, sans causer d'abord une trop vive répulsion. Cependant les tendances opposées qui se manifestaient dans la politique américaine provoquèrent des jugements contradictoires sur les nouvelles venues de Paris. Les fédéralistes se méfièrent bientôt d'une révolution qui allait si vite et si loin : John Adams fut un des premiers à critiquer, en vrai puritain, « les trente millions d'athées de ce pays, inspirés par des encyclopédistes et des économistes ». Les hommes de son opinion goûtèrent beaucoup les *Réflexions* de Burke. Les républicains, au contraire, se passionnèrent pour les idées que défendaient les Jacobins ; ils lurent avec plaisir les *Droits de l'homme*, où Thomas Paine réfuta l'écrit de Burke, avant d'être élu membre de la Convention. La journée du 10 août avait laissé une impression pénible, mais à la fin de 1792 on apprit la bataille de Valmy et la retraite de Brunswick. Le 14 décembre un cortège enthousiaste parcourut les rues de Philadelphie en acclamant la France. Quinze jours plus tard une grande fête eut lieu à Boston : une cavalcade gigantesque promena dans la ville ses chars symboliques, tandis que divers donateurs libéraient les prisonniers pour dettes et faisaient distribuer aux enfants des gâteaux portant les mots « Liberté » et « Égalité ».

C'étaient là les manifestations d'une bienveillance réelle, mais platonique, éprouvée par un peuple que ces évènements lointains ne touchaient pas; elle fut un peu refroidie par la mort de Louis XVI, du roi qui avait secouru l'Amérique. Tout à coup l'on apprit que la France entrait en guerre avec la Grande-Bretagne et l'Espagne, les deux voisines des États-Unis; ceux-ci allaient être obligés de suivre de près une lutte qui pouvait les mettre en cause. Washington, alors à Mont-Vernon, revint aussitôt à Philadelphie et, le 18 avril, posa au cabinet une série de questions sur l'attitude à prendre. On décida d'un commun accord que la neutralité s'imposait; la proclamation présidentielle du 22 avril invita les Américains à ne rien faire qui pût compromettre leur pays auprès des belligérants. Mais en même temps il fut convenu qu'on recevrait officiellement le ministre plénipotentiaire de la République française, qui venait de débarquer à Charleston.

Ce ministre, Genet, choisi par les Girondins, leur ressemblait par sa foi révolutionnaire, son goût pour les manifestations théâtrales, ses illusions sur l'enthousiasme qu'inspirait aux peuples étrangers l'exemple de la France. L'accueil qu'il reçut en Amérique semblait fait pour justifier ses espérances : de Charleston à Philadelphie, son voyage ne fut qu'une suite d'ovations; partout on le conviait à des banquets où il chantait la *Marseillaise*, où tous mettaient le bonnet phrygien et se traitaient de « citoyens ». Après de telles soirées Genet fut très mécontent de la réception polie, mais froide, que lui fit Washington. Ses instructions, partant de cette idée que le traité d'alliance entre Louis XVI et les États-Unis serait appliqué de la manière la plus large, le chargeaient d'armer des corsaires contre l'Angleterre et d'organiser des expéditions américaines contre les possessions espagnoles de la Louisiane et de la Floride. Avant de quitter Charleston il avait équipé deux corsaires, qui firent plusieurs prises; la frégate qui venait de le transporter vainquit une frégate anglaise presque en rade de New-York. Le gouvernement fédéral déclara ces actes contraires à la neutralité, prohiba la guerre de course et repoussa presque toutes les demandes présentées par Genet. Celui-ci eut l'imprudence de vouloir exciter l'opinion publique, non seulement contre Hamilton, mais contre le Président; finalement son rappel fut demandé à Paris qui l'accorda. Genet, craignant le châtiment que lui feraient subir les Montagnards s'il rentrait en France, demeura fixé en Amérique, d'autant plus qu'il venait de s'y marier[1].

1. V. la correspondance des ministres de France aux États-Unis, 1791-1797, publiée

Les fédéralistes sentaient grandir leur antipathie contre la puissance révolutionnaire qui cherchait à les brouiller avec la Grande-Bretagne, Ils dénonçaient les méfaits de la Terreur et fulminaient contre les Jacobins. Washington, sans se prononcer aussi vivement, déplorait la mort de Louis XVI et la victoire du parti violent qui avait fait une guerre acharnée à son ami Lafayette; il inclinait comme Hamilton vers une neutralité bienveillante pour l'Angleterre. Jefferson avait repoussé les injonctions de Genet, puis demandé le rappel de ce personnage encombrant; mais il défendait une neutralité bienveillante pour la France, et le désaccord sur ce sujet contribua non moins que les querelles intérieures à rendre sa démission définitive. L'attorney général Randolph lui succéda comme secrétaire d'État.

Les journalistes amis de Jefferson avaient beau jeu quand ils comparaient les procédés de la France et de l'Angleterre envers les États-Unis. Le décret de la Convention, qui ouvrait les ports français aux vaisseaux neutres sans conditions spéciales, causa une grande joie aux Américains, libres désormais de commercer avec les Antilles françaises. Le Comité de salut public envoya un blâme à Genet pour ses imprudences, avant même d'avoir reçu la demande de rappel; il fit présenter à la Convention un rapport dans lequel Robespierre affirmait la sympathie de la France pour les républiques de Suisse et des États-Unis. Toutefois la France, comme la Grande-Bretagne, invita ses croiseurs à saisir les vaisseaux neutres chargés de comestibles pour les ports ennemis. L'Angleterre était bien plus rude pour ses anciens sujets révoltés: son gouvernement prohiba tout commerce de l'Amérique avec les Antilles anglaises; ses recruteurs, en faisant la « presse » des matelots, enlevaient parfois des marins américains; ses diplomates obtenaient que le Portugal ouvrît le détroit de Gibraltar aux pirates barbaresques, dont les vaisseaux vinrent dans l'Océan piller les navires des États-Unis. Les républicains à Philadelphie réclamèrent des représailles douanières et commerciales; Madison proposa des résolutions dans ce sens, qui furent écartées par le Congrès après un débat très vif, mais un embargo temporaire fut voté pour gêner le trafic avec Londres, et l'on parla de renoncer, comme en 1767, à l'achat des produits anglais.

en français par Turner (*Annual Report of the American Historical Association*, t. II, Washington, 1904).

Quand une loi eut prescrit de fortifier les ports, la population mit un grand empressement à l'appliquer : on vit dans toutes les villes de la côte les juges, les instituteurs, les bourgeois riches former des équipes de volontaires qui venaient à leur tour travailler à ces fortifications.

Washington, pour éviter une rupture, envoya en Europe John Jay, le grand juge, l'ancien négociateur de 1782. Jay fut bien reçu à Londres, où l'on espérait détacher complètement les États-Unis de la France ; il signa le traité de novembre 1794. L'Angleterre promettait d'évacuer les postes-frontières qu'elle détenait contrairement aux stipulations de 1783 ; chacun des deux pays devait payer certaines indemnités justement réclamées par l'autre ; tous les deux jouiraient de la liberté complète de navigation sur le Mississipi. Des articles temporaires ouvraient les Antilles anglaises aux vaisseaux américains de faible tonnage, tout en supprimant les avantages spéciaux concédés à la France par le traité franco-américain. Quand le traité Jay parvint en Amérique, Washington en fut satisfait et le communiqua au Sénat, qui le ratifia dans une séance secrète. Mais lorsqu'un sénateur opposant eut fait paraître le texte dans l'*Aurora*, ce fut un cri général d'indignation chez les républicains contre ce traité humiliant, qui n'obligeait pas l'Angleterre à modérer le droit de visite, à cesser la presse des matelots américains. La Société démocratique, fondée par les républicains à Philadelphie, avait dans tous les États des groupes affiliés qui menèrent la campagne contre Jay ; il fut pendu en effigie, accusé de s'être laissé acheter. Cependant Washington tint bon, toujours encouragé par Hamilton. Quant à Randolph, qui goûtait peu le traité, il avait eu l'imprudence d'exposer au nouveau ministre de France, Fauchet, son opinion peu flatteuse sur le Président ; la lettre de Fauchet, interceptée par les Anglais et livrée à Washington, fut montrée par lui au secrétaire d'État qui donna aussitôt sa démission. Les attaques de Madison à la Chambre contre le traité demeurèrent sans résultat. Les fédéralistes avaient pour eux le sentiment pacifique du peuple américain, et surtout l'appui de la Nouvelle-Angleterre qui voulait continuer son commerce avec l'Europe.

Washington, malgré les succès de sa politique, en avait assez de lutter contre une opposition de plus en plus violente ; il refusa péremptoirement d'accepter une troisième présidence, et une lettre écrite en septembre 1796 annonça au peuple des États-Unis sa volonté de rentrer dans la vie privée. Le Président invitait ses concitoyens à chasser l'esprit de faction et leur donnait un avertissement prophétique sur les dangers d'un antagonisme régional mettant aux prises le Nord et le Sud; il recommandait le respect des droits du gouvernement, conseillait de ne pas se laisser entraîner par des sympathies excessives pour une puissance étrangère, de ne point se mêler aux affaires de l'Europe. Cette lettre d'adieu, dont l'accent était noble et grave, augmenta le respect de tous pour le grand Président, et l'opposition républicaine s'abstint désormais d'attaquer l'homme qui allait redevenir simple citoyen. L'ardeur de la lutte politique se reporta sur la campagne présidentielle qui mit aux prises John Adams, candidat fédéraliste, et Jefferson, candidat républicain; Adams eut 71 voix, Jefferson 68. Ce scrutin singulier mit pendant quatre ans à côté d'un Président fédéraliste un Vice-Président qui était le chef de ses adversaires.

II

Pendant ces quatre ans ce fut la politique extérieure qui absorba presque complètement l'attention du Président et du Congrès. Celui-ci, où les fédéralistes avaient la majorité, ne cachait point ses préférences pour l'Angleterre; l'opposition républicaine demeurait fidèle à son attachement pour la France, mais ce sentiment fut mis à une rude épreuve par une querelle qui faillit aller jusqu'à la guerre ouverte. La Convention, en accordant le rappel de Genet, avait demandé celui du ministre américain Gouverneur Morris, qu'on savait hostile aux Montagnards; il fut remplacé par Monroe, un Virginien aimable et habile, bien vu de Jefferson. Monroe, reçu en séance solennelle par la Convention le 15 août 1794, peu de jours après la mort de Robespierre, prononça un discours où il exaltait les idées et l'œuvre de la Révolution française. Le discours déplut à Washington, qui fit inviter Monroe à plus de réserve, et qui bientôt le rappela; ce rappel mécontenta le gouvernement de Paris, déjà irrité par le traité Jay qui lui apparaissait comme une véritable trahison. En Amérique les choses n'allaient pas mieux : Adet, successeur de Fauchet, publia vers la fin de 1796 une note sévère pour la politique étrangère des États-Unis, dans l'espoir d'agir sur l'élection présidentielle ; rien ne pouvait faire plus mauvais effet sur un peuple bien résolu à n'admettre dans ses affaires aucune intervention du dehors. Les négociations étaient d'ailleurs très lentes entre Paris et Philadelphie, à une époque où l'on ne possédait ni la vapeur, ni le télégraphe, et en pleine guerre maritime.

Le Directoire avait succédé à la Convention quand Pinckney, successeur de Monroe, parvint à Paris (décembre 1796). Autant Monroe avait été comblé de prévenances jusqu'à son départ, autant Pinckney fut mal accueilli ; on refusa de le recevoir officiellement, et finalement il dut se retirer en Hollande et avertit le Président. John Adams n'aimait pas les gouvernements révolutionnaires français ; il avait conservé comme secrétaire d'État un des derniers conseillers choisis par son prédécesseur, Timothée Pickering, fédéraliste violent que ses tendances anglophiles et antidémocratiques mettaient à la remorque de Hamilton. Adams convoqua le Congrès en session extraordinaire et lui adressa un message très fier, qui repoussait toute ingérence française dans la politique intérieure des États-Unis ; les mesures de défense proposées par lui furent votées. Mais en même temps il envoyait en France une nouvelle mission, pour tâcher d'apaiser le conflit.

Cette mission comprenait, outre Pinckney, le futur grand juge Marshall et un vieux représentant du Massachusetts, Elbridge Gerry. Elle arriva en octobre 1797 à Paris et trouva le Directoire affermi au dedans par le coup d'État de fructidor, au dehors par la paix de Campo-Formio. Les Directeurs étaient pleins d'orgueil et d'exigences ; le ministre des relations extérieures était Talleyrand, toujours prêt aux négociations louches qui devaient lui rapporter quelque profit. Au lieu de recevoir officiellement les envoyés, il leur adressa trois agents officieux que les documents américains appelèrent X, Y et Z, et qui se nommaient Hottinguer, Bellamy et Hauteval. Ces agents réclamèrent le désaveu du message présidentiel, un prêt important au gouvernement français, enfin une gratification de 1.200.000 livres pour les dépenses secrètes du ministre et des Directeurs. Les envoyés stupéfaits refusèrent net, et présentèrent à leur tour les réclamations des États-Unis dans un long mémoire composé par Marshall. Talleyrand, qui avait connu Gerry en Amérique, employa son habileté à le détacher de Marshall et de Pinckney; quand ceux-ci, outrés de ce procédé, réclamèrent leurs passeports, ils les reçurent aussitôt et quittèrent la France, pendant que Gerry acceptait de rester à Paris pour continuer les négociations.

En mars 1798 les dépêches reçues à Philadelphie apprirent au Président comment on avait accueilli ses envoyés. Aussitôt Adams envoie au Congrès un message belliqueux; les demandes faites par X, Y, Z exaspèrent le peuple; des centaines d'adresses approuvent et encouragent le Président. La cocarde tricolore, aimée des partisans de la France, fait place à la cocarde noire, portée par les soldats de Germantown et de Yorktown. On avait composé autrefois pour Washington la marche du Président; un chant fait sur cet air par Hopkinson, le *Hail Columbia*, obtint un succès prodigieux au théâtre de Philadelphie et devint rapidement le chant national de l'Union. Le 9 mai, jour de jeûne et de repentir fixé par Adams, toutes les églises retentirent de sermons prononcés contre la France. Le cri général était : « Des millions pour la défense, pas un sou comme tribut ! » Les relations diplomatiques des deux pays étaient suspendues en fait; le Congrès suspendit les relations commerciales, ordonna aux vaisseaux de guerre de saisir tout navire français qui commettrait un acte d'hostilité, créa le département de la marine pour activer la construction d'une flotte; une armée fut constituée sous le commandement en chef de Washington, qui accepta cette charge en prenant comme lieutenants ses amis Hamilton, Knox et Pinckney. Ce fut la « quasi-guerre », marquée par quelques rencontres de vaisseaux, où les marins américains déployèrent déjà les qualités qui devaient les rendre célèbres en 1812. Quant à la guerre, on croyait aux États-Unis que la France allait la déclarer, on voyait déjà Bonaparte débarquant en Amérique. En réalité, le Directoire, surpris d'avoir soulevé une telle hostilité, montrait déjà ses intentions conciliantes en restreignant l'exercice du droit de visite et de saisie sur les vaisseaux américains.

Le parti fédéraliste, sentant que l'opinion publique était pour lui, crut pouvoir tout se permettre contre l'opposition républicaine et fit voter par le Congrès des lois d'exception. Les lois sur les étrangers imposèrent quatorze ans de résidence, au lieu de cinq, à ceux qui voulaient se faire naturaliser, donnèrent au Président, pour deux ans, un droit discrétionnaire d'expulsion, et l'autorisèrent à faire détenir ou expulser tout sujet d'une nation en guerre avec l'Union. Il s'agissait de prévenir l'espionnage, mais aussi de bâillonner la presse républicaine, où se trouvaient plusieurs journalistes étrangers. La loi de sédition punit d'amendes et de prison toute personne qui participerait à un complot, ou qui diffamerait le gouvernement. On l'appliqua aussitôt à un membre de la Chambre, Matthew Lyon ; cet Irlandais bruyant et rageur, qui soulevait souvent des tempêtes à la Chambre, fut condamné pour une adresse contre le Président à quatre mois de prison et mille dollars d'amende. Ces lois de juillet 1798 (*Alien bill* et *Sedition bill*) étaient l'œuvre d'un parti enivré par le succès ; quelques fédéralistes perspicaces comme Hamilton comprirent seuls le danger de blesser un des sentiments les plus vifs du peuple américain, l'antipathie pour les lois d'exception et pour le despotisme civil ou militaire.

Ces lois, bien accueillies pourtant au début par le Nord, exaspérèrent les républicains. Sous la direction habile et prudemment audacieuse de Jefferson, ils manifestèrent leurs opinions dans certains États du Sud, qui se plaignaient de subir la tyrannie du Massachusetts. A la fin de 1798 les législatures du Kentucky et de la Virginie votèrent des résolutions conçues en termes à peu près identiques. La Constitution, disaient-elles, est un contrat entre les États, qui ont confié au gouvernement fédéral certains pouvoirs déterminés, en se réservant tous les autres, et qui ont le droit de redresser les infractions commises par lui ; donc les lois sur les étrangers et les séditions étaient déclarées nulles. C'est la fameuse doctrine de la « nullification », que nous verrons reparaître avec une force nouvelle trente ans plus tard ; c'est cette théorie des « droits des États », qui a failli détruire l'Union en 1860. Pour le moment ces résolutions, repoussées ou froidement accueillies par les législatures des autres États, ne fortifièrent pas le parti républicain. Washington, indigné de les voir votées par la Virginie, décida son vieil ami Patrick Henry, qu'il avait gagné au fédéralisme, à les combattre ouvertement. L'illustre commandant en chef mourut le 14 décembre 1799 ; toute la nation s'inclina devant le tombeau de l'homme qui avait été « le premier dans la guerre, le premier dans la paix, le premier dans le cœur de ses concitoyens ».

Le parti auquel Washington s'était donné tout entier semblait encore tout-puissant. Le Congrès avait voté en février 1799 de nouveaux crédits militaires, et les élections d'automne venaient de fortifier la majorité fédéraliste à la Chambre. Hamilton à qui Washington, affaibli par l'âge, avait laissé depuis quelques mois la direction complète de l'armée, nourrissait de grands projets de conquête contre les colonies de l'Espagne, devenue l'alliée de la France. Mais déjà la discorde s'était mise parmi les chefs du parti. John Adams, malgré ses messages menaçants, ne voulait faire la guerre que si la France l'y obligeait; or son compatriote du Massachusetts, Gerry, lui avait rapporté les assurances pacifiques de Talleyrand, puis le ministre américain à La Haye lui avait transmis le désir, officieusement exprimé par le Directoire, de renouer les relations diplomatiques. D'autre part Adams, qui était d'humeur autoritaire et brusque, supportait avec peine la tutelle orgueilleuse de Hamilton, la cour de flatteurs qui l'entourait, son influence croissante sur les membres du cabinet. Le Président, sans consulter ces derniers, annonça tout à coup au Sénat l'envoi d'une mission en France, puis, par un nouveau coup d'autorité, il ordonna aux trois plénipotentiaires choisis par lui de s'embarquer aussitôt (août 1799); enfin il congédia le secrétaire d'État, Timothée Pickering, et l'un de ses collègues. Le Président avait rendu un grand service au pays en prévenant une guerre inutile; mais ces procédés cassants préparèrent la ruine de son parti. Approuvé par les fédéralistes modérés tels que Marshall, Adams eut contre lui tous les fédéralistes violents, surtout Hamilton qui se sentait devenu ridicule avec ses grands préparatifs belliqueux. Les nouvelles de Paris justifièrent l'initiative du Président; la mission américaine, arrivée peu de temps après le 18 brumaire, fut bien reçue par Bonaparte. Celui-ci, tout en faisant prononcer par Fontanes l'éloge funèbre de Washington, signa une convention qui rétablissait les bons rapports et qui renvoyait à des pourparlers ultérieurs le règlement des indemnités dues à des particuliers. Le Sénat des États-Unis ratifia la convention, mais en supprimant la clause relative à ces pourparlers; Bonaparte s'empressa d'accepter cet amendement, qui fit tomber toutes les réclamations ayant pour origine le droit de visite ou les autres conflits antérieurs.

Affaibli par la discorde, le parti fédéraliste rendit sa chute inévitable en appliquant sans nécessité les lois de 1798. Plusieurs journalistes furent condamnés à l'amende ou à la prison ; le bureau de l'*Aurora* fut envahi par des officiers que le journal avait critiqués, ce qui fit crier à la tyrannie militaire. Les impôts nouveaux, acceptés volontiers quand on croyait la guerre imminente, paraissaient bien lourds maintenant qu'ils servaient à entretenir une flotte et une armée inactives. Les fédéralistes modérés se joignirent aux républicains dans le Congrès pour voter la réduction des dépenses militaires. On arriva ainsi à l'élection présidentielle de décembre 1800. Adams était de nouveau le candidat fédéraliste, mais Hamilton venait de publier contre lui un amer pamphlet. Quant aux républicains, ils présentaient Jefferson et avec lui Aaron Burr, brillant avocat, le rival de Hamilton au barreau de New-York. Jefferson eut 73 voix et Adams 65 ; le fédéralisme était vaincu.

Mais Burr avait eu 73 voix comme Jefferson. Comme les bulletins ne distinguaient pas alors entre le Président et le Vice-Président, c'était à la Chambre, d'après la Constitution, de choisir entre deux candidats ayant le même nombre de voix. Tous les républicains avaient voulu donner la présidence à Jefferson ; la majorité fédéraliste de la Chambre pensa quelque temps à leur faire pièce en nommant Burr. Hamilton, qui détestait ce dernier, sut décider ses amis à éviter un vote maladroit et provocant ; la Chambre, au trente-sixième tour de scrutin, désigna Jefferson pour la présidence. Les fédéralistes, voyant que le pouvoir allait leur échapper le 4 mars suivant, mirent à profit les quelques semaines qui restaient. Une réforme judiciaire bâclée rapidement permit de créer vingt-trois nouveaux postes de juges fédéraux, qui furent distribués à des amis politiques ; les derniers furent nommés le soir du 3 mars, aux dernières heures de la présidence de John Adams ; on les appela les « juges de minuit ». Ce fut une triste fin pour le parti qui avait fondé les institutions des États-Unis, mais qui s'était perdu par l'esprit de coterie et d'intolérance.

Le gouvernement de l'Union venait de quitter Philadelphie pour la nouvelle capitale fédérale qui reçut le nom de Washington. La loi de 1790 avait constitué, grâce aux concessions de la Virginie et du Maryland, le District de Columbia où la ville devait s'élever. Les plans en furent tracés par un architecte français, Major L'Enfant, qui prit Versailles pour modèle et voulut faire des avenues, des plans, des parcs gigantesques. Son caractère indiscipliné le fit écarter, mais le plan subsista. Pour hâter la construction de la ville, on recourut au procédé qu'employaient alors très fréquemment les États et les cités, on fit des loteries ; mais elles furent accompagnées d'irrégularités qui les rendirent fâcheusement célèbres. En 1800, conformément à la loi, le Président vint demeurer à la Maison Blanche et le Congrès siégea au Capitole ; mais ces édifices étaient construits dans un véritable désert, et pendant plusieurs années encore, Washington fut un campement plutôt qu'une ville[1].

1. V. Moireau, *La naissance d'une capitale* (*Revue des Deux Mondes*, 1893).

CHAPITRE IV

LA PRÉSIDENCE DE JEFFERSON

I

Jefferson est une figure à part dans le groupe des hommes d'État qui ont fondé l'Union et dirigé ses débuts. Il n'y a pas de caractère plus simple, moins mystérieux que celui de Washington ; un John Adams, un Hamilton sont également faciles à définir. Mais rien de plus complexe que le personnage de Jefferson. C'est un véritable Américain, fier de son pays, et c'est un disciple de la France ; il a l'esprit pratique de ses compatriotes, leur goût pour les inventions mécaniques, et il se complaît dans les rêves humanitaires des encyclopédistes ; les grandes conceptions philosophiques, les théories scientifiques l'enthousiasment, et souvent il apparaît comme le plus rusé des politiciens. Son ambition est grande, et pourtant rien ne l'intéresse plus que son domaine de Monticello. Ce philosophe passionné pour le noble jeu des idées a tenu pendant de longues années un journal, un recueil d'*ana* où sont notées les paroles, les comédies, les petites faiblesses des gens qui l'entourent. Cette nature difficile à comprendre étonnait les gens, souvent un peu frustes, qui siégeaient au Congrès ; son agnosticisme effrayait les clergés protestants, irrités de voir un libre penseur à la tête des États-Unis. Mais ce personnage froid et renfermé, qui n'avait rien d'un démagogue ou d'un tribun, gagna l'attachement passionné des masses populaires ; elles retrouvaient en lui leurs tendances les plus générales, l'amour de l'individualisme, la défiance envers l'autorité, l'aversion pour toute aristocratie, le goût de la simplicité. Voilà pourquoi son arrivée à la présidence fut accueillie par un enthousiasme prodigieux, qui devait reparaître seulement en 1829, à l'inauguration de Jackson. Partout des manifestations joyeuses, des cortèges imposants et bruyants célébrèrent la fin du fédéralisme et l'avènement du Président cher au peuple.

Élu après une campagne politique violente, Jefferson débuta par un programme d'apaisement. Son discours d'inauguration montra que les partis opposés ne différaient que par des nuances : « Nous sommes tous républicains, disait-il, nous sommes tous fédéralistes. » Le gouvernement républicain, ajoutait-il, a été souvent accusé de faiblesse ; en réalité, c'est le plus fort de tous, parce que c'est le seul où chacun, à l'appel de la loi, vienne aussitôt se ranger sous le drapeau de la loi. Le Président forma un cabinet où se trouvaient deux hommes de grande valeur : Madison devint secrétaire d'État, et la trésorerie fut confiée à Gallatin. Celui-ci, d'origine suisse, avait fait d'abord figure de démagogue en 1794 pendant l'insurrection du whiskey ; mais c'était un homme de gouvernement, un administrateur de premier ordre, qui mérita d'être mis pour la capacité financière au niveau de son adversaire Hamilton.

L'avènement d'un nouveau parti allait-il amener une perturbation complète dans le personnel des fonctionnaires ? La question se posait alors pour la première fois. Jefferson se montra modéré au début et laissa quelques postes importants à des fédéralistes ; il les remplaça ensuite peu à peu en affirmant que l'administration doit être en harmonie avec les opinions de ceux que le peuple a choisis pour gouverner. Le scandale des nominations faites pendant les derniers jours de la présidence précédente lui facilitait la tâche ; il déclara sujets à révision tous les choix faits au commencement de 1801 jusqu'au 4 mars, sans aller trop loin dans l'application de cette règle. Ce n'est pas à lui que remonte le système des dépouilles.

Le nouveau Président se débarrassa de l'étiquette sévère qui plaisait à Washington ; ce n'était pas chose difficile dans la bourgade presque déserte qui portait le nom de capitale fédérale. La Maison Blanche ne s'ouvrit plus que deux fois par an, le 1er janvier et le 4 juillet, pour des réceptions publiques ; il donna quelques rares fêtes, organisées par la femme du secrétaire d'État, la spirituelle Mme Madison, qui nous a laissé des lettres d'un grand intérêt sur cette période.

C'étaient là les seuls sacrifices faits au cérémonial ; un nouveau ministre d'Angleterre, qui venait en habit brodé lui rendre visite, fut choqué de rencontrer dans un couloir le Président en pantoufles. Jefferson supprima aussi l'usage, inauguré par le premier Président, de venir en grande pompe lire une sorte de « discours du trône » à l'ouverture de la session annuelle du Congrès. Ce fut, disaient les malveillants, parce qu'il lisait mal ; ce fut aussi pour ne plus imiter une coutume de la monarchie anglaise. Le Congrès reçut le « message annuel » de décembre, message écrit, et la tradition a subsisté jusqu'à 1913.

Le message de décembre 1801 proposa aussitôt une diminution notable de tous les impôts indirects, et la diminution correspondante des dépenses, dépenses de luxe ou dépenses militaires et navales. Ce programme répondait trop bien aux vœux des Américains pour ne pas être appliqué ; on vota des lois qui ramenèrent l'administration fédérale à cette simplicité républicaine si chère au Président. Grande fut la satisfaction des hommes de l'Ouest. Parmi eux se trouvaient des émigrants venus d'Europe ; le message demanda qu'on leur fît la naturalisation facile, parce que c'était la gloire de l'Amérique de devenir le refuge des malheureux. La plupart des pionniers étaient des jeunes gens venus des vieux États pour vivre à leur guise dans des terres qui leur appartiendraient ; ils trouvèrent dans l'hôte démocrate de la Maison Blanche le Président selon leur cœur. Tandis que les vieux États conservaient encore presque tous un régime électoral fondé sur le cens, l'Ouest inaugura le suffrage universel.

Cet esprit nouveau inspire la Constitution adoptée par l'Ohio, le premier État organisé (1803) dans le territoire du Nord-Ouest. Elle donne à tous le droit de suffrage et, chose nouvelle, retire au gouverneur le veto ou le droit de nommer seul les fonctionnaires ; mais sa principale innovation consiste à ne faire nommer les juges que pour sept ans. La campagne contre l'inamovibilité des juges fut très vive pendant la première présidence de Jefferson ; outre les raisons de principe données contre ce système, on dénonçait la dureté avec laquelle les juges fédéralistes avaient appliqué les lois de combat votées en 1798. En Pennsylvanie l'un des plus détestés, le juge Addison, était un réactionnaire impénitent qui flétrissait les trois grands complots tramés contre le christianisme, contre la monarchie, contre la société ; accusé par une des deux assemblées législatives de l'État, il fut condamné par l'autre à la destitution. Cette campagne populaire et politique n'épargna point les juges fédéraux. L'un d'eux, convaincu d'avoir rendu un jugement quand il était ivre, fut renvoyé par la Chambre, sur l'initiative de Jefferson, devant le Sénat qui le déclara coupable.

On s'attaqua même à la Cour suprême. Elle avait à sa tête John Marshall, qui resta grand juge depuis 1801 jusqu'à sa mort en 1835. Il a laissé la réputation méritée d'un légiste remarquable; c'est un des hommes qui ont le plus contribué à consolider les institutions des États-Unis par les arrêts lucides où il interprétait l'Acte de 1787 au profit du pouvoir fédéral. Mais en 1801 on ne le connaissait encore que comme un politicien fédéraliste, ami de John Adams, ennemi de son compatriote virginien Jefferson, et tout disposé à lui susciter des embarras. Les partisans de l'autonomie des États furent exaspérés de le voir reconnaître à un particulier le droit d'assigner la Géorgie devant la Cour suprême[1]. Comme on ne trouvait pas de prétexte pour l'attaquer personnellement, les amis de Jefferson essayèrent de déconsidérer la Cour en faisant mettre en accusation un des juges; mais l'accusé, que défendaient les meilleurs avocats du pays, fut acquitté par le Sénat.

La politique intérieure le cédait alors en intérêt à la politique extérieure. Jefferson adopta la ligne de conduite de Washington en formulant ainsi le principe de sa diplomatie : « paix avec toutes les puissances, alliance avec aucune ». Mais, par une étrange ironie de l'histoire, ce pacifiste allait avoir à négocier avec Napoléon et William Pitt; cet Américain résolu à s'isoler de l'Europe fut obligé de s'occuper sans cesse de la guerre qui faisait rage dans l'Ancien Monde. En Amérique même, les États-Unis se trouvaient en rapports constants avec l'Espagne, leur voisine à l'ouest et au sud. C'était une voisine peu redoutable, mais gênante, versatile et tatillonne. Après avoir accordé par le traité de 1795 la libre navigation du Mississipi, elle annonça tout à coup l'intention de fermer la Nouvelle-Orléans au commerce américain; or les colons du Kentucky et du Tennessee, qui n'avaient pas de voies terrestres commodes pour aller par les montagnes vers l'Est, éprouvaient le besoin de communiquer par le grand fleuve et le golfe du Mexique avec les

1. Le onzième amendement à la Constitution fut fait pour interdire pareille chose à l'avenir.

ports de l'Atlantique. Ces *frontiersmen* énergiques, peu familiers avec le droit des gens, ne demandaient qu'à se jeter sur les territoires espagnols tout comme ils enlevaient les terres des Indiens. Jefferson essaya de régler la question du Mississipi en négociant avec l'Espagne et en faisant appel à la bonne volonté que venait de montrer Bonaparte, le tout-puissant allié de Charles IV. Monroe fut envoyé en Europe afin de guider les ministres américains à Paris et à Madrid.

Tout à coup le Président apprit que l'Espagne venait de rétrocéder la Louisiane à la France; grandes furent ses craintes à la pensée que la puissance décrépite et faible qui possédait la Nouvelle-Orléans la rendait à la nation conquérante et ambitieuse gouvernée par le Premier Consul. « Il y a sur le globe, écrivait-il, un seul endroit dont le possesseur est notre ennemi naturel et habituel : c'est la Nouvelle-Orléans. » Mais bientôt arrivèrent de France des nouvelles inattendues. Bonaparte savait que la rupture de la paix d'Amiens était prochaine ; la guerre une fois reprise, la Louisiane aurait le sort des autres colonies françaises. elle tomberait aux mains des Anglais ; mieux valait la céder à la jeune république dont l'amitié pouvait lui être si utile contre le gouvernement de Londres. Le ministre des États-Unis et Monroe devaient proposer d'acheter un territoire assurant un débouché vers la mer; le Premier Consul répondit en offrant de vendre la Louisiane entière. Les deux Américains furent surpris par cette offre que leurs instructions ne prévoyaient pas ; mais ils se rappelèrent que « l'occasion est chauve », et s'empressèrent de signer le traité de 1803 qui donnait cette région aux États-Unis pour quinze millions de dollars. La nouvelle reçue par Jefferson lui causa une joie qui n'était pas exempte d'inquiétude : lui qui défendait depuis douze ans l'interprétation étroite de la Constitution, qui redoutait surtout les coups d'autorité du pouvoir exécutif, allait-il prendre une initiative qui, sans aucun doute, dépassait les limites fixées à la compétence du Président ? Mais la volonté de faire profiter son pays d'une chance inespérée l'emporta sur les scrupules du doctrinaire ; il signa le traité. Son intention était de faire ratifier cette espèce de coup d'État par un amendement constitutionnel ; mais les avis de ses secrétaires, l'empressement du Congrès à voter les crédits nécessaires, la satisfaction générale du pays montrèrent que cette lente procédure était superflue. La cérémonie de cession eut lieu à la Nouvelle-Orléans le 13 novembre 1803 : le gouverneur espagnol fit remise de la Louisiane à l'envoyé français, puis celui-ci la déclara donnée aux États-Unis. Les délégués de Jefferson visitèrent avec un mélange d'admiration et de mépris la curieuse ville coloniale, si différente des leurs, aussi remarquable par ses beaux monuments publics et religieux que par l'absence de toute vie commerciale, de toute activité spontanée des habitants. Elle devint la capitale du Territoire d'Orléans, qui fut administré par des fonctionnaires fédéraux.

Jefferson avait dû encore faire violence à tous ses goûts en engageant son pays dans une guerre lointaine sur les côtes de la Méditerranée. Pour protéger les vaisseaux de ses nationaux contre la piraterie, le gouvernement américain suivait l'exemple de ceux d'Europe et consentait au dey d'Alger un tribut annuel; le bey de Tripoli, mécontent de ne pas obtenir pareille concession, déclara la guerre au commerce des États-Unis. On croyait ceux-ci incapables de relever le défi en menaçant la côte africaine; mais une escadre apparut dans les mers européennes dès 1802, agit contre Tripoli même en 1803, et les exploits de marins comme Decatur firent connaître au monde l'existence d'une flotte nouvelle et digne d'estime[1].

Jefferson avait réalisé le programme du parti républicain, et même fait davantage en achetant la Louisiane; sa présidence avait été si heureuse que beaucoup de ses adversaires se ralliaient à lui. Les autres se plaisaient à constater que l'ennemi des fédéralistes appliquait la politique de Washington et de John Adams, qu'il recourait même à cette marine autrefois détestée des républicains ; ils se moquèrent aussi des témoignages naïfs d'estime qu'on lui prodiguait, par exemple de cette députation de paysans qui vint lui apporter un fromage monstre. Sa popularité lui valut en 1804 une réélection triomphale ; son concurrent subit une défaite même dans ces États de la Nouvelle-Angleterre qui semblaient la forteresse du parti fédéraliste.

II

Le Président réélu continua les entreprises antérieurement com-

1. V. Dupuy, *Américains et Barbaresques*, 1910.

mencées. La guerre contre Tripoli allait bien ; un hardi aventurier américain, Eaton, tour à tour pasteur, professeur et consul, avait formé une petite armée en Égypte pour aider le frère du pacha de Tripoli à se révolter contre ce dernier ; traversant le désert, il avait enlevé Derne. Le pacha s'empressa de signer avec le chef de l'escadre, jaloux d'Eaton, le traité de 1805 qui lui rendait ses villes, qui assurait moyennant rançon la libération des captifs américains, et supprimait tout tribut à l'avenir. On eût pu obtenir mieux, mais Jefferson était heureux d'en finir avec cette guerre lointaine.

En Amérique la Louisiane était acquise, mais il y avait encore des difficultés avec l'Espagne sur les frontières de la Floride : elles portaient moins sur la presqu'île de Floride orientale que sur la Floride occidentale, c'est-à-dire la bande de terre qui s'étendait le long du golfe depuis la presqu'île jusqu'au Mississipi. Ce pays, à peine soumis par l'Espagne, était une terre d'asile pour les pirates et les aventuriers de tout genre ; aussi les incidents de frontière se succédaient constamment. Jefferson essaya de renouveler cette politique d'achat qui avait si bien réussi en Louisiane, et qui resta désormais traditionnelle pour les États-Unis ; mais il fut obligé d'ajourner ce projet. Les gens du Sud-Ouest, mécontents de se voir toujours séparés du golfe par les terres espagnoles, songèrent à réaliser le coup de main proposé par Burr. Ce personnage éloquent et dangereux, après avoir failli devenir Président des États-Unis, avait échoué dans sa candidature au poste de gouverneur de l'État de New-York ; attribuant cet échec à l'hostilité de Hamilton, il le tua en duel, puis quitta l'Est où il était déconsidéré. L'expédition de flibustiers qu'il vint proposer aux gens du Tennessee contre la Floride réunit de nombreux volontaires ; arrêté par une proclamation du Président qui le déclarait conspirateur et coupable de rébellion, Burr parvint du moins à se faire acquitter par les tribunaux fédéraux devant lesquels on le traduisit.

Jefferson avait renoncé à la Floride, parce que toute son attention était absorbée par la guerre franco-britannique. Depuis que la Hollande et l'Espagne étaient devenues les alliées de la France, les croiseurs anglais pourchassaient leurs navires, et le commerce neutre avait intérêt à prendre sur les mers la place laissée vide par les pavillons des trois grandes puissances. Les Américains, bons marins et pêcheurs habiles, accoutumés déjà au commerce avec les Antilles, s'étaient empressés dès 1796 de profiter de ces heureuses circonstances. Il est vrai que l' « Ordre en conseil » publié cette même année à Londres interdisait aux neutres le trafic direct entre les trois pays ennemis et leurs colonies. On tourna la difficulté ; un vaisseau partant d'un port des Antilles françaises allait toucher à Charleston, où il déclarait sa cargaison et payait les droits de douane ; le commerce désormais n'étant plus direct, il repartait sans rompre charge et se dirigeait vers un port français. Les tribunaux de prises anglais découvrirent bientôt cet ingénieux procédé; pour y mettre fin, ils déclarèrent que le commerce était direct si l'on n'avait pas déchargé la cargaison en route. Cela n'arrêta pas longtemps les rusés marchands de New-York ou de Boston ; ils allèrent dans un port américain décharger leur cargaison, payer les droits, puis la rechargèrent et se remirent en route; c'était une perte de temps et d'argent, mais les profits considérables du commerce maritime la rendaient facile à supporter. Les préliminaires franco-anglais de 1801, suivis par la paix d'Amiens, mirent fin à la prépondérance du pavillon américain.

Dès que la paix d'Amiens fut rompue, les marins des États-Unis reprirent un trafic si avantageux. Le blocus anglais devenant plus rigoureux que jamais, les ennemis de la Grande-Bretagne s'adressaient aux Américains pour l'achat de produits coloniaux, et même leur vendaient beaucoup de vaisseaux marchands devenus inutiles. Le pavillon étoilé couvrait le sucre de Cuba ou les peaux de l'Amérique du Sud aussi bien que les lingots du Mexique ou la gomme du Sénégal. L'Angleterre n'entendait pas se laisser jouer ainsi. L'*Essex*, qui allait de Barcelone à la Havane après un arrêt à Salem dans le Massachusetts, fut arrêté en route et comparut devant une cour navale britannique ; celle-ci le déclara de bonne prise, car il avait eu *l'intention* de se rendre d'Espagne à Cuba, c'est-à-dire de faire le voyage direct. On ne pouvait admettre le libre passage que pour les produits destinés à être consommés sur le territoire américain.

Ce jugement, connu aux États-Unis en septembre 1805, y provoqua une émotion profonde ; c'était la ruine suspendue sur tous les armateurs qui, de Portland à Norfolk, envoyaient leurs vaisseaux vers l'Europe. De fréquentes saisies de navires montrèrent que la jurisprudence nouvelle serait appliquée avec rigueur. Aussi les pétitions des villes et des commerçants affluèrent-elles à Washington pour demander, non pas la guerre, mais des mesures de protection et de représailles. Le Congrès vota et le Président signa en avril 1906 la loi de « non-importation » ; elle énumérait une série de produits anglais dont l'importation était prohibée. Ce fut le début de cette guerre de tarifs, d'embargos, de blocus et de saisies, qui devait durer pendant six ans, puis faire place à la vraie guerre. Jefferson suspendit au bout de quelques semaines l'application de cette première loi ; mais la mort d'un matelot, tué sur son bateau par un coup de canon parti du croiseur anglais *Leander*, fit taire beaucoup de ceux qui recommandaient les procédés conciliants.

Le débat commercial fut envenimé par l'arrestation arbitraire des matelots américains. Nous avons vu les difficultés commencer à ce propos dès 1793 : quand on faisait la « presse » dans les ports de Grande-Bretagne, les gens de mer américains étaient souvent pris avec les Anglais, auxquels ils ressemblaient par le langage et les manières. Pour empêcher de pareilles méprises, le Congrès avait organisé l'inscription maritime ; 35.000 matelots reçurent ainsi des certificats entre 1796 et 1802. En principe la Grande-Bretagne tenait compte de ces certificats, mais souvent les croiseurs anglais les traitèrent comme quantité négligeable, surtout quand ils eurent organisé la chasse aux déserteurs. Le développement de la marine marchande avait causé dans les ports de la Nouvelle-Angleterre une hausse considérable des salaires ; les matelots recevaient jusqu'à 24 dollars par mois. Beaucoup de marins des Iles Britanniques se laissèrent tenter par cet appât, d'autant plus qu'ils échappaient ainsi à la discipline si dure des vaisseaux de guerre. La Grande-Bretagne, qui avait réclamé en vain l'extradition de ces déserteurs, organisa un véritable blocus des côtes américaines ; les croiseurs anglais n'hésitaient point à venir jusqu'à l'entrée des baies. L'un d'eux, le *Léopard*, ayant arrêté à coups de canon la frégate *Chesapeake*, ne la relâcha qu'après avoir pris trois matelots que les officiers anglais disaient être des déserteurs ; on appliquait ainsi les ordres agressifs donnés par l'amiral Berkeley.

Monroe, envoyé en mission à Londres depuis plusieurs années, avait patiemment négocié avec Addington, Pitt, Fox, enfin avec Canning.

Celui-ci, quoique raide et cassant, désirait l'alliance des États-Unis contre la France ; il consentit même à un traité pour répondre au décret de Berlin par lequel Napoléon proclamait le blocus continental. Mais ce traité contenait des concessions tellement insignifiantes qu'il fut repoussé à Washington, où l'Ordre en conseil de janvier 1807 paraissait aggraver le sort du commerce neutre. Canning fit encore un pas en avant, rappela Berkeley, envoya un ministre à Washington ; mais l'arrogance de ce diplomate ne fit que rendre la situation plus difficile. Jefferson voyait le commerce américain menacé à la fois par les mesures de Napoléon et par celles de la Grande-Bretagne, par ces dernières surtout ; voulant éviter la guerre tant que ce serait possible, mais obligé d'en venir à des représailles, il résolut d'arrêter pendant quelque temps le commerce maritime des États-Unis. En digne contemporain de Rousseau, il jugeait l'agriculture meilleure que le commerce pour la santé physique et morale d'un peuple libre ; de plus il croyait que l'Angleterre, ayant une bonne partie de sa flotte absorbée par les croisières et les convois, ne pouvait se passer de la marine marchande américaine, soit pour recevoir les denrées coloniales, soit pour exporter les produits de ses manufactures ; mettre cette marine en grève, c'était forcer l'orgueilleuse puissance à faire des concessions. En décembre 1807 fut promulgué l'embargo général, qui interdisait la sortie de tous les vaisseaux américains vers la haute mer.

Cet embargo dura de décembre 1807 à mars 1809 ; et pendant cette période il fut successivement fortifié par trois Actes complémentaires, puis par une loi pénale qui punissait les violations de ce nouveau régime. Ces violations furent nombreuses, car l'embargo portait un coup terrible à des populations qui, depuis plusieurs années, consacraient tous leurs capitaux et toute leur activité au grand commerce maritime ; en Nouvelle-Angleterre, bûcherons, scieurs de long, constructeurs, armateurs, matelots, tous vivaient de la mer. Beaucoup de bateaux, sortis des ports sous prétexte de commercer le long des côtes (le cabotage demeurait permis), poussèrent jusqu'aux Antilles, et la répression de ces pratiques indigna les marins. Sur terre, une contrebande considérable se faisait le long de la frontière canadienne, si bien qu'une proclamation présidentielle reprocha au Vermont de transgresser les lois de l'Union. Les haines politiques se joignant aux difficultés économiques, certains fédéralistes songèrent à se séparer de cette Union qu'ils avaient vu naître, qu'ils n'avaient pas encore appris à aimer comme un citoyen européen aime sa patrie. Pickering, l'ancien secrétaire d'État, dirigeait ce petit groupe intransigeant qui protestait contre la domination des Virginiens, contre l'annexion de la Louisiane, et qui n'hésita point à parler à des Canadiens d'une sécession possible.

La majorité suivait néanmoins Jefferson, comme le prouva l'élection présidentielle de 1908. Il refusa par principe ce que Washington avait refusé par goût, une troisième présidence ; mais son confident Madison fut nommé sans peine. Jefferson continua sa politique d'abstention, tout en laissant le Congrès voter à la place de l'embargo une loi moins sévère. En mars 1809 il quitta la Maison Blanche et, montant à cheval, retourna paisiblement à Monticello. Il y vécut dans la retraite, ne donnant son avis que si les chefs de l'Union le lui demandaient, lisant, travaillant, menant cette existence digne et studieuse qui faisait admirer par les Américains le sage de Monticello. Comme sa fortune était médiocre, il finit par vendre au Congrès sa bibliothèque. Jefferson mourut le 4 juillet 1826, le même jour que John Adams, juste cinquante ans après le vote de la Déclaration d'indépendance. Le peuple américain, oubliant leurs conflits, apprit avec émotion la fin simultanée des deux hommes qui avaient tant contribué à créer les États-Unis ; mais le souvenir de tous alla surtout à Jefferson, à l'homme qui avait été l'apologiste et l'apôtre de la démocratie.

PLANCHE III.

VUE GÉNÉRALE DE WASHINGTON

GRANDES LIGNES DU PLAN DE WASHINGTON

WEIL, *États-Unis*, p. 48.

CHAPITRE V

LA GUERRE DE 1812

I

Madison avait fait depuis longtemps ses preuves au Congrès ou au ministère, mais il ne possédait pas plus que Jefferson les qualités qui eussent été nécessaires pour diriger avec vigueur et décision la politique extérieure. Ayant choisi un secrétaire d'État fort médiocre, il le remplaça au bout de quelque temps par Monroe, dont on avait voulu faire son rival, et qui devint un utile collaborateur. Madison espéra d'abord que tout allait s'arranger avec la Grande-Bretagne, car l'envoyé anglais Erskine lui offrait un accommodement acceptable ; mais Erskine fut désavoué, remplacé par un autre ministre, Jackson, qui montra une telle hauteur que le gouvernement américain refusa de continuer à communiquer avec lui. Le Congrès cependant avait levé l'embargo, à la grande joie des marins, et voté la loi de *non-intercourse*, qui renfermait diverses mesures dirigées contre le commerce de la France et de l'Angleterre, avec un délai dans l'application ; en 1911 elles seraient suspendues à l'égard de celui des deux belligérants qui aurait ménagé le commerce des neutres, mais renforcées à l'égard de celui qui ne voudrait rien céder.

En 1810 se produisit un événement dont les conséquences devaient être profitables pour les États-Unis ; ce fut la révolte des colonies espagnoles, qui a définitivement assuré la prépondérance de la république du Nord dans le continent américain. L'Union tira de cette révolte un avantage immédiat ; les aventuriers qui dominaient dans la Floride occidentale s'étaient rendus indépendants et proposaient l'annexion aux États-Unis ; Madison, sans accepter leurs conditions, déclara cette province annexée à l'Union, qui eut désormais son débouché naturel sur le Golfe. En même temps le Président obtenait du Congrès l'admission du nouvel État de la Louisiane. Cela ne se fit point sans un débat qui soulevait des questions importantes : les hommes de la Nouvelle-Angleterre, inquiets de voir le centre de gravité de l'Union se déplacer vers le Sud, s'attachaient à la lettre de la Constitution et niaient qu'un État, égal aux autres, pût être formé en dehors des frontières de 1787. Mais la majorité admit le nouvel État (1811), et ce vote assura le développement futur du pays.

L'Amérique attendait les décisions qu'allaient prendre la France et l'Angleterre en présence de ses offres et de ses menaces. Napoléon, qui avait deviné l'importance de la république américaine, était disposé à la ménager ; mais son mépris croissant pour les droits des neutres, sa tyrannie sur l'Europe l'amenaient à refuser toutes les concessions qui pouvaient compromettre le succès du blocus continental. De là des alternatives d'arbitraire et de bienveillance qui déconcertaient le gouvernement américain, tout en lui laissant l'impression que l'Empereur n'était pas hostile. On crut un instant que les décrets de Berlin et de Milan seraient révoqués, et l'on fut déçu quand Sérurier, ministre de France, arriva en Amérique sans apporter ce cadeau. Mais le Président reçut communication de deux documents français, une lettre du ministre des finances au directeur général des douanes, et une autre du ministre de la justice au président du conseil des prises, qui recommandaient de ne plus appliquer les décrets aux vaisseaux des États-Unis. Madison usa de ces renseignements pour faire voter la loi de mars 1911, suspendant les relations commerciales avec celle des deux puissances qui n'avait rien accordé, c'est-à-dire avec la Grande-Bretagne.

Quelques saisies montrèrent que les concessions consenties à Paris n'étaient pas acceptées ou interprétées de la même façon par tous les fonctionnaires français. Mais ces difficultés n'étaient pas comparables à celles que les États-Unis rencontraient sans cesse à Londres. Leur ministre, Pinckney, poussé à bout par la lenteur calculée qu'on opposait à ses demandes, adressa au gouvernement anglais une sorte d'ultimatum accueilli par un *no* dédaigneux. Le ministre anglais envoyé à

Washington pour remplacer Jackson débuta en protestant contre l'annexion de la Floride occidentale ; c'était rendre vaines les quelques concessions qu'il apportait. Cependant l'intransigeance des ministres tories était mal vue en Angleterre ; le blocus continental produisait un chômage redoutable, source de nombreuses révoltes ouvrières, et les fabricants demandaient qu'on leur laissât au moins le marché américain. Le ministre se décida en juin 1912 à retirer les Ordres en conseil, mais la nouvelle arriva trop tard en Amérique : la guerre était déjà déclarée.

C'était, en effet, un esprit de guerre qui animait le douzième Congrès, convoqué à la fin de 1911. Les vieux républicains, pénétrés de l'idéal pacifique de Jefferson, y avaient fait place à beaucoup d'hommes nouveaux, jeunes, pleins de confiance dans leurs forces ; parmi eux figuraient les représentants de l'Ouest, de ces pionniers qui, ayant dompté une nature hostile et repoussé les Indiens, se croyaient en état de braver les puissances du Vieux Monde. Ils trouvèrent des interprètes énergiques de leurs pensées chez Calhoun et surtout Henry Clay. Madison, après avoir tergiversé quelques mois encore, se laissa entraîner par l'ardeur du Congrès ; son message proposant la guerre fut approuvé par une forte majorité, qui comprenait presque tous les représentants de l'Ouest et du Sud.

Le pays qui engageait ainsi la lutte ne possédait presque pas d'armée. Si 36.000 hommes de troupes régulières figuraient sur le papier, un tiers à peine était disponible ; sur les 50.000 volontaires annoncés comme prêts à les rejoindre, 5.000 au plus étaient réunis, et ceux-là manquaient de toute éducation militaire. Quant aux milices des États, leur utilisation dépendait de la bonne volonté des gouverneurs. Ajoutons que l'armée obéissait à de vieux généraux, célèbres pour s'être distingués trente ans auparavant dans la guerre de l'Indépendance, mais devenus incapables de commander. L'armée anglaise ne valait guère mieux : absorbée par l'effort décisif que Wellington faisait pour chasser les Français d'Espagne, la Grande-Bretagne confia la défense de sa frontière à quelques faibles détachements de réguliers, soutenus par les contingents canadiens.

Sur mer les choses allèrent autrement. L'Angleterre, qui régnait sur l'Océan depuis Trafalgar, avait assez de vaisseaux pour châtier cette Amérique dont ses croiseurs bloquaient les côtes et bravaient les colères depuis cinq ans ; elle savait que la flotte de guerre formée sous John Adams avait été à peu près liquidée sous Jefferson. Elle oubliait que les Américains étaient un peuple de marins, habitués depuis l'origine à pêcher dans les rudes mers septentrionales, et accoutumés depuis quinze ans à parcourir les océans ; leurs capitaines savaient faire des prodiges de science manœuvrière et de vitesse pour forcer le blocus. Les États-Unis possédaient les chantiers de construction, les bateaux, les équipages, et même les officiers, car ces capitaines fournirent des cadres excellents. Quant à la petite escadre de guerre, qui avait montré sa valeur à Tripoli, elle se servait de canons puissants et faisait faire à ses canonniers des exercices réguliers de tir ; la flotte anglaise, n'ayant plus d'ennemis sérieux à combattre, avait négligé ces exercices depuis quelques années.

II

Les Américains pensaient conquérir facilement le Canada. Mais de ce côté ils n'eurent que des déceptions, car le gouvernement canadien s'était assuré l'appui des Indiens. Depuis quelques années déjà il les excitait à la guerre : les sauvages avaient subi en 1811 une sérieuse défaite qui leur fut infligée par le général américain Harrison à Tippecanoe, mais ils désiraient prendre leur revanche. Quant aux Canadiens français, le clergé catholique sut, comme en 1780, les maintenir fidèles à la Grande-Bretagne en réveillant la vieille antipathie contre leurs voisins protestants. La guerre se fit surtout aux deux extrémités du lac Érié ; comme la maîtrise du lac était indispensable pour le transport des vivres et des munitions, le sort des petites armées de terre dépendait généralement des combats entre les flottilles. A l'ouest du lac, en 1812, un vieux général américain prit l'offensive, mais recula bientôt, se laissa envelopper et capitula presque sans résistance ; à l'est les Américains eurent d'abord le dessus, mais à la frontière 3.000 miliciens refusèrent d'avancer, disant qu'on n'avait pas le droit de les faire servir hors de leur pays ; l'indiscipline amena la défaite. Ces échecs furent compensés par une belle victoire sur le lac : un officier plein d'énergie, Perry, construisit sa flottille malgré mille obstacles, attaqua aussitôt les Anglais, quitta en plein combat son bateau près de couler, monta sur un autre qu'il lança en avant, et put écrire enfin le billet demeuré célèbre : « Nous avons rencontré les ennemis, et ils sont à nous. » L'armée ne sut pas profiter de ce triomphe. Sur mer on apprit coup sur coup les victoires de la frégate américaine *Constitution* sur la *Guerrière*, des *États-Unis* sur le *Macédonien*, d'autres encore ; tandis que l'Amérique fêtait ses grands marins, un Hull, un Decatur, la presse anglaise faisait connaître à ses lecteurs stupéfaits l'apparition d'une flotte ennemie redoutable.

En 1813 la lutte sur la frontière canadienne fut encore très disputée. Un petit corps américain dut capituler, et les prisonniers furent en partie massacrés par les Indiens ; les Anglais à leur tour subirent quelques échecs ; mais l'expédition américaine menée contre Montréal se termina par le désastre de Williamsburg. Sur le lac Ontario, la guerre des deux flottilles fut ardente et indécise. Sur mer les Anglais comprenant la leçon de l'année précédente avaient augmenté leurs forces et perfectionné leurs canons ; des équipages bien choisis étaient dignes de lutter avec ceux des États-Unis, comme le prouva la victoire du *Shannon* sur la *Chesapeake* devant Boston. Les escadres britanniques purent venir s'installer dans les baies de Delaware et de Chesapeake, menaçant l'intérieur, tenant à leur merci les populations côtières, interrompant le cabotage qui permettait seul les communications faciles entre le Nord et le Sud. Cependant les corsaires américains avaient fait voile vers l'Europe, où la France leur offrait ses ports comme points d'appui ; en sept mois, d'octobre 1812 à mai 1813, ils avaient déjà capturé 500 vaisseaux marchands et tenaient en état de blocus une partie des côtes britanniques ; la population anglaise était exaspérée contre ses gouvernants qui ne savaient pas lui éviter cette honte. D'autres corsaires parcouraient les océans : il était facile, avec quelques canons, de transformer en corsaire un des bateaux légers construits depuis dix ans pour échapper aux croisières. *L'Essex*, commandé par Porter, déguisé tour à tour en bateau anglais ou espagnol, parcourut longtemps le Pacifique, s'emparant des baleiniers ennemis, avant de succomber dans une lutte inégale.

En 1814 les effectifs sur terre furent augmentés. L'armée américaine fut débarrassée de généraux incapables, que remplacèrent des hommes tels que l'énergique Brown et Izard, ancien élève des écoles militaires d'Europe ; la bataille de Lundy's Lane, qui mit aux prises 3.000 Anglais et 2.700 Américains, fut la plus acharnée de toutes et resta indécise. L'Angleterre cependant, sûre depuis Leipzig de la chute de Napoléon, avait résolu de faire un sérieux effort en attaquant les États-Unis à la fois au nord, au centre et au sud. Au nord ses troupes conquirent le Maine oriental, qui fut déclaré annexé au Nouveau-Brunswick ; une flotte ravagea les côtes de la Nouvelle-Angleterre, qu'on avait épargnées jusque-là pour encourager une sécession. Enfin le gouverneur du Canada, Prévost, mena une grande expédition par terre au delà de la frontière ; mais la flottille qui transportait son matériel sur le lac Champlain subit un désastre complet à Plattsburg Bay, grâce aux talents de Macdonough, commandant de la flottille américaine. Le résultat fut la retraite de l'armée anglaise.

Une autre escadre, entrant dans la Chesapeake, débarqua 3.500 hommes commandés par Ross. Il mit en fuite les troupes ennemies à Bladensburg, presque sans combat, et s'empara de Washington le 25 août. Les vainqueurs s'amusèrent à parcourir la capitale fédérale, puis brûlèrent le Capitole, la Maison-Blanche, tous les bâtiments publics, et allèrent se rembarquer sans que personne les arrêtât. Le Président qui avait pris la fuite revint aussitôt à Washington reprendre l'œuvre difficile de la défense nationale. La terreur était grande chez tous les riverains des grandes baies du centre ; mais une nouvelle expédition, menée contre Baltimore, échoua complètement.

C'est peut-être au sud que les Anglais avaient les plus grands projets ; ils espéraient chasser leurs adversaires de la Louisiane et de la Floride, pays récemment acquis où les colons des États-Unis avaient à peine pénétré. Ils comptaient obtenir, comme au nord, l'appui des Indiens, surtout de la confédération des Creeks. Ceux-ci étaient souvent en lutte avec les *frontiersmen* du Tennessee, qui avaient trouvé un chef remarquable destiné à devenir célèbre, André Jackson ; très populaire dans son État, il y était devenu major général de la milice. Un agitateur habile, Tecumthe, secondé par les sorciers indiens, décida les tribus des Peaux-Rouges à prendre les armes, et quelques groupes de blancs furent surpris et massacrés ; Jackson groupa, entraîna ses miliciens indisciplinés, mais excellents tireurs, batit les Creeks et leur imposa un traité qui ruinait leur puissance (août 1814). Nommé major général dans l'armée des États-Unis, Jackson put réaliser alors le rêve caressé depuis longtemps par lui : envahissant les possessions de l'Espagne, il s'empara de Pensacola. Cependant l'expédition anglaise était préparée ; on avait envoyé d'Europe quelques vieux régiments de Wellington, et le général en chef était son beau-frère et lieutenant Pakenham. Les troupes débarquèrent sans obstacle, grâce à la négligence de Jackson, et marchèrent sur la Nouvelle-Orléans. Devant le danger menaçant l'énergie du chef américain se réveille; il met la Nouvelle-Orléans sous le régime de la loi martiale, enrôle tous les hommes en état de servir, accepte le concours du Français Jean Lafitte, un chef de pirates qui avait sa forteresse près des bouches du fleuve. Il forme une petite armée composite où figurent des réguliers, des marins, les miliciens du Tennessee, quelques soldats français commandés par un canonnier de la Grande Armée, enfin un bataillon de nègres libres. Le 8 janvier 1815 les vétérans anglais chargèrent sans précautions et sans crainte cette racaille qui allait fuir aussitôt ; elle tint ferme, et un feu bien dirigé renversa plusieurs centaines d'hommes, parmi lesquels le général en chef et sept colonels. Les Anglais battirent en retraite sans être poursuivis et se rembarquèrent.

Au moment où se livra cette bataille, la paix était déjà signée. Dès 1812 le tsar Alexandre avait offert sa médiation, pour que l'Angleterre pût consacrer toutes ses forces à la lutte contre Napoléon, qui entrait alors à Moscou. Les États-Unis acceptèrent et envoyèrent des délégués qui vinrent débarquer à Gothenbourg en Suède ; là ils eurent la mortification d'apprendre que lord Castelreagh refusait la proposition russe. Mais le ministre anglais se ravisa et, tout en écartant l'intervention d'un médiateur, se déclara prêt à engager des pourparlers directs. C'est ainsi que les négociations commencèrent à Gand, au mois d'août 1813. Les États-Unis étaient représentés par trois hommes de valeur : John Quincy Adams, leur ministre en Russie, diplomate connaissant bien le Vieux Monde, se trouvait avec Clay, qui avait renoncé temporairement à la présidence de la Chambre, et Gallatin, qui avait résigné ses fonctions ministérielles pour venir en Europe. L'Angleterre, au contraire, toujours dédaigneuse vis-à-vis des parvenus d'outre-mer, n'envoya que des personnages de second plan pour discuter avec eux.

Les négociateurs anglais croyaient au début pouvoir dicter leurs conditions. Ce n'était pas seulement à cause de la défaite de Napoléon et des succès espérés en Amérique; mais la Nouvelle-Angleterre, qui avait si mal accueilli la déclaration de guerre, se montrait de plus en plus irritée contre le gouvernement fédéral. Les gens du Nord avaient ravitaillé par terre en 1812 les troupes ennemies, qui autrement seraient mortes de faim; la frontière une fois barrée, ils avaient continué ce ravitaillement par mer, sous pavillon neutre, jusqu'à l'embargo de décembre 1813. Les emprunts fédéraux échouaient par l'abstention systématique des capitalistes de Boston et de New-York. On criait à Boston que le gouvernement des Virginiens était complètement étranger aux libres citoyens de la Nouvelle-Angleterre; on se plaignait que le fardeau de la guerre pesât surtout sur les États qui n'en voulaient pas, tandis que les États du Sud, si belliqueux en paroles, refusaient de laisser enrôler leurs nègres dans l'armée. Finalement la convention de Hartford, en Connecticut, réunit les délégués de trois États du Nord; tout en ajournant les mesures irréparables de sécession, ils les déclarèrent justes et possibles au cas où le gouvernement ne tiendrait aucun compte de leurs demandes.

Mais les espérances des Anglais s'évanouirent quand on apprit coup sur coup l'échec de Baltimore, la victoire de Macdonough sur le lac Champlain, et les attaques des corsaires empêchant le commerce britannique de mettre à profit la paix avec la France. Wellington conseillait au ministère un accommodement. Il ne fut donc plus question de garder le Maine, de faire attribuer aux Indiens des territoires américains; ces prétentions, qui avaient révolté le Congrès, furent abandonnées. Restaient trois problèmes irritants, les pêcheries, le tracé de la frontière près des grands lacs, le droit revendiqué par les Anglais de naviguer sur le Mississipi. On était si pressé d'en finir que, d'un commun accord, tout cela fut remis à plus tard. Le traité de Gand stipula simplement le retour au *statu quo*. Chose curieuse, les questions qui avaient motivé la guerre, le blocus, la presse des matelots, furent également passées sous silence; le changement de la situation internationale permettait d'en ajourner la solution.

Alors que beaucoup d'Américains, las de voir sans cesse l'ennemi sur leurs rivages, demandaient la paix à tout prix, le Président put leur annoncer un traité honorable, qui fortifiait la situation des États-Unis dans le monde. En même temps arrivait la nouvelle de la bataille gagnée à la Nouvelle-Orléans sur les vieux soldats de l'armée d'Espagne. La joie fut universelle. Sans doute on n'avait pas conquis le Canada ; mais la petite nation américaine venait de tenir tête pendant plus de deux ans à la grande nation britannique ; elle avait repoussé l'invasion sur toutes ses frontières ; ses marins avaient parcouru victorieusement toutes les mers. Voilà ce qui resta dans la mémoire des nouvelles générations ; ce fut pour elles une source de confiance et d'orgueil, et cet orgueil développa le patriotisme fédéral, si tiède jusque-là. Il n'y eut plus de parti anglais ou de parti français ; quelles que fussent les crises de la politique intérieure, chacun vis-à-vis de l'étranger se sentit Américain. La guerre de 1812 a été appelée la seconde guerre de l'Indépendance ; c'est d'elle que date l'affranchissement définitif des États-Unis vis-à-vis de l'ancien continent, cet affranchissement qui allait trouver sa formule dans la doctrine de Monroe.

CHAPITRE VI

LES ANNÉES DE PAIX (1815-1829)

I

Le parti au pouvoir avait terminé d'une façon convenable une guerre longtemps indécise. Le parti fédéraliste, au contraire, s'était rendu non seulement odieux, mais ridicule : les délégués de la convention de Hartford eurent la malchance d'arriver à Washington juste au moment où l'on apprenait le traité de Gand. Ce fut la ruine définitive de ce groupement déjà bien affaibli ; son candidat en 1816 n'eut qu'un nombre infime de voix contre Monroe qui fut élu Président. C'était encore un secrétaire d'État qui arrivait à la magistrature suprême ; c'était encore un Virginien qui succédait à Jefferson et à Madison. Inférieur à l'un et à l'autre, il appartenait quand même à la génération des fondateurs de l'Union, et vingt années de missions diplomatiques ou de fonctions importantes l'avaient préparé à les remplacer. Après l'inauguration du 4 mars 1817, le nouveau Président alla visiter les côtes depuis Baltimore jusqu'à la frontière anglaise, pour inspecter les travaux que le Congrès avait ordonné de faire dans les ports. Sa tournée devint un voyage triomphal ; le Nord, qui n'avait pas reçu de visite présidentielle depuis de longues années, oublia les attaques des politiciens fédéralistes contre la « tyrannie virginienne » et acclama l'élu de la nation. C'est ce qu'un journaliste nomma, d'une expression qui fit fortune, « l'ère des bons sentiments » (*era of good feelings*). Ce nom fut justifié par l'élection présidentielle suivante : en 1820, Monroe fut réélu sans concurrent, désigné par tous les bulletins sauf un ; pareille chose ne s'était pas vue depuis le temps de Washington.

Monroe fut secondé par un excellent secrétaire d'État, John Quincy Adams. Fils de John Adams, il appartenait à une famille où, comme chez les Fox et les Pitt, on se préparait dès l'enfance à la vie politique. Ces aristocrats du Massachusetts, si fiers de leur État et de leur famille, avaient comme trait commun un sens propre qui les rendait rebelles à la discipline de parti, qui les poussait à braver les clameurs de la foule; c'est ainsi que le fils du Président fédéraliste avait scandalisé ses amis politiques en approuvant publiquement Jefferson lors de l'achat de la Louisiane, puis à propos de l'embargo. La politique extérieure l'intéressait plus que la politique intérieure; engagé de bonne heure dans la carrière diplomatique, il avait acquis en Europe une connaissance des questions internationales très rare chez ses compatriotes. Son journal, que nous possédons, est un document précieux pour l'histoire et fait honneur à son caractère.

Les débats du Congrès durant les années de paix mirent en relief trois hommes qui devaient jouer un grand rôle pendant plus de trente ans; ces trois illustres congressistes furent Clay, Webster et Calhoun. Henry Clay, né dans une famille très pauvre du Kentucky, s'était débattu plusieurs années contre la misère; devenu avocat, il se fit connaître dans son État, puis au dehors, par un grand talent de parole et une nature chaude, généreuse, « magnétique », pour employer l'expression américaine. Dès son entrée à la Chambre des représentants, il s'était révélé comme un *leader* naturel de la majorité; longtemps président de cette assemblée, il fit du « speaker » de la Chambre le personnage le plus important après le Président des États-Unis. Cet enfant de l'Ouest connaissait peu la vieille Europe et ne s'en inquiétait guère; il ne connaissait pas davantage l'éducation livresque et suppléait à ces lacunes par ses dons naturels.

Daniel Webster, au contraire, l'homme de l'Est, avait été formé par les collèges et les livres. Nourri des classiques au collège de Dartmouth, il devint plus tard un fidèle de Shakespeare et de Milton; cela explique la valeur littéraire que ses discours gardent aujourd'hui encore. Devenu par le travail un des plus remarquables avocats de ce pays fécond en légistes, il possédait une fougue éloquente, un geste puissant, un bonheur d'expression qui firent de lui le plus grand orateur peut-être que les États-Unis aient jamais connu. C'était, comme Clay, un ami du plaisir ; on lui reprocha souvent le goût de la boisson, une vie désordonnée qui l'amenait à faire des dettes, sans que jamais personne l'ait soupçonné de corruption. Élu par le Massachusetts, qui était fier de lui, Webster débuta comme fédéraliste, puis se rapprocha des républicains ; ce qui dominait chez lui les questions de parti, c'était l'attachement à l'Union. Il répandit ce sentiment chez les gens de Boston, si attachés auparavant au particularisme ; il le prêcha pendant toute sa vie. Dans un procès devant la Cour suprême, il exposa en 1819 qu'un État particulier ne pouvait lever d'impôt sur une institution fédérale ; ce langage était fait pour plaire à John Marshall, qui lui donna gain de cause. Homme politique, il défendit toujours les prérogatives de l'Union contre les partisans des droits des États ; la fidélité à cette cause explique ses manquements à la politique de parti, qui étonnèrent plus d'une fois les contemporains.

Cet amour de l'Union parut aussi être au début la caractéristique de Calhoun. Ce jeune représentant de la Caroline du Sud, sur le rapport duquel la guerre fut votée en 1812, s'était vite fait remarquer ; Monroe le fit secrétaire de la guerre, et bientôt il fut considéré comme un candidat possible à la présidence. Mais tandis que Webster et Clay, l'homme de l'Est et l'homme de l'Ouest, s'attachaient surtout à défendre le gouvernement fédéral, Calhoun, l'homme du Sud, mettait au premier rang le dévouement à sa région, à son État, le plus actif et le plus brillant des États cotonniers. Tant que les intérêts de la Caroline du Sud restèrent d'accord avec ceux de l'Union, Calhoun s'intéressa passionnément à la politique nationale. Mais le jour où la suprématie du Sud lui parut menacée dans le Congrès, qu'il s'agît du tarif douanier ou de l'esclavage, il négligea tout le reste. Son talent, sa conviction, l'austérité de sa vie imposaient le respect à tous. Logicien vigoureux, qui poussait jusqu'au bout les conséquences de ses théories, Calhoun fut le doctrinaire de la nullification et de la sécession ; mais il ajourna toujours l'application de ses idées, qui devaient être reprises par un héritier plus combatif et plus conséquent, Jefferson Davis. Calhoun, comme Webster et Clay, après quelques années passées à la Chambre, fit la plus grande partie de sa carrière au Sénat ; tous les trois furent secrétaires d'État ; tous les trois désirèrent ardemment devenir Présidents, sans jamais y arriver.

Depuis 1815, la politique intérieure eut le pas sur la politique extérieure; néanmoins il se posa dans les quinze années qui suivirent plusieurs questions internationales de grande importance pour l'avenir des États-Unis. Tout d'abord il fallut reprendre la lutte contre les pirates, qui avait déjà conduit les Américains dans la Méditerranée. Cette fois ce n'était plus Tripoli, mais Alger qu'il s'agissait de mettre à la raison. Aussitôt après la paix de Gand, le Président Madison obtint du Congrès les pouvoirs nécessaires; les marins qui venaient de combattre l'Angleterre forcèrent le dey à se soumettre, puis revinrent devant Alger quand il voulut enfreindre ses engagements; il dut rendre les prisonniers américains sans rançon. Les États-Unis préludèrent ainsi à la destruction définitive de la piraterie que la France devait accomplir bientôt.

Bien plus graves étaient les questions de frontières qui mettaient la République aux prises avec l'Angleterre au nord, avec l'Espagne au sud. L'Espagne semblait aux Américains une nation en décadence, indigne de conserver les immenses domaines qu'elle ne savait pas faire fructifier, indigne surtout de posséder cette belle région de la Floride qui les séparait encore du Golfe; beaucoup songeaient aussi aux vastes domaines du Texas où, depuis la révolte du Mexique, la souveraineté de l'Espagne était purement nominale. Parmi les hardis aventuriers de l'Ouest qui voulaient abattre une domination vermoulue, le plus audacieux était le vainqueur de la Nouvelle-Orléans. Une prise d'armes des Indiens, ses vieux ennemis, fit envoyer Jackson par le gouvernement pour rétablir l'ordre; il réunit ses anciens soldats, qui ne juraient que par lui, et prévint en même temps la capitale fédérale qu'après avoir vaincu les Indiens, il mènerait ses troupes contre les Espagnols. Sa lettre ne fut-elle pas lue à Washington, ou fit-on dire, au contraire, à Jackson par un ami qu'il pouvait aller de l'avant? Il est difficile de savoir laquelle de ces deux affirmations opposées répond à la vérité. Quoi qu'il en soit, le héros du Tennessee bat les Indiens, fait exécuter après un jugement sommaire deux Européens amis des sauvages, puis envahit le territoire espagnol, enlève le fort Saint-Marcks et reprend cette ville de Pensacola qu'il avait déjà occupée en 1812.

Les plaintes du gouvernement espagnol à Washington révélèrent une violation si flagrante du droit des gens que le cabinet presque tout entier fut d'avis de désavouer Jackson. Seul John Quincy Adams, grand partisan de la politique d'expansion, prit sa défense : l'Espagne, disait-il, faute de forces sérieuses, laisse la frontière américaine qui l'avoisine ouverte aux sauvages, comme elle l'a laissée ouverte aux Anglais en 1814. À la Chambre, Clay, adversaire d'Adams qui occupait la place de secrétaire d'État si vivement convoitée par lui, dénonça en beaux termes la violation du droit commise par Jackson ; mais l'assemblée céda au sentiment de tous en refusant de condamner le général aimé du peuple. Quant au débat diplomatique, il aboutit, après de nombreuses difficultés, au traité de 1819, qui céda la Floride aux États-Unis et reconnut le Texas comme possession espagnole. C'était une belle acquisition que cette riche péninsule semi-tropicale, faite pour la culture du coton, et regardant vers Cuba.

L'Angleterre, qui touchait les États-Unis au nord, ne se laissait pas traiter aussi cavalièrement que l'Espagne. Le désaccord portait sur deux vastes régions. Au nord-est il s'agissait toujours d'interpréter le traité de 1783, qui avait fixé une limite vague et indiqué la rivière Sainte-Croix, nom donné à plusieurs cours d'eau voisins ; au nord-ouest un nouveau problème se posait à propos de l'Orégon, région inhabitée dont les voyageurs américains avaient découvert l'existence. Les prétentions territoriales se doublaient de revendications économiques. Dans l'Orégon une compagnie américaine fondée par Astor, de New-York, disputait le commerce des fourrures à une compagnie anglaise ; mais les deux gouvernements se montrèrent disposés à laisser dormir le différend à propos d'un pays encore inconnu. À l'est, au contraire, la question des pêcheries était d'un intérêt vital pour les marins de la Nouvelle-Angleterre. Tandis que ceux-ci invoquaient un article du traité de 1783, les colons anglais disaient cette clause annulée par la guerre et non renouvelée par le traité de Gand. Adams, qui s'intéressait particulièrement à la chose comme enfant du Massachusetts, conclut enfin le traité de 1818, le premier de ces accords qui ont résolu les problèmes toujours nouveaux soulevés par les perfectionnements des procédés de pêche ou par le peuplement des rivages canadiens. Les Américains reçurent le droit perpétuel de pêcher sur quelques portions de ces côtes, et de sécher et préparer le poisson dans un certain nombre de baies inhabitées ; ils renoncèrent à pêcher à moins de trois milles des autres côtes. La frontière, sans être précisée dans le détail, devait suivre le

49° degré. Dans la région de l'Orégon un *modus vivendi* fut conclu pour dix ans. Malgré l'antipathie qui demeurait très vive entre les deux peuples, ce traité permit aux deux gouvernements de s'entendre dans une circonstance très importante.

L'Espagne sous Ferdinand VII voulait imposer la soumission à ses colonies révoltées. Mais le soulèvement de Cadix en 1820 retint en Europe les soldats réunis pour cette expédition. La joie fut grande aux États-Unis à cette nouvelle, et beaucoup parlèrent de reconnaître officiellement les républiques sud-américaines. Clay, redevenu *speaker* de la Chambre, jugeait Monroe trop lent à prendre cette initiative; usant d'un artifice légal inattendu, il fit voter une résolution financière qui prévoyait le traitement des ministres à envoyer auprès des nouveaux gouvernements. Monroe ne tint pas compte de ce vote; mais en 1822 il se décida enfin à recommander la reconnaissance des États affranchis, et son message obtint l'adhésion empressée du Congrès. Cependant la Sainte-Alliance, de plus en plus forte, songeait à combattre la révolution jusqu'en Amérique; tandis que le congrès d'Aix-la-Chapelle avait écarté la question des colonies espagnoles, celui de Vérone décida l'intervention en Espagne et laissa entrevoir comme corollaire la soumission de ces pays rebelles. Le gouvernement britannique s'en inquiéta : les États nouveaux avaient détruit, au grand profit du commerce anglais, le régime prohibitif organisé par l'Espagne. Canning suggéra au ministre des États-Unis à Londres le projet d'une déclaration commune; le ministre s'y déclara favorable, pourvu que la Grande-Bretagne commençât par reconnaître les nouvelles républiques; mais cette fois Canning se déroba.

Monroe, mis au courant de ces pourparlers, jugea l'affaire assez grave pour consulter ses prédécesseurs, qui avaient toujours été ses guides. « C'est, lui répondit Jefferson, la question la plus importante qui m'ait été soumise depuis celle de l'Indépendance... L'Amérique doit avoir un système à elle, séparé de celui de l'Europe. Tandis que celle-ci travaille à devenir le séjour du despotisme, notre effort doit être de faire de notre hémisphère le séjour de la liberté. » Jefferson ainsi que Madison encouragèrent leur ami à faire une déclaration formelle, soigneusement délibérée avec le cabinet. Une nouvelle menace européenne s'ajoutait aux autres : la Russie venait de faire savoir en

1822 qu'un ukase réservait à ses nationaux tout le commerce côtier depuis le détroit de Behring jusqu'au 51e degré de latitude. Voilà pourquoi Monroe publia le message, du 2 décembre 1823, où se trouvaient affirmés trois principes : les États-Unis considéreront comme un acte « inamical » toute intervention de l'Europe dans les pays libres de l'Amérique ; ils n'interviendront pas dans les affaires de l'Europe ; ils déclarent que le continent américain ne doit plus être considéré par les États européens comme une terre de colonisation. Ce document célèbre est probablement l'œuvre du secrétaire d'État, car il porte la marque de l'esprit vigoureux et du ton catégorique de John Quincy Adams ; mais le Président, qui était un homme heureux, demeurera immortel parce qu'il a donné son nom à la « doctrine de Monroe ». Le message plut aux États-Unis comme à la Grande-Bretagne, qui prouva ses sympathies en aidant à la conclusion d'un traité russo-américain à propos de l'Orégon.

II

Mais quels qu'aient été les succès de la diplomatie américaine, c'est la politique intérieure, il faut le répéter, qui intéressait le plus un peuple ennemi de la guerre et désireux de s'enrichir. Cet effort vers la fortune explique l'importance prise depuis 1815 par la question monétaire. La Banque nationale établie en 1790 n'avait pas répondu aux espérances de ses fondateurs ; on lui reprocha bientôt de ne s'intéresser qu'aux gros commerçants, de négliger le peuple, de ne pas émettre de coupures inférieures à un dollar. Les patriotes avaient signalé en 1810 le fait que ses actions se trouvaient pour la plupart aux mains de capitalistes anglais. Quant aux vieux républicains de l'école de Jefferson, ils voyaient toujours dans cette institution un empiètement scandaleux du pouvoir fédéral sur les droits des États. Aussi le Congrès, entraîné par l'énergique intervention de Clay, avait-il repoussé en 1911 le renouvellement du privilège. On vit se multiplier alors les banques d'États, c'est-à-dire des banques particulières obtenant d'une législature une charte qui leur conférait le droit d'émettre des billets valables exclusivement dans les limites de l'État. Dès 1811 il y en eut 88, pressées de recueillir les profits énormes que l'opinion publique attribuait à la Banque nationale ; elles étaient 208 en 1814. La marche des Anglais sur Washington ayant obligé les banques de Baltimore à suspendre les paiements en numéraire, toutes les autres avaient suivi cet exemple, et le pays était inondé de billets de toute espèce, mal gravés, faciles à contrefaire, changeant sans cesse de valeur ; des opérations de change très compliquées gênaient les achats des commerçants honnêtes et favorisaient les spéculations des agioteurs professionnels. On sentit donc après la paix le besoin d'une monnaie sûre, fixe, pouvant circuler avec une valeur immuable à travers tous les États. De là vint le projet de donner un privilège légal à une nouvelle Banque Nationale ; il fut combattu par Webster, disciple d'Adam Smith et partisan de la liberté complète, mais Calhoun et Clay l'appuyèrent. Ce dernier déclara que des circonstances nouvelles et des besoins nouveaux lui faisaient abandonner l'opinion défendue par lui en 1811. La seconde Banque des États-Unis commença donc à fonctionner ; bien gérée à ses débuts, elle hâta la reprise des paiements en espèces à partir de 1817.

Cette réforme n'empêcha pas une crise économique très grave, survenue précisément en 1817, d'appauvrir la région de l'Est au point de compromettre l'avenir industriel des États-Unis. Ceux-ci, pendant les vingt années écoulées depuis 1787, avaient négligé l'industrie ; la plus grande partie du pays vivait de l'agriculture, et le reste recueillait les bénéfices du commerce maritime, grâce aux guerres européennes. Cependant vers 1805 la colère causée par les vexations anglaises répandit cette idée que l'Amérique devait se suffire à elle-même ; c'est à la Grande-Bretagne, en effet, qu'on achetait presque tous les produits fabriqués ; les droits payés par ses vaisseaux marchands fournissaient la moitié des recettes douanières totales. Une véritable campagne commença pour créer des manufactures ; des sociétés d'encouragement s'appliquèrent à les fonder, à leur fournir des capitaux et des clients ; des réunions publiques se tinrent pour supplier les femmes américaines de renoncer aux modes européennes. En Pennsylvanie, puis en Kentucky, les Chambres des représentants invitèrent leurs membres à venir siéger à la prochaine session avec des vêtements faits en Amérique ; on rappela que Washington avait donné l'exemple dès la cérémonie d'inauguration de 1789 ; beaucoup d'autres corps émirent des votes analogues. L'embargo général de 1807, sans créer ce mouvement industriel comme on l'a prétendu, lui donna une impulsion nouvelle : on créa des sociétés d'initiative à Philadelphie et Baltimore, on institua des prix pour les meilleurs tissus, on fit circuler des feuilles dont les signataires s'engageaient à n'acheter que des produits fabriqués dans le pays. L'industrie américaine à ses débuts fut ainsi encouragée moralement par la sympathie de tous, et matériellement par la suppression de la concurrence anglaise pendant la guerre, par l'afflux de capitaux qui abandonnaient le commerce maritime devenu impossible.

Mais la paix de 1814 menaça de ruiner ces efforts. Dès que le traité de Gand fut signé, les fabricants anglais, qu'une longue expérience mettait au courant des besoins du marché américain, préparèrent d'énormes cargaisons dont les premières atteignirent les ports de l'Atlantique en mai 1815. Les acheteurs se jetèrent sur ces produits avec un empressement qui frappa les capitaines anglais ; jusque-là les produits passaient par les mains des acheteurs en gros, puis des détaillants, puis des consommateurs, ce qui faisait vivre de nombreux intermédiaires ; les capitaines trouvèrent plus simple de porter directement leurs cargaisons aux commissaires-priseurs pour les faire vendre aux enchères, et l'empressement des clients rendit ces enchères fructueuses. Apprenant ces bonnes nouvelles, Écossais et Anglais envoyèrent leurs marchandises par tous les bateaux disponibles. Le continent européen tout entier adoptait à ce moment le régime protectionniste pour défendre ses usines contre la concurrence des stocks accumulés dans les dépôts anglais pendant le blocus continental ; c'était donc un besoin pour la Grande-Bretagne de conserver ce marché où l'industrie était encore incapable de tenir tête à des adversaires bien outillés, où une population toujours croissante fournissait des consommateurs de plus en plus pourvus d'argent. Les fabricants américains, voyant la ruine imminente, s'adressèrent au Congrès qui, malgré les théories libre-échangistes de Webster, vota l'élévation des droits de douane ; mais on reconnut bientôt que le tarif de 1816 était insuffisant. Les Anglais n'hésitaient pas à vendre à perte pour écraser leurs concurrents, et tournaient le tarif par diverses ruses ; un vendeur anglais envoyait ses marchandises à un agent à Boston pour un prix un peu inférieur au prix de revient, ce qui rendait le droit de douane insignifiant ; l'agent les revendait à un second agent, également à Boston, qui se chargeait de les écouler au prix véritable.

Cette crise fut aggravée par l'abus des spéculations et des dépenses. Éblouis, les uns par le succès de leurs fabriques, les autres par la vente facile de leur coton, d'autres par les profits qu'avait donnés le commerce au long cours, les capitalistes croyaient tout possible et montaient des entreprises coûteuses, en comptant sur des commandites qui leur firent défaut. Le résultat fut la débâcle de 1817, la première de ces grandes crises financières et industrielles que l'Amérique a revues presque périodiquement jusqu'à 1907 ; pendant deux années entières elle accumula les faillites et les chômages. La nouvelle Banque Nationale ne rendit point à cette occasion tous les services que le public en attendait ; ce fut la première cause d'une impopularité qui devait dépasser bientôt celle de sa devancière. La liquidation se fit peu à peu, et le commerce reprit plus actif que jamais.

Malgré l'importance des questions économiques, le peuple américain savait les oublier quand une grande émotion publique le faisait tressaillir. On le vit lors du voyage de Lafayette aux États-Unis. Arrivé à New-York le 15 août 1824, sur l'invitation du Congrès et du Président Monroe, « l'hôte de la nation » reçut l'accueil le plus enthousiaste qui ait jamais été fait par un peuple à un simple particulier. Pendant une année entière il parcourut les États-Unis, acclamé dans toutes les villes, fêté sur tous les champs de bataille où il avait lutté pour l'indépendance, harangué par Clay à Washington, par Webster à Boston, reçu dans les maisons de ses vieux amis John Adams, Madison, Jefferson. Malgré ses soixante-sept ans, il supporta merveilleusement les fatigues de ce voyage triomphal qui le mena de New-York jusqu'à la Nouvelle-Orléans, de la Nouvelle-Orléans à Saint-Louis, de là par Cincinnati à Boston, enfin de nouveau à la capitale fédérale et à New-York, sans que les habitants de ces divers États aient manqué un seul jour de venir témoigner leur reconnaissance au grand compagnon d'armes de Washington.

Même en dehors de ces circonstances exceptionnelles, les questions monétaires ou douanières ne faisaient jamais oublier la politique proprement dite à un peuple qui avait toujours aimé se gouverner lui-même. Le mouvement démocratique fortifié par l'élection de Jefferson reçut une impulsion nouvelle après la guerre de 1812. Les réformes accomplies dans les États entre 1800 et 1810 avaient eu pour objet principal d'assurer partout la neutralité religieuse, la séparation entre les Églises et le gouvernement; celles qui se réalisèrent après 1814 tendaient à établir le suffrage universel, à faire triompher, comme le disaient les Américains, les droits de l'homme sur les droits de la propriété. Les États les plus attachés aux traditions, le Connecticut, puis le Massachusetts, firent la réforme électorale en 1816 et en 1820. Dans l'État de New-York la lutte fut plus longue; mais le parti démocratique, habilement dirigé par Martin Van Buren, le futur Président, l'emporta en 1826. Toutes les vieilles républiques obéirent finalement à une tendance qui, dans les nouveaux États, ne rencontrait aucun essai d'opposition.

L'essor de l'esprit démocratique amena aussi la décadence du *caucus*[1]. On appelait ainsi, depuis de longues années, tout groupement de meneurs politiques préparant en comité secret les candidatures à proposer aux électeurs. Cela se faisait dans chaque État pour l'élection des gouverneurs; cela se fit au Congrès pour l'élection présidentielle. C'est en 1800 que les fédéralistes du Congrès d'un côté, les républicains de l'autre se réunirent pour choisir leurs deux candidats; ils le firent en secret, car de telles indications étaient contraires à l'esprit de la Constitution, au caractère indépendant que les constituants de 1787 prétendaient maintenir chez les électeurs présidentiels. Mais depuis 1804 les sénateurs et les représentants républicains, cessant d'agir secrètement, tinrent tous les quatre ans un « caucus congressionnel », qui recommanda successivement Jefferson, Madison, Monroe aux choix des électeurs, et qui vit ses recommandations toujours acceptées, pour la présidence comme pour la vice-présidence. Depuis 1820 les attaques se multiplièrent contre cette pratique. L'esprit démocratique avait amené la plupart des États à faire choisir leurs électeurs présidentiels, non plus par la législature, mais par le peuple; des électeurs ainsi nommés n'entendaient pas obéir aveuglément aux ordres d'un con-

1. Le mot vient probablement d'un *calker's club*, club de calfats, qui existait en Massachusetts.

clave. D'ailleurs l'absence d'une opposition amène toujours le parti dominant à se désagréger ; la disparition du parti fédéraliste rendait inutile pour le parti républicain la discipline qui lui avait assuré la victoire pendant vingt ans.

Tout cela explique le caractère incohérent et confus de l'élection présidentielle en 1824. Le caucus congressionnel se réunit encore, en décidant, pour regagner un peu de popularité, que ses séances ne seraient plus secrètes ; mais sur 216 congressistes convoqués 66 seulement avaient répondu à l'appel. Le candidat choisi par lui fut Crawford, secrétaire de la trésorerie, personnage peu connu en dehors de la capitale fédérale. Pendant ce temps l'esprit régional se donnait libre carrière : dans la Nouvelle-Angleterre on proposait John Quincy Adams, en invoquant la tradition d'après laquelle le secrétaire d'État devenait Président ; beaucoup de gens du Sud soutenaient Calhoun, secrétaire de la guerre ; le speaker Clay, homme du Sud-Ouest, avait également ses partisans. Ces quatre candidats trouvèrent un redoutable concurrent dans Jackson, le héros populaire, connu dans tout le pays. Comme aucun des candidats ne réunit la majorité absolue, ce fut à la Chambre de choisir entre les trois noms qui avaient groupé le plus de voix, ceux de Jackson, d'Adams et de Crawford. Quoique Jackson fût arrivé en tête, la Chambre désigna John Quincy Adams qui devint Président en 1825. Cette élection marqua la fin du caucus congressionnel ; comme le dirent les contemporains, « le roi caucus est détrôné ».

Le choix de la Chambre exaspéra les partisans de Jackson, qui se plaignaient qu'on eût méconnu la volonté du peuple en écartant le personnage arrivé en tête du scrutin. Quand on vit Adams nommer secrétaire d'État Clay, son ancien adversaire, on cria que ces deux intrigants avaient passé ensemble un marché secret ; un représentant dénonça devant la Chambre l'alliance conclue « entre le puritain et le coquin ». Aucun Président n'a été attaqué autant qu'Adams avant même son inauguration ; aucun, si ce n'est son père, n'avait encore été l'objet d'injures et de critiques aussi constantes pendant quatre ans. On le décrivit comme un aristocrate, un fédéraliste déguisé ; on le montra vivant avec le luxe d'un roi, on épilogua sur le prix du billard et du jeu d'échecs achetés pour la Maison Blanche. Ses adversaires constituèrent la société des « Amis du général Jackson », qui posa dès 1825 la candidature de son héros pour 1828.

Cette malveillance pour la personne du Président ne fut pas étrangère à l'acrimonie qui accompagna les débats sur le nouveau tarif douanier. Voyant l'insuffisance du tarif de 1816, les industriels avaient assailli la Chambre de pétitions pour le relèvement des droits ; ils trouvaient au Congrès des avocats éloquents tels que Clay, qui se fit l'apôtre de la « politique américaine », du système assurant aux États-Unis l'indépendance complète ; des champions non moins vigoureux, comme Webster, niaient les avantages du régime protectionniste. Le Congrès, après quelques années d'hésitations, se rallia au protectionnisme en 1824 ; mais les droits votés par lui se trouvèrent encore insuffisants pour l'industrie lainière, grâce au bon marché de la laine en Grande-Bretagne. Les fabricants de Pennsylvanie organisèrent une nouvelle campagne qui, après un premier échec, aboutit à faire voter le tarif de 1828. La hausse des droits était cette fois si forte que ses ennemis le surnommèrent le « tarif des abominations ». Il venait d'être adopté quand la nouvelle élection présidentielle mit aux prises Adams et Jackson. Ce fut une campagne de personnalités, d'attaques violentes menées contre les deux candidats. Elle se termina par l'éclatante victoire de Jackson ; quelques mois plus tard le Président sortant quitta la Maison Blanche, aussi impopulaire que John Adams l'avait été en 1801. Une fois de plus la volonté des masses démocratiques triomphait.

CHAPITRE VII

L'OUEST ET LES AUTRES RÉGIONS VERS 1830

I

La période entre 1820 et 1830 vit progresser beaucoup la colonisation de l'Ouest. Elle n'avait jamais été interrompue entièrement, pas même pendant la guerre de l'Indépendance ; et les immigrants européens y avaient toujours eu leur part. Quelle est cette part ? il est difficile de le préciser, car le tableau régulier de l'immigration annuelle n'a été dressé par le pouvoir fédéral qu'à partir du recensement de 1820. Cependant le flot des immigrants ne semble pas avoir été très considérable avant l'emploi régulier du bateau à vapeur, c'est-à-dire avant 1838. Jusque-là les voyages étaient difficiles et coûteux. Bien des travailleurs européens, anglais ou allemands, les faisaient comme « rédemptionnistes » ; un rédemptionniste était un engagé volontaire qui se louait par contrat, ordinairement pour trois ans, afin de payer son voyage, et qui ne pouvait pas quitter son patron pendant ce temps ; après quoi il redevenait un homme libre.

Malgré ces difficultés, la détresse et les chômages qui suivirent en Europe, et spécialement en Grande-Bretagne, la paix de 1815 décidèrent beaucoup de prolétaires à traverser l'Océan. Dès 1816 on disait que 6.000 Irlandais étaient arrivés ; déjà se formaient à Baltimore et à New-York des sociétés irlandaises, pour accueillir et placer les nouveaux venus. Ces Européens affamés admiraient le confort, très relatif, dont jouissaient les ouvriers agricoles en Amérique ; un paysan du Yorkshire, venu dans l'Ouest, disait : « J'ai demandé aux gens travaillant sur les routes combien de repas ils faisaient par jour ; ils m'ont dit trois, quelquefois quatre ; chez nous on en fait deux, et très modestes. Beaucoup m'ont invité à manger et à boire avec eux ; en Yorkshire nous n'avons pas assez pour nous-mêmes. »

L'immigration dans l'Ouest était accomplie surtout par des gens des vieux États, originaires ou non d'Europe, qu'entraînaient la pauvreté, l'attrait des terres à bon marché, le désir de refaire leur vie. La poussée n'était pas régulière encore, mais se faisait par à-coups : lorsque tout allait bien dans l'Est, le mouvement se ralentissait, pour reprendre à la première crise économique ; les gens brusquement ruinés savaient où se trouverait le remède. L'obstacle opposé par les Indiens reculait toujours, pas assez vite au gré de l'impatience des blancs ; un des grands griefs de la Géorgie contre Adams fut la prétendue protection accordée par le Président aux Peaux-Rouges.

Le mouvement vers l'Ouest, pendant les vingt premières années du XIXe siècle, suivit trois directions principales : Les uns, venant de la Nouvelle-Angleterre, se dirigeaient vers la partie occidentale de l'État de New-York et peuplaient la région comprise entre Utica et Buffalo. Les autres allaient des États du Centre vers l'Ohio, et descendaient la rivière de Pittsburg pour s'arrêter vers Cincinnati ou pour tourner ensuite vers le Kentucky et le Tennessee. D'autres partaient directement des États du Sud et s'avançaient le long du Golfe. Ainsi ont été formés les nouveaux États d'Indiana (1816), du Mississipi (1817), d'Illinois (1818), d'Alabama (1819), du Missouri (1821). Le Nord, qui avait besoin d'ouvriers pour ses usines, encourageait moins le mouvement vers le Mississipi que le Sud, qui trouvait un avantage à l'extension des terrains cotonniers.

Bien des récits et des souvenirs nous font connaître la vie des colons et des hommes de la frontière à cette époque. On se dirigeait lentement vers l'Ouest par un nombre assez restreint de routes et de pistes. Un voyageur décrit en 1817 la grande route nationale qui mène vers l'Ohio ; presque jamais on ne reste sans apercevoir des groupes de familles voyageuses ; une famille a généralement un char, léger d'apparence, mais assez solide pour contenir un chargement de literie, d'ustensiles de ménage, de provisions de bouche, sans compter les enfants juchés sur ces paquets ; quelquefois une vache ou deux suivent la voiture, couverte d'une bâche ou d'un drap ou d'une couverture de lit. Les grandes personnes marchent devant ou derrière, et montent quelquefois dedans si le poids n'est pas trop lourd pour les deux chevaux maigres qui forment l'attelage. D'autres fois l'émigrant passe à cheval; ou bien c'est un misérable qui porte son bagage sur le dos, pendant que sa femme, également à pied, porte l'enfant ou les enfants. Quand on est arrivé à l'Ohio, le plus fort est fait, puisqu'on y trouve de grands bateaux qui mènent les voyageurs vers la région choisie; une fois débarqués, ils font à pied une nouvelle étape jusqu'à l'endroit précis où ils veulent s'établir.

Si le colon apporte un peu d'argent, il achète aussitôt une terre au plus prochain bureau fédéral ouvert pour la vente du domaine public; si l'argent lui fait défaut, il devient un *squatter* (accroupi) installé provisoirement sur un morceau du domaine public, pouvant être chassé du jour au lendemain par un acheteur, mais espérant toujours qu'on lui laissera le temps nécessaire pour gagner le prix de la terre qu'il a commencé à défricher. Cette question de la vente des terres, la première de toutes pour les gens de l'Ouest, mettait en conflit les financiers, qui voulaient assurer d'importants revenus au Trésor, et les hommes politiques, soucieux de favoriser le développement de la petite propriété. Ces derniers l'emportèrent peu à peu : le prix de l'acre (près de 50 ares), qui était de 2 dollars, fut abaissé par une loi de 1820 à 1 dollar et quart, et l'on créa des lots de 80 acres que pouvait acquérir tout colon apportant 100 dollars. Comme les vivres, à peu près impossibles à exporter, ne coûtaient presque rien, et que la rareté de la main-d'œuvre faisait les salaires élevés, il était facile à un ouvrier pauvre de gagner vite les 100 dollars nécessaires.

Devenu maître provisoire ou définitif de son terrain, le colon doit le défricher et y construire sa maison. Il faut d'abord, à coups de hache, faire pénétrer la lumière au milieu des arbres, établir une clairière. Les voisins vont le seconder; une tradition s'est établie, d'après laquelle les colons déjà installés aident le nouveau venu à construire sa cabane; l'obligé témoigne sa reconnaissance en leur offrant du whiskey, denrée qui se trouve dans le bagage de tout émigrant : la « fondation » est une fête, une des rares fêtes qui interrompent le travail absorbant de chaque jour. On édifie donc la cabane de troncs d'arbres (*log-cabin*) qui servira peut-être pendant plusieurs mois de résidence à la famille récemment arrivée. Puis, dans le terrain environnant, le colon fait aux arbres une incision circulaire à la partie inférieure du tronc, pour empêcher la sève de monter. Les branches desséchées sont bientôt bonnes à brûler, après quoi l'on peut semer céréales et légumes. S'il y a dans le voisinage une commune habitée, la vente du bois ou des cendres paie souvent les frais de défrichement; ailleurs on emploie les troncs d'arbres coupés à faire des palissades.

L'homme qui a terminé ce travail ne reste pas toujours sur le premier terrain ; il a fait ce défrichement afin de le vendre à un nouvel arrivant qui, pour 40 acres de terres ainsi préparées, lui rembourse le prix payé au Trésor et ajoute 50 ou 60 dollars. Le travailleur ainsi lesté d'argent va plus loin, soit pour se fixer dans un site qui lui plaît mieux, soit pour refaire un travail semblable, car le défricheur et surtout le bûcheron professionnel est un ouvrier qualifié qui obtient facilement des salaires élevés. Les colons sont d'humeur et de tempérament divers. Beaucoup ne demandent qu'à s'installer définitivement, à portée de quelques voisins ; un village s'organise, on commence une vie commune, et l'apparition du moulin, du magasin d'objets divers assure un peu de confort. D'autres, pris d'une véritable fièvre voyageuse, ne demandent qu'à vendre leur terre, à se remettre en route. La colonisation est faite par divers groupes qui se succèdent : d'abord c'est le marchand de fourrures, qui va commercer avec les Indiens ; puis vient le *frontiersman* nomade, l'homme de la forêt, toujours disposé à se déplacer pour conserver son indépendance de demi-sauvage ; enfin le fermier pionnier, aussi entreprenant, mais sédentaire, prend racine et remplace, dès qu'il le peut, la cabane de troncs d'arbres par une maison bien charpentée, au milieu de champs soigneusement cultivés. Ajoutons un autre personnage, qui parfois ne fait qu'un avec le fermier : c'est le spéculateur, achetant des terrains pour les revendre, créant un village pour en louer les maisons, et, s'il est plus audacieux, « lançant » une ville. Quelquefois il a choisi un bon endroit, préparé un plan intelligent et, grâce à lui, c'est une ville durable qui s'édifie rapidement ; d'autres fois il s'agit simplement de soutirer, grâce à une réclame bien faite, le plus d'argent possible aux acheteurs naïfs qui acquièrent un lot situé dans la « grande rue », ou un hôtel somptueux (et inexistant) édifié sur la « place centrale ».

Il a été question jusqu'à présent de ce qui se passait dans la partie septentrionale de l'Ouest. Dans la partie méridionale, pendant longtemps les choses s'étaient passées de même; ce furent des émigrants pauvres et entreprenants qui fondèrent les États du Kentucky et du Tennessee. Mais vers 1815 les choses changèrent; l'importance prise par l'exportation du coton décida beaucoup de planteurs déjà riches à se déplacer pour exploiter les bonnes terres où la précieuse plante prospérait. Les petits pionniers qui occupaient des terres fertiles furent décidés à les leur vendre, soit par l'offre d'un prix élevé, soit par l'intimidation. L'émigration dans l'Alabama ou le Mississipi différa donc beaucoup de celle qui se faisait dans l'Indiana ou l'Illinois : le planteur allait à sa nouvelle résidence dans une imposante voiture, entouré d'un cortège d'esclaves, suivi de sa meute de chasse, faisant halte la nuit près d'un grand feu qu'on allumait pour éclairer et chauffer le campement. Le Sud-Ouest prit ainsi, dans la région voisine du Golfe, un caractère très différent de celui du Nord-Ouest.

L'Ouest finissait réellement au Mississipi, quoique des groupes de colons eussent commencé à le franchir. Le Far-West, au delà du fleuve, devenait pourtant un peu plus connu, grâce à quelques voyageurs. Jefferson, qui portait sa curiosité scientifique sur toutes choses, avait dès 1792 proposé à la Société philosophique américaine d'organiser une grande exploration; elle accepta l'idée, confia l'entreprise à Lewis, qui devait partir en 1801 avec le botaniste français Michaux; divers motifs amenèrent l'avortement du projet. Ce fut encore Jefferson qui, devenu Président, profita de son autorité pour trouver les fonds nécessaires. Le grand voyage de Lewis et Clarke, fait de 1803 à 1806 sur les bords du Missouri et dans les pays environnants, marque une date capitale dans l'histoire de la découverte des terres américaines. Vers le même temps Zebulon Pike visitait les vallées de l'Arkansas et de la Platte et, après des souffrances terribles, parvenait en 1807 aux postes espagnols du Rio Grande. Ces explorateurs, devancés par Gray qui avait découvert l'embouchure du grand fleuve Columbia sur le Pacifique, préparaient pour les États-Unis un nouvel empire, à peu près dépourvu d'habitants, mais aussi riche et aussi beau que la grande plaine qui se peuplait à l'Est du Mississipi.

Le Sud avait pris entre 1800 et 1830 sa physionomie définitive, qui lui fut donnée par le coton. Des maladies apportées par des insectes avaient ruiné l'ancienne culture de l'indigo ; celle du tabac se propageait maintenant dans divers pays ; depuis le blocus continental, la betterave commençait à faire à la canne à sucre une concurrence dangereuse. Au contraire, le coton n'était produit que par les États-Unis. Longtemps on avait eu de la peine à en tirer parti, à séparer les fibres de la partie utile pour le tissage ; mais un grand inventeur natif du Massachusetts, Éli Whitney, vint dans le Sud et trouva en 1794 la machine à égrener le coton. Les planteurs ne tardèrent pas à en reconnaître l'importance et purent désormais préparer vite la matière première pour les besoins industriels. Ces besoins allaient toujours grandissant ; l'industrie cotonnière de la Grande-Bretagne, loin d'être gênée comme l'industrie lainière par de vieilles coutumes et un outillage démodé, se développait avec une rapidité vertigineuse et vendait ses produits dans toutes les parties du monde ; les pays du continent européen créaient à leur tour des filatures et des tissages. Ainsi la demande croissante faisait hausser le prix du coton et poussait les producteurs à chercher sans cesse pour lui de nouvelles terres. Le Sud renonça aux autres cultures, il ne chercha pas à créer des fabriques ; les planteurs en firent le « royaume du coton ».

Le développement du coton eut pour conséquence le développement de l'esclavage. Les fondateurs de l'Union avaient cru que la fin de la traite africaine en 1808 préparerait à bref délai la mort de cette institution ; c'est vers cette date, au contraire, que l'esclavage prit une importance nouvelle. On savait que, dans les terres de l'extrême Sud, le travail des blancs était dangereux pour la santé ; on croyait que le travail libre des noirs ne produirait rien : l'esclavage apparut comme une nécessité à tous ceux qui vivaient du coton. Le commerce clandestin des négriers venant d'Afrique se prolongea pendant bien des années, malgré les prohibitions du gouvernement fédéral et malgré la surveillance des croiseurs anglais, qui suscitèrent de nombreux incidents diplomatiques entre Londres et Washington. Cependant la traite africaine devenait difficile et dangereuse. Mais les États frontières du Sud, la Virginie, le Delaware, le Maryland, qui ne possédaient pas un sol propre à la culture du coton, trouvèrent désormais une de leurs principales ressources dans l'élevage des esclaves noirs qu'ils vendaient aux États cotonniers. Ceux-ci les achetaient cher, parce qu'il en fallait beaucoup pour les pays nouveaux où les plantations prospéraient mieux que dans les terres épuisées du vieux Sud. On constata vers 1830 que, dans l'espace d'une décade, le nombre des esclaves avait doublé dans le Mississipi et triplé dans l'Alabama. C'est là que se formèrent les grands groupements serviles tenus sous la dure main de quelques surveillants.

Vers 1776 beaucoup de Sudistes, pénétrés des idées humanitaires qui inspirent la Déclaration d'indépendance, considéraient l'esclavage comme un mal nécessaire, mais comme un mal ; c'était la tendance de Washington et de Jefferson[1]. Un quart de siècle plus tard cet état d'esprit avait disparu ; le Sud considérait l'esclavage comme un bien, comme « l'institution particulière » qui faisait sa fortune, qui assurait aux noirs le pain quotidien et aux blancs les avantages d'une vie civilisée. Le Nord ne protestait pas contre ces idées ; le mouvement des anti-esclavagistes, apaisé par l'abolition de la traite, avait perdu beaucoup de sa popularité. Les gens du Nord pensaient, comme la Chambre l'avait déclaré en 1790, que le régime de l'esclavage dans les États ne regardait pas le gouvernement fédéral. Tout au plus certains d'entre eux pensèrent-ils à ramener les noirs vers le pays d'où la force les avait tirés. Une société se forma pour transporter en Afrique des nègres affranchis et les y installer ; elle fit une grande propagande, réunit des capitaux importants, et parvint à quelques résultats dont le principal devait être la fondation de Liberia. C'était trop peu de chose pour servir à la solution du problème de l'esclavage.

Si des conflits éclatèrent, c'est que le Sud, non content de voir l'esclavage établi le long du Golfe, prétendait l'introduire dans tous les territoires où il le jugerait profitable, et en particulier dans les domaines acquis par Jefferson. Les hommes du Nord invoquaient l'ordonnance de 1787 comme un précédent applicable à ces régions où le coton ne poussait pas ; ils ne voulaient point que la concurrence du travail servile écartât les colons libres. Le débat devint particulièrement ardent quand le Missouri demanda son admission comme État. Comme ce territoire

1. Il faut noter que la Constitution de 1787, en parlant du compte des électeurs ou de la traite, évite soigneusement d'employer les mots « esclave » ou « esclavage ».

avait été peuplé par des gens du Sud, on savait qu'ils étaient favorables à l'esclavage; les orateurs du Nord, constatant que l'Union comprenait alors onze États libres et onze États à esclaves, disaient que l'admission d'un nouvel État reposant sur le travail servile romprait l'équilibre maintenu depuis si longtemps; les esclavagistes gagneraient la majorité au Sénat, comme ils la possédaient à la Chambre grâce au compte des trois cinquièmes des noirs. Les orateurs du Sud répondaient en invoquant l'intérêt même des esclaves : ceux-ci, autorisés à s'étendre sur des espaces plus vastes, gagneraient plus facilement leur vie que s'ils étaient cantonnés dans des terres épuisées. Finalement on aboutit en 1820 au « compromis du Missouri ». Ce dernier fut admis comme État à esclaves, en même temps que le Maine comme État libre, et l'on décida que l'esclavage serait prohibé dans toute l'ancienne Louisiane se trouvant au nord de 36°30. Ce compromis, accepté par le Sud à cause du succès présent, par le Nord à cause de l'engagement pris pour l'avenir, ajourna les graves préoccupations que pouvait faire naître le conflit sur l'esclavage.

Le Sud s'intéressait bien davantage, entre 1820 et 1830, au régime douanier de l'Union, car il était nettement libre-échangiste; pour un pays qui vendait son coton à la Grande-Bretagne, qui achetait à l'Europe tous les produits fabriqués dont il avait besoin, la liberté du commerce était nécessaire. Ajoutons que les planteurs du Sud s'étaient accoutumés à voir leurs élus jouer dans l'Union le rôle prépondérant; fiers d'appartenir à cette élite qui avait fourni les grands Présidents virginiens, ils éprouvaient quelque dédain pour ces politiciens du Nord qui avaient si médiocrement défendu la cause nationale pendant la guerre de 1812. N'était-il pas étrange de voir ces lourds puritains prétendre faire adopter leur politique protectionniste, comme ils avaient imposé au pays un Président du Massachusetts, Adams, malgré la volonté du peuple? Le vote du « tarif des abominations » en 1828 provoqua donc dans les États à esclaves une explosion furieuse de particularisme.

Le Kentucky et la Virginie en 1798, puis la convention de Hartford en 1814 avaient proclamé le droit de résistance des États contre le gouvernement fédéral, quand celui-ci leur paraissait violer la Constitution. La même doctrine reparut dans l'Exposition de la Caroline du

Sud, rédigée pour la législature de cet État; elle y était formulée avec une rigueur et une précision toutes nouvelles, car ce manifeste avait Calhoun pour auteur. La récente loi douanière, disait-il, est inconstitutionnelle, oppressive et inique : inconstitutionnelle, car la Constitution n'a permis au Congrès d'établir des impôts que pour payer les intérêts de la dette publique; oppressive, car les droits protecteurs feront tellement baisser la valeur des produits du Sud que le paupérisme va contaminer cette région; inique, puisque le tarif est un tribut levé par le Nord et l'Est sur le Sud et l'Ouest. Calhoun concluait que la Caroline du Sud pouvait légitimement déclarer la loi douanière nulle sur son territoire, la Constitution étant un contrat entre les États. La législature approuva l'exposé présenté par son grand défenseur; mais il surprit les contemporains, même dans les autres États cotonniers. D'ailleurs Calhoun qui était alors Vice-Président, souhaitait le maintien de l'Union; comme on venait d'apprendre l'élection à la présidence de Jackson, le candidat cher au Sud, il proposa de suspendre le veto de son État contre le tarif jusqu'après une autre session du Congrès. La législature accepta cet ajournement, et le grave problème du droit de « nullification » fut remis à plus tard.

II

La prééminence du Sud à cette époque était favorisée par les liens qui l'unissaient à l'Ouest. Celui-ci, dépourvu des routes qui auraient pu l'unir à l'Atlantique à travers la barrière montagneuse des Alleghanys, possédait une seule grande voie commerciale, le Mississipi. C'était la grande artère à laquelle aboutissaient les nombreuses rivières traversant l'Ohio, le Kentucky et le Tennessee. Les colons qui s'installaient sur les deux rives du grand fleuve, particulièrement à Saint-Louis, ne communiquaient avec le monde civilisé que par la Nouvelle-Orléans, la ville élégante et gracieuse qui leur apparaissait comme la perle de l'Amérique; or la Nouvelle-Orléans partageait les sentiments et les préjugés de Charleston ou de Savannah. L'Ouest se trouvait donc beaucoup plus rapproché, matériellement et moralement, du Sud que du Nord.

Cette question des communications était d'une importance vitale pour toutes les parties des États-Unis. Les vieux États du Nord perdaient chaque année des émigrants au profit de l'Ouest et voyaient la plupart des nouveaux venus débarqués d'Europe franchir les montagnes au lieu de s'arrêter sur les rivages de l'Atlantique ; une décadence définitive menaçait de les atteindre si le commerce de l'Ouest leur échappait. Ils réclamèrent donc des améliorations intérieures (*internal improvements*), c'est-à-dire des travaux publics, pour se mettre en rapports avec les États de la plaine mississipienne. Les travaux de ce genre avaient été entrepris dans les premières années de l'Union, soit par des sociétés privées qui escomptaient les profits de péages établis sur les routes, soit par les gouvernements d'États qui recouraient à l'expédient commode et fructueux des loteries. Tout cela donna des résultats insuffisants, d'autant plus que, de 1803 à 1808, le commerce maritime attira tous les capitaux disponibles. Les besoins de la viabilité furent exposés en 1808, sur l'invitation du Sénat, dans un rapport célèbre de Gallatin ; le secrétaire de la trésorerie demandait des ponts, des routes, des canaux, et l'amélioration de plusieurs cours d'eau ; il voulait une grande voie de navigation intérieure du nord au sud, établie au moyen de quatre canaux joignant les baies profondes de l'Atlantique, et quatre voies de l'est à l'ouest, quatre routes unissant des fleuves côtiers à des affluents du Mississipi ou des grands lacs. La guerre de 1812 ajourna ces projets.

Au lendemain de la guerre, l'Amérique se trouva en possession de l'instrument nouveau qui lui était nécessaire pour utiliser son grand réseau de voies navigables ; Fulton venait de lui donner le bateau à vapeur. Sans parler de ses précurseurs européens, il avait été devancé aux États-Unis par de nombreux inventeurs qui firent sur diverses rivières des essais heureux ; mais aucun n'avait pu faire accepter et comprendre sa découverte. Fulton était un jeune homme aux grandes ambitions, qui hésita longtemps entre l'art et la mécanique ; ce fut pour étudier la peinture qu'il vint en Angleterre, puis en France, mais à Paris son génie d'inventeur l'emporta ; méconnu par les savants, n'ayant pu faire accepter ses offres par Napoléon, il revint dans son pays natal. En 1807, le voyage du *Clermont*, qui parcourut en trente-deux heures sur l'Hudson les 150 milles séparant New-York d'Albany,

Planche IV.

ALCAN, ÉDITEUR À PARIS

CARTE HISTORIQUE DES ÉTATS-UNIS

Weil. États-Unis, p. 80.

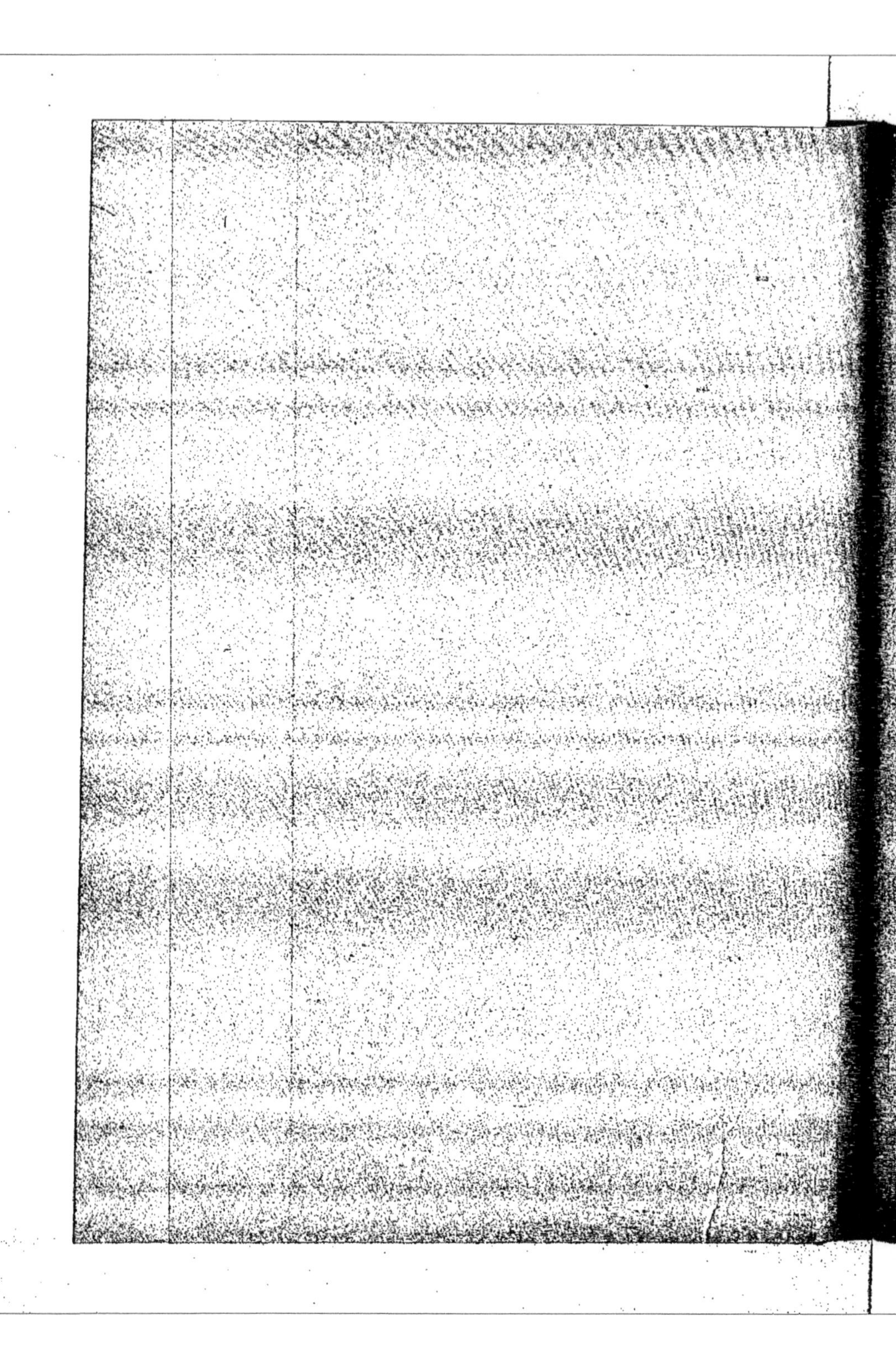

popularisa son nom et sa découverte. Le monopole que l'inventeur s'était fait attribuer sur le fleuve de New-York fut racheté au bout de quelques années ; la législature d'Albany consentit, non sans peine, à subventionner la construction d'un canal qui joindrait l'Hudson au lac Érié. Les autres États prêtèrent également leur concours pécuniaire à des compagnies formées pour construire des routes, pour préparer des canaux ou régulariser le cours des rivières. Trois États surtout, New-York, la Pennsylvanie et le Maryland, s'engageaient dans cette lutte pacifique ; il s'agissait de savoir laquelle des trois villes, New-York, Philadelphie ou Baltimore, deviendrait le point de départ du commerce vers l'Ouest.

Pourquoi le gouvernement fédéral n'emploierait-il pas ses ressources à faire ou à favoriser des travaux publics reconnus indispensables ? Le Congrès étudia longtemps cette question. Elle mettait aux prises une fois de plus les partisans de l'interprétation stricte et ceux de l'interprétation large de la loi constitutionnelle. Ces derniers disaient que l'Union, chargée du service postal, possédait le droit de faire les travaux nécessaires pour l'améliorer : Jefferson lui-même n'avait-il pas obtenu en 1807 un crédit fédéral pour faire dresser la carte des côtes de l'Océan ? Le Congrès finit par voter une loi qui assurait des subventions aux travaux publics ; le Président Madison, invoquant la Constitution, mit son veto ; Monroe à son tour, sollicité de renoncer à cette résistance, déclara qu'il était personnellement favorable aux travaux publics, mais qu'on ne pourrait les subventionner qu'après un amendement à la Constitution. La chose fut donc laissée aux États, qui bientôt rivalisèrent d'ardeur. La multiplication des routes entre l'Est et l'Ouest fut avantageuse pour le commerce, mais la transformation définitive ne devait avoir lieu qu'après 1830, grâce aux chemins de fer.

Le Nord ou l'Est demeurait aussi différent de l'Ouest que du Sud. C'était la région qui avait le plus de ressemblances et de contacts avec l'Europe. Ici la vie économique n'était pas réduite à une seule occupation, le défrichement des terres ou la culture du coton ; à côté des fermiers, toujours nombreux et actifs, qui maintenaient la tradition agricole du XVIIIe siècle, ou des distillateurs qui préparaient le fameux rhum de la Nouvelle-Angleterre, des industriels nombreux fondaient chaque jour des manufactures, où l'on utilisait toutes les machines récentes, où le génie inventif des Américains commençait à découvrir des machines nouvelles.

Le premier rang pour le commerce avait définitivement passé à New-York. Ses marchands surmontaient la concurrence de Philadelphie parce qu'ils faisaient payer moins cher les transports vers l'Ouest, parce qu'ils ne demandaient pas le paiement d'avance, enfin parce qu'ils garantissaient une indemnité pour les dommages survenus en route à leurs paquets. Vieux colons hollandais ou anglais, nouveaux venus d'Allemagne ou d'Irlande, les habitants cédaient tous à la même fièvre d'action, au même désir de gagner, de vendre et de jouir. En 1825 il y avait dans la ville 3.000 maisons en construction; des familles s'y installaient avant qu'elles fussent finies, avant même qu'on eût posé les portes. Les bateaux se pressaient dans le magnifique port qu'on améliorait sans cesse; les principales banques se réunissaient dans cette grande cité, qui devint la capitale financière des États-Unis. L'ouverture du canal de l'Érié, achevé en 1825 après huit ans de travaux, fut l'occasion de fêtes somptueuses; des foules énormes, entassées tout le long de cette voie, saluèrent de leurs acclamations et de leurs fusillades la flottille qui s'avançait lentement depuis Buffalo jusqu'à l'embouchure de l'Hudson.

L'État de New-York était célèbre par l'activité des partis qui s'y disputaient le pouvoir; les débats de la législature d'Albany ou ceux des aldermen de la grande cité passionnaient quantité de politiciens actifs, sans scrupules, habiles à créer ces organisations dont Tammany Hall est demeuré depuis cent ans le modèle trop fameux. Le type de ces meneurs avait longtemps été George Clinton; plus tard son neveu, De Witt Clinton, fut à la fois un grand réformateur, qui supprima la prison pour dettes et l'esclavage, qui fit de bonnes lois sanitaires, et un violent chef de parti, qui acclimata définitivement dans l'État le système des dépouilles plus tard adopté par le gouvernement de l'Union. Grande aussi était l'influence de Martin Van Buren, qui allait devenir par son alliance avec Jackson un des personnages les plus importants des États-Unis.

La rivale de New-York, Philadelphie, malgré son dédain pour cette bruyante ville de parvenus, reconnaissait que l'ouverture du canal de l'Érié donnait aux riverains de l'Hudson des avantages marqués.

C'était d'autant plus grave que Pittsburg, devenu le centre de l'industrie pennsylvanienne, préférait au commerce par voie de terre avec l'Est le trafic par voie d'eau avec la Nouvelle-Orléans. Ces dangers amenèrent les hommes d'affaires de Philadelphie à chercher du nouveau, à considérer de près ce que valait un moyen de communication récemment inventé, le chemin de fer. Celui-ci eut pour apôtre un de ces hommes hardis et persévérants qui finissent par communiquer leur foi aux autres ; John Stevens ne cessa de travailler à la formation d'une compagnie qui établirait une voie ferrée entre l'Atlantique et l'Ouest. Il avait échoué dans le New-Jersey, puis une première fois en Pennsylvanie ; les commerçants de Philadelphie s'entendirent avec lui, et la législature de l'État lui accorda une charte de dix ans pour une ligne allant du grand port à Columbia. Tandis qu'il cherchait vainement des actionnaires, une société d'études pennsylvanienne fit une enquête sur les résultats obtenus en Grande-Bretagne par les premiers chemins de fer ; la législature, éclairée par ces renseignements, décida en 1828 d'entreprendre elle-même la construction de la ligne. La chose intéressa tous les États, mais les conséquences pratiques ne devaient se manifester que plus tard. Les premiers railways, en effet, ne portèrent que des voitures traînées par des chevaux, faute de bonnes locomotives. Une polémique s'engagea, qui devait durer bien des années, entre les amis des canaux et ceux des chemins de fer.

Les villes industrielles du centre virent naître alors les problèmes ouvriers qui se posaient déjà dans toute leur ampleur devant le public anglais. À diverses époques, des grèves avaient éclaté çà et là, bien que la loi les punît comme des délits ; vers 1825 débuta le mouvement syndical qui eut son premier foyer en Pennsylvanie. La bourgeoisie s'en douta seulement quand un ouvrier, Ford, fut élu conseiller municipal à New-York par plus de 6.000 voix. Les réclamations ouvrières coïncidaient avec les essais des réformateurs sociaux. Robert Owen passa l'Atlantique en 1824 et fut accueilli avec une curiosité bienveillante que justifiait la belle œuvre philanthropique réalisée dans ses usines d'Écosse. Après avoir fait deux conférences à Washington devant un auditoire où figuraient de nombreux membres du Congrès, il fonda une colonie socialiste ; New-Harmony, sous sa direction, connut un moment de prospérité vers 1826, mais le réformateur perdit toute popularité en exposant sa doctrine complète, c'est-à-dire la condamnation de la propriété individuelle, de la religion et du mariage ; ce fut la ruine de la colonie. Les sept ou huit fondations du même genre qui suivirent ne devaient pas mieux prospérer. On vit paraître alors les premiers journaux consacrés aux questions ouvrières, le *Free Enquirer* (Libre Enquêteur) qui réussit à New-York, puis le *Workingman's Advocate*, moins théorique et plus occupé de réformes précises et immédiates. Quant à la bourgeoisie novatrice, les premières mesures qu'elle entreprit de faire aboutir furent l'amélioration des prisons et surtout l'abolition de la contrainte par corps.

L'Est ne se contentait pas, comme l'Ouest, de travailler et de s'enrichir ; il éprouvait le besoin d'une vie intellectuelle et fournissait déjà un public aux écrivains américains. Ceux-ci jusqu'à la Révolution n'avaient guère traité que de questions religieuses. La vraie littérature commença au XIXe siècle avec Washington Irving et surtout avec Fenimore Cooper, le Walter Scott des États-Unis, qui décrivit si bien la vie des pionniers dans la prairie et les relations des blancs avec les Indiens. C'est aussi vers 1830 que le poète Bryant, dont la carrière devait être si longue, donna le meilleur de son œuvre. Washington Irving s'adressait à la société de New-York, dont il a tracé le tableau humoristique dans son *Knickerbockers book*, mais le grand centre intellectuel de l'Amérique demeurait à Boston. Cette ville, dépassée au point de vue commercial par Philadelphie et New-York, s'appliquait à développer dans ses murs l'industrie textile, mais surtout à créer de grandes institutions scientifiques : l'Université Harvard, un peu somnolente avant 1825, prit un nouvel essor, et la création de la belle bibliothèque de l'Athenaeum fut suivie par la naissance de la Société historique du Massachusetts.

Si la vie littéraire existait peu en dehors de l'Est, la vie religieuse était partout très active. Le protestantisme régnait sans conteste, puisque l'Amérique n'avait pas encore reçu le flot des immigrants catholiques irlandais ou canadiens. Le méthodisme, le baptisme et l'épiscopalisme s'élevaient au-dessus des nombreuses sectes formées par la ferveur d'un groupe ou l'autorité d'un homme. Le Nord demeurait le grand foyer d'activité puritaine où se réchauffaient les différentes Églises. Un missionnaire du Connecticut, à l'âme d'apôtre,

Mills, avait décrit en 1813 et 1814 l'abandon moral où vivaient les immigrants arrivés dans l'Ouest ; on le chargea d'aller distribuer 700 Bibles et 15.000 *tracts* religieux ; puis diverses associations s'entendirent pour fonder ensemble la Société biblique américaine. Le méthodisme réalisa de grands progrès dans l'Ouest, grâce à une organisation faite pour un peuple de travailleurs qui manquaient d'argent et de temps : dans chaque « circuit » se trouvait un ministre itinérant qui devait en faire le tour complet chaque mois, revenant à dates régulières dans chaque communauté, sans que celle-ci eût de grands frais d'entretien à payer. Le baptisme reçut une forte impulsion d'un ardent homme d'action, Luther Rice, qui s'occupa d'organiser des missions pour l'intérieur et pour le dehors. Enfin diverses régions produisirent des prédicateurs à la parole forte, au langage violent, capables de provoquer ces « réveils » religieux qui ont été si fréquents dans le protestantisme. Le grand réveil du Kentucky, en 1798-1799, était demeuré célèbre par la ferveur des foules qu'agita subitement l'amour de Dieu ou la peur de l'enfer ; ces phénomènes de psychologie sociale se renouvelèrent plusieurs fois dans l'Ouest.

Les Églises orthodoxes, qui croyaient à l'inspiration divine des Écritures, avaient à redouter les attaques du rationalisme. La franc-maçonnerie leur donnait peu d'inquiétudes, car, malgré le nombre des adhérents (qui firent à Lafayette le plus brillant accueil), ce n'était point une force populaire ; et même, en 1826, la disparition d'un franc-maçon qui avait révélé certains secrets de la secte et qui, disait-on, avait été supprimé par elle, provoqua dans tout l'État de New-York une campagne antimaçonnique assez durable et assez forte pour acquérir une importance politique. Beaucoup plus marquée fut dans la société cultivée l'influence des unitariens, des rationalistes chrétiens qui croyaient en Jésus, mais qui niaient la Trinité. L'unitarisme rencontra son représentant le plus complet dans Channing. Ce philosophe pratique, assez indifférent aux querelles sur le dogme, trouva dans l'Évangile le meilleur livre de morale qui pût convenir à une société démocratique et laborieuse. Son apostolat ne devait pas rester étranger à l'évolution qui détacha de l'orthodoxie le ministre Emerson et lui fit quitter sa chaire en 1832.

Malgré les travaux de quelques grands esprits, la vie intellectuelle aux États-Unis vers 1820 disparaissait derrière cette activité fébrile qui entraînait tout le monde à la conquête du dollar ; elle demeurait cachée surtout aux yeux des voyageurs étrangers, pressés et incompétents. Les voyageurs français, tout comme leurs devanciers du XVIIIe siècle, emportaient de l'Amérique une impression favorable. Lafayette, qui avait, il est vrai, des motifs pour être partial, écrivait du Nouveau Monde à son ami Mathieu Dumas en 1824 : « Quelle que fût mon attente sur les miracles produits ici par quarante-huit ans d'indépendance, d'instruction civique et de liberté, ils dépassent tout ce que j'aurais pu imaginer. » Mais les Français qui allaient en Amérique étaient bien rares. La plupart des voyageurs étaient des Anglais, mal disposés pour un pays deux fois ennemi, tout prêts à fortifier par leurs récits l'opinion, courante en Grande-Bretagne, que les Américains demeuraient à demi sauvages. Cette opinion, les journaux et les revues l'entretenaient. C'est en 1820 que la *Revue d'Édimbourg* demandait : « Qui, dans les quatre parties du monde, lit un livre américain, va voir une pièce américaine, regarde un tableau ou une statue américaine ? Qu'est-ce que le monde doit aux médecins ou aux chirurgiens américains ? Quelles substances nouvelles leurs chimistes ont-ils découvertes ? Quelles constellations leurs astronomes ont-ils reconnues ? Qui boit dans des verres américains ? qui mange dans de la vaisselle américaine ? » Les articles de ce genre, les récits de voyages malveillants suscitaient des réponses nombreuses et amères, et cette polémique, prolongée pendant dix années après la guerre de 1812, contribua naturellement à entretenir l'hostilité des deux nations. La meilleure réponse aux critiques anglaises fut donnée par les œuvres d'un Cooper ou d'un Irving. Quant à la masse du peuple américain, elle regardait avec pitié le vieux continent asservi aux monarchies, aux aristocraties, au papisme, et se considérait comme destinée à montrer au monde ce que peut faire une démocratie libre.

CHAPITRE VIII

LA PRÉSIDENCE DE JACKSON

André Jackson, issu en 1767 d'une famille écossaise-irlandaise, était resté orphelin et complètement seul à quinze ans ; ouvrier sellier, puis maître d'école, ses faibles gains lui permirent enfin de prendre cette profession d'avocat, de légiste, qui a mené tant d'Américains au Congrès. Établi à Nashville en 1788, plaidant devant tous les tribunaux du Tennessee, il allait à cheval aux audiences ; comme ses clients le payaient en nature, et en terres le plus souvent, il comptait déjà parmi les grands propriétaires quand le Tennessee fut transformé en État (1796), et il entra au Congrès comme le premier élu de ce pays ; dès lors peu accoutumé à se laisser mener, Jackson fit partie de la petite minorité qui refusa de voter l'adresse d'adieux à Washington. Les campagnes contre les Indiens, la victoire de la Nouvelle-Orléans, le coup de main étrange, mais finalement heureux sur la Floride lui donnèrent une immense popularité. On savait que ce conquérant audacieux était en même temps un avocat subtil, un planteur capable de bien gérer ses domaines, enfin un hôte généreux et affable pour tous ceux qu'il recevait chez lui ; ses compatriotes aimaient en lui le type le plus accompli du *frontiersman*, du colon de l'Ouest. La joie populaire qui accueillit son élection, puis son arrivée au pouvoir, fut pareille à celle qui avait salué l'entrée de Jefferson à la Maison Blanche.

Beaucoup d'hommes politiques du Nord se demandaient si ce personnage impulsif et violent, non dépourvu d'instruction, mais privé d'éducation, n'allait pas marquer sa présidence par de formidables bouleversements. L'inauguration du 4 mars 1829 ne les rassura point : Jackson, après avoir lu son discours, fit à cheval son entrée à la Maison

Blanche, littéralement porté par la foule ; dans cette demeure, la presse était si grande que le lunch préparé pour les invités du Président fut mis au pillage et que lui-même risqua d'être écrasé. Ce qui justifia plus encore les craintes des amis de la tradition, ce furent les changements faits dans le personnel des fonctionnaires fédéraux. La curée qu'un poète français, Auguste Barbier, allait flétrir à Paris en 1830 ne fut rien à côté de celle qui livra en 1829 les places à tous les amis du Président. C'est que Jackson avait pris comme secrétaire d'État Van Buren, et le politicien de New-York appliqua le système que son ami Marcy allait exposer devant le Sénat en ces termes : « Les politiciens prêchent ce qu'ils pratiquent. Lorsqu'ils combattent pour la victoire, ils annoncent leur intention de jouir des fruits de la victoire. Quand ils sont battus, ils s'attendent à être dépouillés de leurs emplois. S'ils réussissent, ils réclament comme un droit les bénéfices du succès. Ils ne voient rien de mauvais dans la règle en vertu de laquelle les dépouilles de l'ennemi appartiennent au vainqueur. » C'est ce discours de 1832 qui a popularisé la formule : « Au vainqueur les dépouilles » (*to the victor the spoils*).

Jackson, qui avait flétri autrefois les nominations de parti, semble être arrivé à la Présidence disposé à faire des changements modérés. Mais déjà les solliciteurs étaient accourus à Washington, tenant le Président littéralement assiégé, forçant la porte des chefs de départements ; on céda au torrent. Le directeur général des postes, qui avait sous ses ordres 27 000 employés, refusa de procéder à des révocations en masse ; on le nomma juge à la Cour suprême pour se débarrasser de lui. Des milliers de fonctionnaires furent destitués sans autre motif que la nécessité de pourvoir ceux qui avaient contribué à l'élection présidentielle. Le peuple fut mécontent de voir ainsi révoquer dans les villages d'honnêtes maîtres de poste que tout le monde connaissait ; mais en général on ne peut pas dire que le système des dépouilles ait soulevé de vives protestations. C'était une opinion très répandue, surtout dans l'Ouest, qu'un bon Américain peut tout faire, s'adapter à tous les métiers. Cette opinion, partagée par Jackson, lui fit dire dans son premier message présidentiel qu'on doit limiter le temps pendant lequel un citoyen conserve une fonction publique, à quatre ans par exemple ; ces fonctions existant dans l'intérêt du peuple, aucun n'a un droit particulier de les occuper ; un fonctionnaire révoqué n'a pas sujet de se plaindre, il revient simplement à la même condition que la plupart de ses compatriotes. C'est la théorie du roulement (*rotation in office*) ; ce roulement, qui existait déjà presque partout pour les mandats électifs, on voulait maintenant l'étendre aux fonctions administratives. Cette doctrine plut aux masses, parce qu'elle les mettait à l'abri d'une bureaucratie orgueilleuse, tracassière, prétendant se faire obéir de ses administrés ; les inconvénients n'en furent pas très sensibles tant que les fonctionnaires fédéraux demeurèrent peu nombreux et renfermés dans un champ d'action limité. Il fallut plus de quarante ans pour que l'opinion publique reconnût les défauts d'une administration incompétente, sujette à des bouleversements fréquents, et pour qu'on réclamât la réforme qui a fait créer des règlements du « service civil ».

L'œuvre qui intéressa le plus Jackson pendant sa présidence, et qui troubla le plus profondément tous les partis, ce fut la destruction de la Banque Nationale. Nous avons vu qu'on reprochait à cette Banque son inertie pendant la crise de 1817 ; on l'accusait même d'avoir profité de cette crise, en s'appropriant dans l'Ouest d'immenses domaines cédés par ses débiteurs insolvables. Comme ces terres, depuis le retour de la prospérité, profitaient d'une plus-value considérable, la Banque avait fait des bénéfices que les colons considéraient comme volés au peuple par une oligarchie financière. On se plaignait aussi que la Banque n'eût pas rendu au pays le principal service qu'on espérait d'elle, la mise en circulation d'une bonne monnaie nationale. Le privilège ne devait expirer qu'en 1836 ; mais Jackson, dès son premier message, sans se prononcer d'une manière catégorique, invita le Congrès à chercher si le privilège accordé en 1816 était constitutionnel et s'il convenait de le renouveler. Il s'aperçut bientôt que les deux Chambres ainsi que les ministres étaient hostiles à un bouleversement financier ; aussi le message de décembre 1831 sembla-t-il indiquer des dispositions accommodantes. Mais le président de la Banque, Biddle, qui s'était soigneusement tenu jusque-là éloigné de la politique, fut inquiet d'apprendre que Jackson posait sa candidature une seconde fois ; il commit la faute d'agir contre lui et de subventionner son adversaire Clay. Le « vieux héros » ne laissait pas tomber de pareils défis ; pendant toute la campagne présidentielle de 1832 il montra dans la Banque l'organe d'une ploutocratie dangereuse pour la liberté américaine. Sa réélection triomphale, par 219 voix contre 49, le laissa résolu à vaincre l'opposition de ses amis, de ses ministres, comme de ses adversaires. En 1833 il annonça l'intention de retirer de la Banque et de ses succursales tous les dépôts de fonds fédéraux. Le secrétaire de la trésorerie ne voulut pas prendre la responsabilité de cette mesure : il fut révoqué. Des députations de commerçants, d'industriels, vinrent prier le Président de ne pas provoquer une crise ; il leur fit des réponses virulentes : « Je ne céderai pas ; je ne me laisserai pas corrompre. » Le Sénat émit, chose sans exemple depuis 1787, un vote formel de censure contre le Président ; celui-ci n'en tint pas compte. Le Congrès consentit à ne pas renouveler le privilège de la Banque, et Jackson put se déclarer vainqueur.

Cette victoire fut rendue possible par l'extinction de la dette publique. Le revenu croissant des douanes, les sommes considérables que rapportait la vente des terres publiques, enfin la politique d'économie suivie depuis Jefferson avaient permis d'amortir de plus en plus vite la dette accrue par la guerre de 1812, et en 1835 elle fut complètement remboursée. Qu'allait-on faire des recettes du Trésor, de ce « surplus » qui deviendrait chaque année disponible ? La doctrine du parti dominant condamnait l'intervention du gouvernement fédéral dans les « améliorations intérieures » ; quant aux dépenses militaires ou sociales, personne n'y songeait. Il fut donc résolu de répartir ces fonds entre les États au prorata de leur population ; c'était en partie un don, en partie un prêt sans intérêts dont ils disposeraient à leur guise ; ils pourraient ainsi développer les écoles, construire les routes, les canaux que le peuple réclamait avec impatience. Les États furent satisfaits de cette décision ; quelques-uns, par un scrupule un peu comique, protestèrent contre cette nouvelle ingérence du pouvoir central dans leurs affaires, mais acceptèrent quand même son argent.

Jackson avait donc appliqué ses idées et celles de son parti, ces idées qui dominaient dans l'Ouest et comme dans le Sud, et qui tendaient à proclamer les droits à peu près souverains des États. Cette doctrine offrait un danger pour l'Union, puisqu'elle avait permis à Calhoun d'affirmer le droit de « nullification ». L'Union trouva un défenseur éloquent dans Webster. En 1832 un sénateur de la Caroline du Sud, Hayne, à propos d'une discussion sur le domaine public, dénonça la mauvaise volonté de l'Est contre les gens de l'Ouest et son hostilité contre les droits des États. Webster prononça devant le Sénat cette « Réplique à Hayne », qui est demeurée célèbre comme le chef-d'œuvre classique de l'éloquence américaine et le meilleur des plaidoyers en faveur du gouvernement fédéral. Ce sont les États souverains, disait Hayne, qui ont créé ce gouvernement. « La Constitution, répondit Webster, n'est pas l'œuvre des gouvernements d'États. Le vrai but, le dessein avec lequel on a fait et adopté la Constitution, fut d'établir un gouvernement qui ne serait point obligé d'agir par l'intermédiaire des États, de dépendre de l'opinion ou de la volonté des États. Le peuple avait eu assez de ce genre de gouvernement sous la Confédération. » Et l'orateur glorifiait dans l'Acte de 1787 « la Constitution du peuple, le gouvernement du peuple, fait pour le peuple, fait par le peuple, et responsable devant le peuple ».

Les champions du Sud n'étaient pas hommes à se déclarer vaincus. Pour combattre les idées de Webster, ils préparèrent une manifestation, un banquet à la mémoire de Jefferson, et furent heureux d'apprendre que le Président consentait à y venir. Grande fut leur déception quand Jackson porta ce toast bref et significatif : « A notre Union fédérale ! Elle doit être conservée. » Ses actes répondirent bientôt à ses paroles. La Caroline du Sud, qui avait ajourné la nullification en 1828, jugea que le tarif douanier de 1832, quoique moins élevé que le précédent, était encore oppressif ; la législature déclara ce tarif nul dans les limites de l'État. Jackson résolut de maintenir les droits de l'Union contre ces gens du Sud qui, à deux reprises, avaient si chaudement soutenu sa candidature à la présidence. Il prit discrètement des mesures militaires destinées à mettre en état de défense les forts et les arsenaux fédéraux situés dans l'État ; puis, en décembre 1832, une proclamation présidentielle adressée au peuple de la Caroline du Sud, amicale de ton et très bien rédigée, affirma nettement qu'un État ne pouvait ni quitter l'Union ni opposer un veto à ses lois. L'émotion fut profonde ; l'Est, si souvent hostile à Jackson, acclama le Président, et Webster se sépara de ses amis politiques pour le louer en plein Sénat. Jackson allant plus loin demanda au Congrès des pouvoirs spéciaux pour le cas où il faudrait employer la force. Calhoun voulait éviter une rupture et sollicita l'appui de Clay. Celui-ci était l'adversaire de Jackson, l'ami des gens de l'Est, et en même temps il avait, comme tous ses concitoyens du Kentucky, des liens étroits avec les gens du Sud; sa situation politique aussi bien que son caractère conciliant le préparait à être, comme on l'appela plus tard, le grand pacificateur. Il proposa un nouveau tarif, qui assurait une série de réductions graduelles sur les droits établis, mais qui maintenait le régime protectionniste. Ce compromis fut adopté par le Congrès en même temps que le *Force bill* qui donnait au Président les pouvoirs nécessaires en cas de révolte. La législature de la Caroline du Sud, pour maintenir ses prétentions, déclara nul le *Force bill* qui n'avait plus de motif d'être appliqué; mais elle révoqua les mesures prescrites par elle contre les fonctionnaires des douanes fédérales. Ainsi finit un conflit redoutable, qui se trouvait ajourné plutôt que supprimé. Jackson sortit de cette crise fortifié dans l'opinion publique par l'énergie qu'il avait apportée à défendre l'Union.

Cette énergie se manifestait quelquefois, dans les rapports avec l'étranger, par un langage surprenant pour les diplomates et frisant la grossièreté. On le vit dans les rapports du Président avec la France. Les États-Unis réclamaient une indemnité pour les dommages subis par leurs nationaux pendant le blocus continental; le gouvernement français, qui avait toujours admis en principe la justesse de ces réclamations, finit par signer le traité de 1832 qui promettait une somme globale de 25 millions. Comme la Chambre des députés n'avait mis pendant deux ans aucun empressement à voter le crédit nécessaire, Jackson s'en plaignit dans le message annuel de décembre 1834, laissa entendre clairement qu'il y avait là une intention malhonnête et parla de représailles à exercer contre les propriétés françaises. Le message causa naturellement une vive colère en France et provoqua le rappel du ministre français; Jackson fut sincèrement surpris qu'une puissance étrangère se formalisât du langage tenu à l'intérieur, dans un document adressé par le pouvoir exécutif américain au Congrès américain. Les bons offices de la Grande-Bretagne arrangèrent l'incident; la France donna la somme convenue, et Jackson promit dans un nouveau message que tout serait fait pour écarter le souvenir de ce malentendu.

En somme, ce Président bruyant, batailleur et irascible était sorti heureusement de presque toutes les difficultés qui s'étaient présentées à lui. Tout lui réussissait : John Marshall, son ennemi, venait de mourir, et Jackson mit à la tête de la Cour Suprême un de ses meilleurs amis, Taney, qui, deux fois écarté de postes importants par le Sénat, fut accepté par cette assemblée comme grand juge. Le Sénat montra mieux encore son changement d'attitude en faisant biffer sur les procès-verbaux la censure prononcée contre le Président. Celui-ci, malgré sa fougue, s'était assagi à la Maison Blanche : s'il donnait satisfaction aux colons du Sud en refoulant définitivement les Indiens au delà du Mississipi, sa prudence dans la question du Texas était une chose étonnante chez l'envahisseur de la Floride. Jackson avait commis des fautes ; on lui reprochait sa brutalité à l'égard de ses secrétaires, son indulgence pour quelques confidents médiocres qui formaient le « cabinet de cuisine » ; mais sa principale erreur, le système des dépouilles, ne portait pas encore toutes les conséquences mauvaises qui apparurent plus tard. Quand le « vieux héros » quitta le pouvoir le 4 mars 1837, son retour vers Nashville fut marqué par des ovations continuelles. Sa popularité ne devait pas mourir avec lui ; en 1860, quand le Président Buchanan demeura inactif en présence de la sécession de la Caroline du Sud, les gens du Nord qui avaient jadis combattu l'homme du Tennessee répétèrent plus d'une fois : « Oh ! seulement une heure d'André Jackson ! »

CHAPITRE IX

WHIGS ET DÉMOCRATES (1837-1848)

I

Les acclamations qui accompagnèrent Jackson revenant à sa demeure ne doivent pas faire illusion sur l'état du pays, alors troublé pas une crise financière très grave. Cette crise acheva de donner de la force et de la popularité au nouveau parti national qui s'était constitué depuis quelques années. Entre 1820 et 1830 le parti républicain était demeuré seul et avait pris le nom qui lui est resté, celui de « démocrate ». Ce fut dans la bataille livrée pour défendre la Banque Nationale que les adversaires de Jackson commencèrent à s'organiser, en s'intitulant « républicains nationaux »; bientôt, accusant le Président et ses amis d'être aussi oppresseurs que les tories de 1775, ils revendiquèrent le nom de « whigs ». La grande victoire électorale obtenue par eux en 1834 dans l'État de New-York, l'ancien fief de Van Buren, popularisa ce nom. Désormais il désigna officiellement le parti national dont Clay fut le meneur le plus actif; Daniel Webster lui apporta l'appui de sa parole, bien qu'il fût séparé de Clay par quelques divergences. Le désir de fortifier le gouvernement fédéral, de créer des institutions nouvelles soumises au contrôle du Congrès, fit du parti whig le successeur de l'ancien parti fédéraliste.

C'est vers ce moment que s'organisa le système qui a subsisté jusqu'à nos jours pour le choix des candidats à la présidence des États-Unis. Le caucus congressionnel, mort en 1824, fut remplacé par les conventions. C'est en décembre 1831 que les délégués des « républicains nationaux », réunis à Baltimore, formèrent la première convention nationale destinée à désigner un futur Président, et portèrent à l'unanimité leurs suffrages sur Clay. Les démocrates, imitant leurs adversaires, convoquèrent la convention de Baltimore en mai 1832 pour acclamer Jackson et nommer leur candidat à la vice-présidence. Ce régime se régularisa définitivement depuis 1840. Il a contribué beaucoup à donner aux partis cette organisation puissante, ce mécanisme savant qui sont un des traits distinctifs de la vie politique américaine.

Revenons à la crise de 1837. Alors que celle de 1817 avait été déchaînée par l'afflux des marchandises anglaises, la nouvelle panique financière eut des causes purement intérieures. Une d'elles est l'insuffisance de la monnaie, monnaie de métal ou bonne monnaie de papier ; mais la principale fut comme toujours, une spéculation excessive qui, encouragée par quelques années prospères, faisait naître quantité d'entreprises nouvelles, dépourvues de capitaux. Il y avait eu, en effet, une période heureuse entre 1830 et 1835 : dans le Nord, l'industrie, protégée par les tarifs douaniers, pourvue de main-d'œuvre grâce à l'arrivée de nombreux immigrants, prenait un essor considérable ; le Sud bénéficiait de la hausse du coton, de plus en plus demandé par l'Europe. L'Ouest profitait de l'ardeur croissante avec laquelle les États développaient non seulement les routes et les canaux, mais aussi les chemins de fer ; ceux-ci ouvraient aux hommes d'affaires des perspectives grandioses, qui semblaient immédiatement réalisables. Enfin le remboursement de la dette commençait à faire venir en Amérique les capitaux anglais en quête de bons placements.

A côté des colons désireux de s'y fixer, l'Ouest vit apparaître quantité de spéculateurs, qui achetaient les terres uniquement pour les revendre après la hausse ; et comme l'afflux des immigrants faisait durer cette hausse, l'opération semblait d'un profit certain. Des milliers d'individus se précipitèrent à Chicago, la ville nouvelle qui centralisait ce commerce des terres. Les grands spéculateurs empruntaient de l'argent aux banques, achetaient des terres aux bureaux fédéraux, déposaient cet argent comme gage de l'achat, faisaient un nouvel emprunt gagé sur la terre acquise, rachetaient un nouveau domaine, et ainsi de suite. Avant 1834 la vente des terres publiques, même pendant les meilleures années, n'avait jamais atteint 4 millions de dollars en douze mois ; elle rapporta 4 887 000 dollars en 1834, 14 millions en 1835, jusqu'à 24 millions en 1836. La spéculation sur les terres gagna aussi l'Est, dans les régions où devaient passer les premiers chemins de fer ; elle s'étendit aux villes, où des compagnies accaparèrent les terrains sur lesquels on allait construire des quartiers nouveaux.

Les spéculateurs trouvaient un appui assuré chez les banquiers. La certitude que le privilège de la Banque Nationale ne serait pas renouvelé avait fait multiplier les banques d'États ; on en comptait 330 à l'inauguration de Jackson, 677 en 1836. Ces banques, ayant besoin de faire des affaires, se disputaient les clients par les facilités de crédit qu'elles leur offraient. Plusieurs d'entre elles, ayant reçu de la faveur du gouvernement les dépôts de fonds publics retirés à la Banque des États-Unis, disposaient d'une encaisse qui leur permit de grandes opérations. Les innombrables billets émis par les États, les villes, les banques, ou même par de simples commerçants, compliquaient tellement les choses que Jackson, dans les derniers jours de sa présidence, fixa une date à partir de laquelle le paiement des terres publiques ne pourrait plus être fait aux agents du Trésor qu'en monnaie métallique.

La crise que les gens clairvoyants prédisaient depuis un an survint au printemps de 1837 ; préparée par la débâcle financière de Londres, qui paralysa l'industrie textile et diminua les achats de coton, elle suivit la mauvaise récolte de 1836, qui obligea les Américains à faire venir du blé d'Europe. Les banques tombèrent l'une après l'autre comme des châteaux de cartes ; au mois d'avril on comptait déjà 168 suspensions de paiements. Les dernières conséquences de ce krach ne devaient être liquidées que vers 1845. Un pareil désastre allait fournir un thème inépuisable aux discussions des partis. Clay, comme tous les whigs, attribua le mal à Jackson, qui avait détruit la Banque Nationale et favorisé la naissance de nombreuses banques vivant de spéculations hasardeuses. Van Buren, devenu Président grâce à la volonté de son ami Jackson, déclara au nom des démocrates que c'étaient là des calomnies. Conformément aux conseils du « vieux héros », il décida le Congrès à faire en 1840 ce qu'on nomma la séparation des banques et de l'État, c'est-à-dire à ordonner que le gouvernement fédéral userait uniquement d'or et d'argent pour ses dépenses comme pour ses recettes, et que ses revenus seraient touchés par les fonctionnaires, sans recours à l'intermédiaire des banques. Les fonds de l'Union furent conservés désormais dans des « sous-trésoreries », des bureaux dépendant du Trésor. Cette loi, que les démocrates appelèrent une deuxième Déclaration d'indépendance, permit d'assainir les finances fédérales.

La campagne présidentielle de 1840 s'ouvrit sur ces entrefaites. Elle semblait mal débuter pour les whigs, dont la convention choisit comme candidat le général Harrison, un vieux brave homme qui avait battu les Indiens à Tippecanoe en 1811, mais qui depuis lors était demeuré toujours au second plan. Ce candidat peu reluisant profita d'une chance inattendue. Un journal démocrate publia une lettre dont l'auteur disait dédaigneusement à propos de la pauvreté de Harrison : « donnez-lui un baril de cidre, une pension de 2.000 dollars par an, et il restera toujours dans sa cabane de troncs d'arbres (*log-cabin*) ». Aussitôt les whigs de représenter Harrison comme l'habitant de la *log-cabin*, l'homme qui vit de la vie simple et frugale du peuple. Presque chaque famille possédait un ou plusieurs de ses membres qui avaient connu l'abri provisoire de la *log-cabin* et qui gardaient un souvenir attendri de leurs débuts ; on fit des images, des médailles, des bijoux reproduisant la cabane de bois. Harrison n'eut pas besoin de parler, de présenter un programme ; une vague d'enthousiasme populaire portait le « vieux Tip », qui fut élu Président.

Son discours d'inauguration, le 4 mars 1841, étonna le public ; tout plein des souvenirs classiques de sa jeunesse, il y parlait des Scipions, des Decius, de César, d'Antoine, et d'autres Romains encore. Cependant Washington était envahi par le flot des whigs venant réclamer l'application du système des dépouilles à leur profit ; les solliciteurs commençaient à peine leurs démarches quand on apprit la mort subite de Harrison. Conformément à la règle constitutionnelle appliquée alors pour la première fois, le Vice-Président Tyler devint Président. Sous lui, comme sous Harrison, les whigs pensaient appliquer leur programme et surtout rétablir une Banque Nationale, selon le projet préparé par Clay. Grande fut leur stupeur quand cette loi votée par le Congrès se heurta au veto du Président ; une nouvelle loi sur le même sujet, quelque peu modifiée, fut arrêtée par un second veto. Ils crièrent à la trahison, et la plupart des membres du Cabinet donnèrent leur démission. Tyler était pourtant un whig, mais un Virginien, un homme du Sud, peu disposé à se laisser conduire par les financiers du Nord. Pendant près de quatre ans il devait avoir les whigs pour adversaires et les démocrates pour alliés : situation paradoxale qui s'est présentée quelquefois, par exemple sous Johnson et Cleveland, quand le Président s'est insurgé contre la politique de son parti. Les whigs se trouvèrent hors d'état de faire aboutir les grands projets qui devaient, d'après eux, assurer à chaque travailleur américain « deux dollars par jour et le *roastbeef* ».

II

Cependant un malheur beaucoup plus grave que la débâcle financière se préparait pour le pays, grâce au caractère nouveau que prit la question de l'esclavage. Le compromis du Missouri avait paru la régler pour toujours, et en effet il fut peu question de l'esclavage pendant la présidence de Jackson. Mais quelques hommes étaient apparus qui allaient discuter le problème dans un langage auparavant inconnu. Ce n'étaient pas des politiques, soucieux de concilier des intérêts opposés, mais des moralistes, résolus à prêcher le bien, et des puritains, persuadés qu'ils accomplissaient la volonté de Dieu. Un des premiers paraît avoir été Lundy, un quaker de New-Jersey qui se mit à l'œuvre en 1823. Mais le véritable apôtre de la propagande anti-esclavagiste fut Garrison. Cet ouvrier typographe du Massachusetts avait l'esprit étroit, le caractère violent, mais le respect de la personne humaine, la passion de la liberté; ce fut l'homme d'une seule idée, capable de tout souffrir pour la faire triompher. Il avait d'abord dirigé un journal combattant l'alcoolisme et préludant à cette agitation des « tempérants » qui s'est tant développée dans la suite; puis il rencontra Lundy, qui le prit pour collaborateur. Enfin la fondation du *Libérateur* par Garrison en 1831 marque la naissance de l'abolitionnisme.

L'Amérique avait eu depuis cinquante ans des groupes anti-esclavagistes, auteurs de campagnes heureuses pour faire interdire l'esclavage dans les États du Nord ou dans les territoires du Nord-Ouest, et pour faire supprimer la traite africaine. Ce qui était nouveau chez Garrison, c'est qu'il demandait l'abolition de l'esclavage dans les États du Sud : plus de distinction entre les États et les territoires, entre les pays à céréales et les pays à coton ; la servitude était mauvaise partout. Ne disait-il pas en commençant le *Libérateur* : « Je serai dur comme la vérité, inflexible comme la justice » ? Le langage de ce puritain devait rencontrer bientôt un écho dans la Nouvelle-Angleterre ; là même où l'esprit puritain était battu en brèche, les hommes de bien remarquèrent l'ardeur et la sincérité de ce polémiste désintéressé. Un ami vint à lui parce qu'il avait vu Garrison insulté par la foule dans les rues de Boston : c'était Wendell Phillips, un discoureur passionné, infatigable, aux phrases déclamatoires, qui devint l'orateur du petit groupe dont Garrison était l'écrivain. Ces quelques hommes furent d'abord considérés comme des fous ; mais ils secouèrent la torpeur d'une nation absorbée par le souci de la prospérité matérielle. Beaucoup de gens dans le Nord pensaient que l'esclavage est un mal, mais comme il s'agissait d'une chose lointaine, existant seulement dans le Sud, ils s'empressaient d'ajouter que cela ne les regardait pas. La propagande nouvelle força les meilleurs d'entre eux à réfléchir, à examiner les faits qu'on leur racontait. Channing s'était d'abord tenu à l'écart d'une agitation qui lui paraissait dangereuse pour la paix publique ; mais sa conscience l'obligea finalement à publier un petit livre, *Esclavage* (1835), qui fut très lu et qui intéressa les hommes modérés, choqués jusque-là par la brutalité de Garrison. La Société américaine anti-esclavagiste, fondée en 1833, commença bientôt ses publications périodiques.

L'abolitionnisme rencontra dès le début des adversaires nombreux et agissants. Dans le Sud, le *Libérateur* fut considéré comme une feuille criminelle, destinée à provoquer cette guerre servile, que les planteurs, isolés au milieu de leurs nègres, ne cessaient pas de redouter. Des événements récents augmentaient leur inquiétude. Un nègre instruit, Walker, avait publié une brochure d'un ton souvent menaçant, pour inviter les affranchis à défendre leurs congénères esclaves. Peu après survint en Virginie une émeute nègre, aussitôt châtiée par la hache et la potence. Il était faux de représenter le *Libérateur* comme le complice volontaire de ces révoltés ; Garrison appartenait à une secte qui interdisait de repousser l'oppression par les armes. Les blancs du Sud avaient quand même raison de dire que les écrits anti-esclavagistes seraient dangereux pour eux s'ils parvenaient aux mains des quelques nègres sachant lire ; aussi furent-ils exaspérés de voir la Société anti-esclavagiste envoyer dans leurs États de nombreux exemplaires de ses nouveaux périodiques. On voulut empêcher les facteurs de les distribuer ; à Charleston la foule envahit un jour l'hôtel des postes et brûla les paquets de journaux abolitionnistes.

La croisade nouvelle eut aussi contre elle la majorité des hommes du Nord. Les plus notables des congressistes la désavouaient : Webster, dans une lettre publique à un citoyen du Sud, affirma que l'esclavage dans les États ne regardait que les États ; Clay, à deux reprises, parla au Sénat contre les abolitionnistes. Quant à Jackson, un de ses messages blâma l'envoi de brochures incendiaires dans les États à esclaves. Les amis du *Libérateur* trouvèrent pourtant à la Chambre un champion déterminé dans John Quincy Adams. Il avait le premier rompu avec la tradition qui obligeait les Présidents sortis de charge à se confiner dans la retraite. Malgré les avis de sa famille, le vaincu de 1828 accepta les suffrages d'un district du Massachusetts ; celui-ci l'envoya huit fois de suite à la Chambre, où il devait mourir en pleine séance : il n'y avait peut-être pas alors d'autre circonscription dans les États-Unis où les abolitionnistes intransigeants eussent la majorité. Adams défendit sa cause avec une ténacité froide, exaspérant ses auditeurs par son langage sarcastique, mais ne perdant jamais courage.

Les abolitionnistes avaient aussi contre eux les principales Églises ; épiscopaliens, baptistes, méthodistes blâmaient la violence de Garrison et refusaient de prêter leurs salles pour les meetings de ses amis. Ces meetings furent souvent envahis par une foule hostile qui maltraita les nouveaux sectaires ; Garrison en fit l'expérience à Boston ; un autre publiciste ardent, Lovejoy, qui tenait le même langage dans un journal religieux d'Alton, fut assassiné à coups de revolver en 1833. C'était le premier martyr de la cause anti-esclavagiste. Néanmoins les hommes du *Libérateur* ne se décourageaient pas, car ils voyaient venir à eux des adhérents qui, sans accepter tous le programme radical du petit clan, partageaient les sentiments des fondateurs de la Constitution. Ils se comptèrent en signant les pétitions relatives au District fédéral ; Washington, placé à la frontière du Maryland et de la Virginie, était un grand marché d'esclaves, et ce trafic de chair humaine fait dans la capitale fédérale choquait beaucoup d'Américains; leurs pétitions demandaient, soit que le marché de Washington disparût, soit que l'esclavage fût aboli dans tout le District. La Chambre décida finalement que les pétitions de ce genre ne seraient plus examinées par elle. Cette résolution du « bâillon » n'empêcha pas Adams de revenir sans cesse à la charge; elle fut plus dangereuse qu'utile pour les Sudistes, mécontentant beaucoup d'hommes qui n'admettaient pas une pareille atteinte au droit de pétition; au lieu des 34.000 signatures de 1835-1836, il y en eut 414.000 en 1837-1838, et sept législatures blâmèrent l'imprudente résolution. Quant aux sociétés franchement abolitionnistes, elles réunissaient environ 200.000 membres vers 1840.

Ces progrès amenèrent une division parmi les nouveaux ligueurs. Garrison et Wendell Phillips voulaient continuer comme ils avaient commencé, faire une propagande morale; Garrison avait horreur de la politique pratique et souhaitait la solution qui fut plus tard adoptée par ses ennemis sudistes, la rupture définitive entre les États libres et les États à esclaves. La Constitution était, selon lui, « un *covenant* avec la mort et un pacte avec l'enfer ». Mais d'autres, moins chimériques, savaient qu'aux États-Unis on n'arrive à gagner l'opinion qu'en se lançant dans la politique militante; voulant former un parti d'action, ils essayèrent leurs forces en présentant, sans aucun espoir de succès, un candidat présidentiel dès 1840. Le grand public demeurait encore indifférent : l'abolition de l'esclavage dans les États, aucun homme politique n'y songeait; la question de l'esclavage dans les territoires semblait résolue par le compromis du Missouri. Ce furent les affaires du Texas et la guerre mexicaine qui firent de l'esclavage le grand problème de la politique intérieure.

Avant d'arriver à ces événements si importants pour le Sud, revenons à cette délimitation de la frontière canadienne qui occupait depuis longtemps les gens du Nord. On n'avait pas encore abouti au tracé définitif de la ligne qui devait séparer les deux pays depuis les grands lacs jusqu'à l'Atlantique. Les habitants du Maine et du Vermont, qui avaient fait le commerce avec leurs voisins canadiens pendant la guerre de 1812, étaient maintenant les plus ardents à réclamer contre les prétentions de la Grande-Bretagne. Malgré les efforts du gouvernement fédéral, l'insurrection canadienne de 1840 rencontra chez eux un appui constant ; c'est à cette occasion qu'un bateau qui portait des secours aux insurgés, la *Caroline*, fut surpris par des soldats anglais et un Américain tué ; d'autres incidents contribuèrent à exaspérer les gens du Nord-Est. Dans le reste des États-Unis, l'antipathie contre la Grande-Bretagne subsistait aussi, entretenue par les articles méprisants de la presse anglaise, par ses réflexions sur l'improbité de quelques États banqueroutiers, et aussi par le droit de visite que les croiseurs anglais s'arrogeaient sur les négriers portant presque tous pavillon américain.

Jackson, puis Van Buren avaient engagé des négociations qui n'aboutirent pas. Mais Tyler avait comme secrétaire d'État Webster, qui désirait vivement un accord et qui trouva la même bonne volonté chez le ministre des affaires étrangères anglais, lord Aberdeen. Webster commença par apaiser un conflit assez grave au sujet de l'arrestation, en territoire américain, d'un Canadien qui disait avoir tué l'homme frappé sur la *Caroline*. Puis un commissaire anglais, lord Ashburton, vint à Washington et fut agréablement surpris par la courtoisie et les manières exquises du secrétaire d'État. Webster calma les exigences des gens du Maine, et le traité Webster-Ashburton en 1842 fixa la frontière jusqu'aux grands lacs telle qu'on la voit encore aujourd'hui. C'est pour mener à bien ce traité que Webster n'avait pas suivi dans leur retraite les ministres démissionnaires du Président Tyler.

Les deux négociateurs, pressés d'en finir avec la question la plus urgente, ajournèrent le règlement des frontières de l'Oregon. Mais depuis le voyage de l'explorateur américain Wyeth en 1832, ce n'étaient plus seulement des chasseurs et des marchands de fourrures qui s'intéressaient à cette région lointaine du Nord-Ouest. Des sociétés se formèrent depuis 1843 pour envoyer à leurs frais des colons s'établir dans le territoire contesté : c'est une méthode chère aux Américains, de préparer par la colonisation effective la tâche de leurs diplomates. Un Président ami de l'expansion, Polk, successeur de Tyler, soutint les prétentions de son pays avec cette verdeur de langage qui étonnait les diplomates plus circonspects de l'Europe. Enfin un compromis aboutit, et le traité de 1846, qui fixait la frontière au 49° degré de latitude, mit fin aux différends concernant les frontières des États-Unis et du Canada.

Ce ne fut pas une solution pacifique de ce genre qui régla le sort du Texas. Le traité de 1819, nous l'avons vu, donnait aux États-Unis la Floride, moyennant l'abandon complet de leurs droits sur le Texas. Depuis lors la domination espagnole dans le Nouveau Monde avait disparu; le Mexique, ravagé par les guerres civiles, possédait nominalement le Texas, et le laissait en fait complètement livré à lui-même. Ce vaste pays du Texas, plus grand que la France, à peu près dépourvu de routes l'unissant au Mexique, tentait beaucoup les États-Unis : après lui avoir envoyé au temps espagnol des bandes de flibustiers, maintenant ils y expédiaient des colons. Ceux-ci prirent vite l'autorité dans la région, gagnèrent à leur cause les autres habitants; quand le Mexique voulut affirmer son pouvoir et chasser les étrangers, le Texas se révolta en 1836, mit en déroute l'armée du dictateur Santa-Anna, et se proclama république indépendante. La nouvelle république, officiellement reconnue à Washington, puis à Londres et à Paris, désira bientôt l'annexion aux États-Unis pour avoir leur appui contre le retour offensif toujours possible des Mexicains.

Cette question extérieure devint aux États-Unis une grave question de politique intérieure, parce que les débats sur l'esclavage s'y mêlèrent. Le Sud réclama l'annexion de cette grande région faite pour la culture du coton; il redoutait le triomphe au Texas du parti abolitionniste encouragé par la Grande-Bretagne, et soupçonnait même celle-ci de vouloir s'emparer du pays. Le Nord se montrait opposé à l'annexion, qui devait augmenter la force et les exigences des esclavagistes. Aux pétitions demandant qu'on supprimât la traite des nègres dans le district de Columbia répondirent les pétitions demandant qu'on acceptât les offres du Texas. Voilà pourquoi Jackson, puis Van Buren opposèrent une réserve constante aux excitations belliqueuses des ennemis du Mexique. Toutefois ils exposèrent maintes fois à Mexico les griefs de leurs nationaux lésés pendant les guerres civiles.

Le Président Tyler se montra plus audacieux que ses prédécesseurs. Quand Webster eut abandonné ses fonctions de secrétaire d'État, il les confia bientôt à Calhoun, le défenseur du Sud, et le traité d'annexion fut conclu sans tarder avec le Texas; mais le Sénat le rejeta. La campagne présidentielle de 1844 se fit là-dessus. Les whigs présentaient Clay, qui ne voulait pas d'une acquisition si mal vue par les États du

Nord, où leur parti avait le gros de ses adhérents ; les démocrates présentèrent Polk, avec un programme annexionniste qui lui valut à la fois l'appui du Sud et les voix de tous ceux qui cédaient au penchant naturel d'un peuple actif et jeune vers l'expansion. Polk fut élu. Tyler aussitôt fit voter par les deux Chambres, en décembre 1845, une résolution conjointe en vertu de laquelle le Texas fut admis comme un nouvel État de l'Union.

Le Mexique avait prévenu les États-Unis que l'annexion équivaudrait à une déclaration de guerre ; cependant la lutte n'avait pas commencé quand Polk entra en fonctions le 4 mars 1845. Il essaya d'employer cette « diplomatie du dollar », qui est demeurée sympathique aux Américains depuis l'achat de la Louisiane ; son désir était de payer, non seulement la renonciation au Texas, mais l'abandon de la Californie. C'est une question controversée aujourd'hui de savoir s'il voulait sincèrement la paix ou s'il cherchait le prétexte d'une agression mexicaine ; le journal de Polk, récemment publié, donne de lui une impression favorable. Quoi qu'il en soit, des hostilités s'engagèrent à la frontière méridionale du Texas, et le Président put déclarer que l'ennemi avait violé le territoire américain. La guerre s'engagea et fut désastreuse pour un pays désorganisé, incapable de mettre fin à ses querelles intestines. A la frontière du Texas le général Taylor, sur le sort duquel on avait des inquiétudes à Washington, se tira d'affaire par la brillante victoire de Buena Vista. A l'ouest une petite armée alla prendre les quelques forts mexicains, à peine défendus, qui se suivaient jusqu'à la côte du Pacifique. Enfin le général Scott, après avoir pris la Vera-Cruz, commença une marche audacieuse qu'il mena brillamment jusqu'à Mexico. La violente campagne de presse engagée aux États-Unis contre la guerre par les whigs fut oubliée au milieu de l'enthousiasme qui accueillait ce triomphe. D'ailleurs le Président brusqua la paix comme il avait brusqué la guerre ; son envoyé au Mexique, Trist, mal reçu par tout le monde et finalement rappelé, avait paisiblement continué ses pourparlers et conclu un traité ; Polk l'accepta. Le traité de Guadalupe Hidalgo (2 février 1848) donna aux États-Unis le Texas, le Nouveau-Mexique et la Haute-Californie ; moyennant quoi le Mexique fut dispensé de payer les indemnités dues à des Américains et reçut quinze millions de dollars.

Ce traité n'avait pas exactement délimité la frontière à l'ouest du Rio-Grande, entre le Mexique et le Nouveau-Mexique. Ce point fut réglé sans guerre, quelques années après, par le traité de 1853 qui assura de nouveaux territoires aux États-Unis. La grande République avait ainsi, au sud comme au nord, fixé le tracé de ses limites continentales et réalisé de grandes acquisitions dont la plus belle, la Californie, était déjà célèbre dans le monde entier par ses richesses minières.

CHAPITRE X

COMPROMIS ET RUPTURE

I

La guerre du Mexique avait fini par devenir populaire ; aussi les whigs ne trouvèrent-ils rien de mieux que de présenter à l'élection présidentielle le vainqueur de Buena Vista, connu depuis longtemps comme un des leurs. Taylor hésita d'abord, à cause de son ignorance des choses politiques ; lorsqu'il eut accepté la candidature, le peuple, malgré l'insuffisance du programme rédigé par son parti, s'empressa d'élire le « Vieux rude et prêt » (*Old Rough and Ready*). C'était un homme sérieux et sensé, mais qui dut, malgré ses répugnances, appliquer le système des dépouilles et donner aux whigs beaucoup de places occupées auparavant par des démocrates.

Dès le lendemain de la guerre, la question de l'esclavage prit une gravité qu'elle n'avait pas eue jusque-là. Quel serait le régime des pays conquis ? les laisserait-on ouverts au travail servile ? Le Texas, admis comme État, pouvait agir à sa guise et accepter l'esclavage, autrefois supprimé par les Mexicains ; mais le Nouveau-Mexique et la Californie étaient des territoires. Le Congrès se trouvait ainsi obligé de répondre à cette question de principe : l'esclavage pouvait-il conquérir de nouveaux champs d'action, ou bien serait-il enfermé dans ses limites actuelles ? Pendant la guerre, un démocrate abolitionniste, le représentant Wilmot, avait demandé qu'on prohibât d'avance l'esclavage dans les régions qui seraient conquises ; les États-Unis, disait-il, se déshonoreraient en rétablissant ce régime dans des pays où le Mexique l'avait aboli. Le « Wilmot Proviso », comme on l'appela, fut voté par la

Chambre, mais repoussé par le Sénat; il reparut plusieurs fois devant le Congrès, d'autant plus mal accueilli par les élus du Sud que ceux-ci voyaient les pays nouveaux leur échapper l'un après l'autre. L'Orégon venait d'être organisé comme territoire; le précédent posé par l'ordonnance de 1787 avait fait décider que l'esclavage n'y serait point permis. La Californie se peuplait de colons, dont la majorité résolut de faire une Constitution qui interdirait l'esclavage. Quant au Nouveau-Mexique, la nature du sol ne permettait pas d'y introduire la grande culture du coton. Par conséquent, à cette guerre qui avait suscité chez lui tant d'espoirs le Sud ne gagnait que l'adhésion du Texas; elle ne suffisait point à rétablir dans l'Union sa prépondérance menacée par le développement du Nord.

Cependant le grand défenseur du Sud, Calhoun, loin de se décourager, venait de trouver une théorie nouvelle, aux conséquences incalculables. Tout citoyen des États-Unis, disait-il, possède le droit d'aller s'installer où il veut, dans n'importe quelle partie du pays, en y transportant ses biens; comme les biens des planteurs comprennent leurs esclaves, le Congrès ne peut fermer aucun territoire aux colons américains venant s'y établir avec leurs nègres. Cette idée avait déjà été présentée plusieurs fois, mais c'est en 1847 que le sénateur de la Caroline du Sud en fit une doctrine précise, formulée avec la netteté qu'il savait mettre dans ses manifestes politiques. Les États cotonniers accueillirent avec joie ce nouvel argument en faveur de leurs prétentions; mais celles-ci rencontraient une résistance croissante. L'année 1849 se passa tout entière en débats violents; en décembre 1849 la Chambre, divisée en deux partis à peu près égaux, n'arriva qu'après une discussion irritante à choisir son président. On parlait couramment de rupture, de sécession, et Taylor, bien qu'il fût un planteur du Sud, ne cachait pas sa volonté de réprimer par la force toute révolte de cette région contre l'Union.

Le Sénat entreprit de prévenir des événements tragiques par la transaction qu'on appelle le compromis de 1850. La discussion qui eut lieu à ce propos est demeurée célèbre, parce qu'elle mit pour la dernière fois en présence trois illustres congressistes, Clay, Webster et Calhoun. Clay, attristé par trois échecs à la Présidence, par les attaques simultanées des abolitionnistes et des gens du Sud, s'était retiré presque complètement de la vie politique; il reparut au Sénat pour être « le grand pacificateur ». Ce vieillard de soixante-douze ans, faible et malade, remua profondément l'assemblée en décrivant les dangers du pays, la guerre civile imminente, guerre implacable qui finirait par jeter la libre Amérique dans les bras d'un César ou d'un Napoléon; il supplia les partis opposés d'accepter la branche d'olivier qu'il leur tendait. Calhoun répondit quelques jours plus tard; comme il n'avait plus la force de parler, son discours fut lu en sa présence par un de ses collègues. Aussi pessimiste que Clay, il montrait tous les liens peu à peu détendus entre le Nord et le Sud, même les liens religieux: on avait maintenant deux Églises méthodistes, deux Églises baptistes, on allait avoir deux Églises épiscopaliennes. Tout en exposant avec énergie les griefs du Sud, Calhoun répondait favorablement à l'invitation de Clay. Trois jours plus tard Webster prit la parole: ce fut le « discours du 7 mars ». Lui aussi reconnut toute la gravité du conflit et montra comment l'espoir des hommes de 1787, qui croyaient l'esclavage destiné à mourir de lui-même, avait été mis à néant par le développement prodigieux du coton. Pour le présent, il parlait un langage conciliant envers les Sudistes et acceptait une nouvelle loi sur la restitution des esclaves fugitifs. Sa conclusion développa l'idée fondamentale de sa vie politique, la nécessité de rendre à l'Union son prestige et l'amour de tous les Américains. Ce discours plein de concessions fut mieux accueilli dans les États cotonniers que dans la Nouvelle-Angleterre.

Ces mémorables débats eurent pour résultat de faire adopter, sauf des modifications de détail, les projets de Clay; le Congrès vota de juillet à septembre les lois dont l'ensemble forme le compromis de 1850. Taylor, hostile à ces transactions, venait de mourir; le Vice-Président Millard Filmore, devenu Président, prit Webster comme secrétaire d'État et sanctionna le compromis. La Californie fut admise comme État, sa Constitution interdisant l'esclavage; l'Utah et le Nouveau-Mexique furent organisés comme territoires, le silence du Congrès permettant à leurs habitants de se prononcer pour ou contre l'esclavage; dans le District fédéral on interdit la traite négrière; enfin une loi facilita pour les maîtres la restitution des esclaves évadés. Les anti-esclavagistes du Nord avaient gain de cause en Californie et dans le District de

Columbia ; les planteurs du Sud obtenaient l'appui des autorités fédérales pour mettre la main sur les fugitifs.

Cette solution étonna d'abord tout le pays, mais rencontra bientôt de nombreuses adhésions ; pendant un an le compromis devint de plus en plus populaire, malgré les efforts des partis extrêmes. On le vit à l'élection présidentielle de 1852. Les whigs, se rappelant qu'ils avaient triomphé avec le général Harrison en 1840, avec le général Taylor en 1848, préférèrent à la candidature de Webster celle du général Scott. Mais celui-ci, par ses discours pompeux, se rendit ridicule aux yeux d'un peuple ami de l'humour. D'ailleurs les whigs s'étaient divisés sur la question du compromis. Les démocrates, au contraire, étaient unanimes à en demander l'application loyale ; aussi leur candidat, Pierce, quoique peu connu et n'ayant fait aucune démarche, obtint une majorité considérable, 254 voix contre 42. Quand il entra en fonctions, les deux Chambres avaient une majorité favorable au compromis ; on put croire que le conflit sans cesse aggravé depuis 1837 allait prendre fin.

Mais il fallait beaucoup de prudence et d'habileté pour apaiser les passions, car une minorité de plus en plus nombreuse et active condamnait radicalement l'esclavage. Ce n'était pas en vain que les abolitionnistes avaient poursuivi leur croisade pendant vingt ans au milieu des railleries et des outrages ; l'état d'esprit nouveau créé par eux se faisait sentir dans toute la vie politique. Garrison avait beau fulminer contre ceux qui ramenaient une campagne d'idées aux mesquines proportions d'une lutte électorale ; qu'il s'agît de nommer un gouverneur, une législature ou un simple corps municipal, le parti anti-esclavagiste ne laissait jamais oublier son programme. Celui-ci possédait maintenant ses défenseurs au Congrès, surtout au Sénat, depuis que cette assemblée avait ouvert ses portes à Seward, Chase et Sumner.

Seward était depuis longtemps un des grands meneurs du parti whig dans le pays de New-York, dans cet État bruyant où les politiciens se disputaient sans relâche le pouvoir ; il y avait rempli avec tant de succès les fonctions de gouverneur qu'on l'appela longtemps « le gouverneur Seward ». Son opportunisme politique ne l'empêchait pas d'être un fervent adversaire de l'esclavage, comme il convenait à l'élève et à l'ami de John Quincy Adams. Pendant les débats sur le compromis, le nouveau sénateur avait osé affirmer que la loi sur les esclaves fugitifs demeurerait impuissante parce qu'elle était en conflit avec « une loi plus haute que la Constitution » ; il avait prédit l'émancipation totale des nègres, parole nouvelle dans la salle du Sénat. Seward était pourtant un modéré à côté de Chase et de Sumner, qu'on appela bientôt les « radicaux ». Chase, élu par l'Ohio, était un homme intelligent et ambitieux, qui rêva de bonne heure d'arriver à la Présidence, et qui s'imposa par ses qualités de légiste et de *debater* précis et vigoureux. Quant à Sumner, le Massachusetts crut avoir trouvé un second Webster dans ce brillant lettré, ami de tous les grands écrivains de la Nouvelle-Angleterre, apprécié de personnages notoires en Europe ; orateur élégant, un peu prétentieux, aimant les longs discours soigneusement préparés, Sumner était plein d'une pitié généreuse pour la race noire, et l'intransigeance de sa politique le rapprocha des Garrison et des Wendell Phillips.

La campagne abolitionniste se faisait non seulement par les discours, mais par d'innombrables écrits, journaux, brochures, livres, composés presque tous dans les villes lettrées de la Nouvelle-Angleterre. Cette littérature de combat produisit en 1852 son chef-d'œuvre, la *Case de l'oncle Tom*, par Mme Beecher Stowe. Le succès prodigieux de ce livre en Europe et dans les colonies européennes prépara le monde civilisé à comprendre le rôle du Nord pendant la guerre civile ; en Amérique, il gagna les femmes à la cause de l'abolition ; lu avidement par les enfants et les adolescents, il poussa la jeunesse à entrer quelques années plus tard dans le parti nouveau formé contre l'esclavage, le parti républicain.

Mais ce qui propagea dans tout le Nord un sentiment de haine véritable contre le régime servile, ce fut la loi sur les esclaves fugitifs. La loi votée sur ce sujet en 1793 chargeait les États de faire saisir par leurs fonctionnaires les nègres échappés ; longtemps elle avait été appliquée sans difficulté ; mais depuis vingt ans législatures et gouverneurs montraient de plus en plus de répugnance à exécuter ces arrestations, et cherchaient des prétextes pour s'en abstenir. Seward, par exemple, étant gouverneur de New-York, avait opposé une force d'inertie invincible à deux requêtes, l'une d'un planteur virginien, l'autre d'un Géorgien, qui réclamaient des individus réfugiés dans la grande cité. Le Massachusetts avait adopté en 1842 une « loi de liberté personnelle », qui interdisait aux fonctionnaires de l'État de seconder une personne venant réclamer un esclave, ou de faire détenir celui-ci dans une prison publique. On justifiait cette loi par un argument sérieux, les méfaits des gens de sac et de corde qui, engagés au service des planteurs, enlevaient de force des nègres libres et les emmenaient en prétendant que c'étaient des fugitifs. Ces enlèvements exaspérèrent divers États du Nord qui adoptèrent des lois de liberté personnelle semblables à celle du Massachusetts.

La nouvelle loi sur les esclaves fugitifs, promulguée par le Président en 1850, laissait de côté les gouvernements des États ; c'est aux fonctionnaires fédéraux que le propriétaire devait s'adresser désormais ; quand il y avait doute sur le cas d'un esclave fugitif, celui-ci était déféré à des commissaires spéciaux nommés par les cours fédérales de districts ; quiconque cherchait à empêcher la restitution était passible de prison et d'amende. Le maître n'avait pas à faire la preuve que l'homme réclamé par lui avait été son esclave, mais seulement à faire établir son identité ; le témoignage du nègre ne comptait pas. Cette loi d'iniquité, qui enlevait toute sécurité aux nègres libres, suscita des incidents sérieux. En février 1851 un noir saisi à Boston fut arraché aux agents par ses frères de race et envoyé au Canada ; deux mois plus tard, un autre fut livré aux hommes du Sud, ce qui provoqua des meetings d'indignation où Wendell Phillips fut secondé par des néophytes, le pédagogue Horace Mann et le ministre Parker. En Pennsylvanie deux quakers notables refusèrent d'aider un planteur, qui fut tué en voulant saisir son esclave ; dans l'État de New-York deux des principaux habitants de Syracuse dirigèrent l'émeute qui empêcha d'arrêter un mulâtre fugitif.

Néanmoins le triomphe de Pierce, qui eut beaucoup de voix dans le Nord et l'Ouest, prouva que la grande majorité acceptait le compromis tout entier. Ce Président, le plus jeune qu'on eût encore vu, était aimable et séduisant ; parmi ses amis figurait Nathaniel Hawthorne, qui avait publié une brochure pour le soutenir. Pierce fit entrer dans son cabinet Marcy, le démocrate de New-York, en même temps que Jefferson Davis, l'héritier de Calhoun. Comme il était naturel pour un gouvernement où figurait Marcy, on appliqua intégralement le système des dépouilles ; les whigs ne protestèrent pas contre des procédés qu'ils avaient employés sous Taylor. Pierce, jugeant la paix intérieure assurée, comptait illustrer sa présidence par l'annexion de Cuba. Mais tout à coup les luttes intestines reprirent une force nouvelle, grâce à la proposition présentée au Sénat par Douglas.

II

C'était un homme de l'Ouest, de modeste origine, qui avait fait son éducation lentement et seul ; une intelligence remarquable, un don peu commun de persuasion lui assurèrent un des premiers rangs au barreau de l'Illinois, puis dans les conventions du parti démocratique ; le Sénat, où les hommes de talent ne manquaient pas, le considéra bientôt comme un candidat sérieux à la présidence des États-Unis. En janvier 1854 il présenta un rapport sur le territoire de Nebraska, portion de l'ancienne Louisiane acquise en 1803 ; ce territoire, grand comme les cinq sixièmes de la France, comprenait les États actuels de Kansas, de Nebraska, de Dakota, de Montana, et quelques autres domaines. Quoiqu'il renfermât seulement quelques centaines de colons blancs, Douglas jugeait le moment venu de définir les principes qu'on y appliquerait. Ces principes, disait-il, le Congrès les a posés en 1850, quand il a autorisé l'Utah et le Nouveau-Mexique à proscrire ou accepter l'esclavage selon la volonté de leurs habitants. Le Congrès a reconnu ainsi la souveraineté du peuple ; les nouveaux territoires, quand ils deviendront des États, se donneront la Constitution votée par le peuple ; quant aux cas douteux concernant les esclaves, les tribunaux des territoires les jugeront, avec appel devant la Cour suprême des États-Unis.

Ce rapport et le bill qui l'accompagnait soulevèrent une émotion très grande, parce qu'ils supprimaient le compromis du Missouri. Ce dernier subsistait depuis 1820, si bien observé par tous qu'on avait fini par le considérer comme intangible ; personne en 1850 n'avait dit qu'il fût aboli par le nouveau compromis. Voici que Douglas, faisant disparaître la barrière de 36°30, laissait la voie ouverte à de nouveaux progrès de l'esclavage ; il ajouta bientôt à son bill un article supprimant expressément le compromis du Missouri. Pourquoi le sénateur de l'Illinois faisait-il cette proposition inattendue ? Aujourd'hui encore, les uns lui attribuent une conviction sincère, le désir de faire triompher le principe de la souveraineté des colons (de la souveraineté des *squatters*, disait-on familièrement), le souci d'affranchir la politique nationale de toutes les discussions irritantes sur les limites de l'esclavage; les autres l'accusent d'avoir cédé à des motifs purement personnels, au désir de gagner les voix des démocrates du Sud avant l'élection présidentielle de 1856. Peut-être toutes ces causes réunies ont-elles fait agir cet homme qui était un ambitieux, et aussi un patriote plein de confiance dans l'avenir de l'Amérique.

Le bill, attaqué ardemment par Sumner et Chase, très bien défendu par Douglas, passa au Sénat, puis à la Chambre, et le Président signa la « loi de Nebraska ». Le Sud, qui se méfiait de Douglas, avait d'abord montré quelque incertitude, mais bientôt, conformément à l'opinion exprimée par Jefferson Davis, il déclara la loi très bonne. Dans le Nord la colère était générale; du 30 janvier au 15 mars 1854 il se tint plus de trois cents meetings contre le bill. Une fois qu'il fut promulgué, beaucoup de modérés, qui s'étaient résignés à la loi sur les esclaves fugitifs parce qu'elle faisait partie du compromis de 1850, proclamèrent qu'ils la considéraient comme lettre morte. Dans la semaine même où le bill de Nebraska fut voté, les gens de Boston essayèrent, dans un élan de fureur, d'enlever un nègre fugitif détenu à la prison; ils échouèrent, et cet homme fut embarqué pour le Sud. Le jour de son départ, il traversa les rues de Boston au milieu d'une solide escorte de soldats fédéraux; vingt-deux compagnies de miliciens du Massachusetts faisaient la haie, contenant la foule qui criait et sifflait. Il avait fallu mobiliser une petite armée pour faire respecter la loi.

Ces événements achevèrent la désagrégation des anciens partis. Elle faisait des progrès depuis longtemps chez les whigs; la plupart de leurs chefs condamnaient l'intransigeance des abolitionnistes et voulaient conserver l'appui des whigs du Sud; mais comme leur force principale se trouvait dans le Nord, ils ne luttaient qu'avec peine contre la force grandissante des passions anti-esclavagistes. Les divisions et la décadence du parti whig avaient fait naître des groupements nouveaux qui se recrutaient parmi ses anciens adhérents. Tel fut le parti de la Terre Libre (*Free soil*), qui se constitua entre 1850 et 1854; moins radical que le parti de la Liberté, qui était abolitionniste, il tolérait l'esclavage dans les États, mais voulait l'empêcher de conquérir de nouveaux territoires. Un autre parti, au caractère bizarre, fut l'œuvre d'hommes qui craignaient de voir l'esprit américain altéré par un afflux d'immigrants pauvres et ignorants, le protestantisme noyé par le flot des paysans catholiques d'Irlande. Ces « natifs », déclarant que les Américains doivent gouverner l'Amérique, formèrent des sociétés secrètes avec des cérémonies et des serments imités du rituel maçonnique. Les initiés, quand un profane les interrogeait, répondaient : « Je ne sais rien » (*I Know nothing*), d'où le nom qui leur fut donné par dérision ; ce parti, qui s'intitulait fièrement le « parti américain », est demeuré pour l'histoire celui des Know-Nothings. Après un éclatant succès électoral dans plusieurs États, surtout à New-York et en Pennsylvanie, ce parti disparut aussi rapidement qu'il s'était formé, car il ne se prononçait pas sur l'esclavage, et c'était là-dessus que se livraient les grandes batailles. Depuis la promulgation de la loi de Nebraska, plusieurs législatures votèrent de nouvelles « lois de liberté personnelle », véritables défis aux fonctionnaires fédéraux chargés d'arrêter les esclaves fugitifs.

Le 6 juillet 1854 un grand meeting tenu à Jackson, dans le Michigan, sous un bouquet de chênes, réclama l'abolition de la loi de Nebraska, de la loi sur les esclaves fugitifs, de l'esclavage lui-même, et décida que les assistants, négligeant leurs dissidences à propos des autres questions, agiraient en commun, sous le nom de Républicains, jusqu'à la fin du conflit. Ainsi naquit en 1854, « sous les chênes », le grand parti républicain. Le Wisconsin, le Vermont suivirent l'exemple du Michigan. Le parti, qui avait désormais son nom, mit quelque temps à s'organiser, à s'étendre, à finir la destruction des vieux cadres qui retenaient encore beaucoup de ses alliés naturels. La tâche lui fut rendue facile par les événements du Kansas.

Dans le grand territoire auquel s'appliquait la loi proposée par Douglas on apercevait déjà les linéaments de deux futurs États, le Nebraska au nord, le Kansas au sud, et plus d'un partisan des anciennes transactions disait qu'on pourrait faire du premier un État libre, du second un État à esclaves. Le Kansas, qui fut le premier organisé, devint le champ clos où les deux factions intransigeantes allaient se rencontrer.

Dans l'Est on fonda la Compagnie d'aide aux émigrants, destinée à favoriser l'envoi de colons au Kansas ; puisque le principe de la souveraineté populaire avait triomphé, il s'agissait d'installer dans ce nouveau territoire une majorité de colons opposés à l'esclavage. Le parti sudiste, qui n'avait pas de colons à envoyer, recourut à d'autres procédés. L'État esclavagiste voisin du Kansas, le Missouri, fournit quelques milliers d'aventuriers qui, en 1855, lors de l'élection d'une législature par le territoire, vinrent s'installer en armes dans les districts électoraux et voter sans en avoir le droit ; ces « coquins de frontières », comme on les appelait dans le Nord, menacèrent de mort les gens qui protestaient contre une pareille illégalité. La législature ainsi élue vota une loi punissant de mort quiconque pousserait les esclaves à la révolte.

Le parti de la liberté se ressaisit sous un chef énergique et habile, Robinson, qui avait appris dans les débuts orageux de la Californie comment on organise un pays nouveau. Déclarant la législature illégalement élue, il convoqua une convention, et deux gouvernements se trouvèrent en présence. Des deux côtés on se prépara pendant l'hiver à conquérir de haute lutte la prépondérance au printemps de 1856. D'un côté on avait l'appui des Missouriens ; de l'autre on pouvait compter sur le Nord qui envoyait de l'argent, des hommes, des armes ; certains fusils réunis par une souscription que recommandait Beecher, un prédicateur connu, furent appelés des « bibles Beecher ». Des deux côtés accouraient aussi les amateurs d'aventures, suivis de vrais malfaiteurs. Près de deux cents hommes périrent pendant l'année 1856 dans les rixes de ces bandes ; partout on parla du « sanglant Kansas ».

Le gouvernement fédéral ne pouvait manquer d'intervenir. Le Président Pierce, de plus en plus dominé par les gens du Sud, avait pris parti pour la législature frauduleusement élue ; mais deux gouverneurs successivement envoyés par lui dans le Kansas virent les faits tels qu'ils étaient et se rangèrent du côté des libéraux. Mêmes dissensions dans le Congrès. La Chambre qui se réunit en décembre 1855 était tellement divisée qu'il lui fallut deux mois, chose sans exemple, pour élire son président ; un anti-esclavagiste l'emporta au cent trente-troisième tour de scrutin. Mais au Sénat Douglas fulminait contre la Compagnie d'aide aux émigrants, contre les violations de la loi sur les esclaves fugitifs, contre les procédés révolutionnaires de l'Est. Sumner lui répondit par une philippique, imitée de Démosthène, contre ceux qui avaient commis « le crime des crimes », celui d'imposer par la force à un pays neuf la honte de l'esclavage. Deux jours après un représentant sudiste vint au Sénat, surprit Sumner en train d'écrire, et le frappa sur la tête à coups de canne avec une telle violence que le sénateur du Massachusetts resta trois ans malade et ne put reparaître sur la scène politique avant la fin de 1859.

Au milieu de ces événements allait arriver l'élection présidentielle de 1856. Les républicains s'y présentèrent pour la première fois comme un parti organisé, jeune, plein d'espoir; ils avaient pour eux l'élite des ministres de ces Églises protestantes si longtemps hostiles à Garrison, et aussi l'élite des écrivains, les Emerson, les Longfellow, les Irving. Leur candidat était Frémont, vrai héros de roman qui avait fait la magnifique et dangereuse exploration des Montagnes Rocheuses et de la Californie. Mais il leur manquait l'expérience, le savoir-faire politique. Les démocrates, au contraire, au lieu de prendre comme candidat Pierce ou Douglas, cherchèrent à s'assurer quelques régions douteuses en présentant Buchanan, un Pennsylvanien très populaire dans son État. Buchanan fit une campagne habile en opposant les démocrates, parti national, répandu à travers toute l'Union, aux républicains, parti régional, préparant la rupture entre le Nord et le Sud. Son appel à tous ceux qui désiraient le maintien de l'Union lui valut l'appui déclaré de quelques-uns des anciens whigs; il fut élu par 174 voix contre 114.

Connu par une carrière honorable dans la diplomatie, Buchanan était un homme d'intelligence moyenne, de caractère faible, préoccupé surtout de l'intérêt de son parti, qui avait sa principale force dans les États à esclaves; cet homme du Nord fut le grand ami du Sud. Celui-ci remporta en même temps une éclatante victoire judiciaire à la Cour suprême. Taney, le grand juge nommé par Jackson, était en 1857 un vieillard de quatre-vingts ans, à l'esprit toujours net, démocrate militant et partisan du Sud. Il eut à juger le cas Dred Scott, la cause d'un esclave réclamant sa liberté. A ce propos la Cour suprême donna sa décision sur d'importantes questions générales : elle déclara qu'un nègre descendant d'esclaves ne peut devenir citoyen, que la phrase de la Déclaration d'indépendance à propos de l'égalité des hommes ne s'applique pas aux noirs, enfin que le compromis du Missouri, défendant à un planteur d'emmener ses esclaves où il veut, est une violation du droit de propriété. Les théories de Calhoun régnaient à la Cour suprême aussi bien qu'à la Maison Blanche.

Buchanan montra d'abord une modération habile dans le Kansas; les États du Nord, absorbés par la crise financière de 1857, négligèrent un peu ce pays où l'on ne se battait plus. Mais les esclavagistes du Kansas abusèrent de ces circonstances favorables et voulurent imposer une Constitution autorisant l'esclavage; c'était violer impudemment le principe de la souveraineté populaire, affirmé par tous ceux qui avaient suivi Douglas. Celui-ci, avec l'indignation d'un honnête homme, dénonça la fraude au Sénat, et le Congrès finit par exiger un vote du peuple du Kansas, qui rejeta la Constitution proposée par les esclavagistes. La cause de la liberté avait triomphé.

Cette même année 1858 Douglas, arrivé au terme de son mandat de sénateur, se représenta dans l'Illinois et trouva pour lui faire face un candidat républicain, Abraham Lincoln. Celui-ci ouvrit la campagne par un discours catégorique sur l'esclavage : « Une maison divisée contre elle-même ne peut pas durer, disait-il... Ou bien les adversaires de l'esclavage en arrêteront l'extension, au point que l'opinion publique le considérera comme appelé à s'éteindre ; ou bien ses partisans le développeront jusqu'à ce qu'il devienne légal dans tous les États, les vieux comme les nouveaux, le Nord comme le Sud. » Une controverse loyale s'engagea entre les deux adversaires qui s'entendirent pour convier les électeurs à sept débats contradictoires. Douglas développa sa théorie de la souveraineté des colons; Lincoln affirma que le Congrès peut et doit prohiber l'introduction de l'esclavage dans les territoires. Lincoln fut battu, mais ce grand débat fit connaître son nom pour la première fois en dehors de l'Illinois.

Le Sud, après l'arrêt sur le cas Dred Scott, croyait tous les espoirs permis. Jefferson Davis affirma au Sénat que, d'après cet arrêt, le Congrès était tenu de protéger la propriété des esclaves dans n'importe quel territoire. On discuta publiquement dans les Carolines l'opportunité du retour à la traite africaine. C'est au milieu de leur triomphe que les planteurs apprirent avec étonnement l'attentat de John Brown. Ce personnage singulier, qui aurait dû vivre au temps des Côtes de Fer, était un puritain nourri de la Bible, incapable de se plier aux nécessités de la vie pratique, violent de caractère. Dans le Kansas, comme les esclavagistes venaient de tuer cinq hommes, il avait appliqué le précepte « œil pour œil, dent pour dent », et massacré quatre individus sans être découvert. En 1859 il voulut aller dans le Sud pour appeler les noirs à la révolte ; il fanatisa sa famille et quelques amis, et surprit avec eux l'arsenal de Harper's Ferry ; après quelques heures de surprise et de désarroi, la population l'enveloppa et le fit prisonnier ; condamné à la peine capitale, il mourut courageusement. Le Nord eut beau le désavouer, cette sombre et puissante figure laissa une impression ineffaçable ; Emerson le glorifia devant les gens de Boston, pendant que Victor Hugo le comparait à George Washington.

L'attentat insensé de John Brown augmenta la colère du Sud contre les républicains ; les Sudistes faisaient aussi la guerre à Douglas, depuis qu'il désavouait leurs prétentions dans le Kansas, et Buchanan dominé par eux avait rompu avec le « renégat ». Comme les démocrates du Nord voulaient quand même imposer le choix de Douglas pour l'élection présidentielle de 1860, une scission se produisit dans le parti à la convention de Baltimore. Le parti républicain, au contraire, avait définitivement absorbé whigs, Free-soilers, Know-Nothings ; il trouvait des recrues nouvelles chez les immigrants d'Europe. La convention républicaine qui se réunit à Chicago sentait la victoire prochaine. On croyait qu'elle choisirait Seward comme candidat ; mais il avait la Pennsylvanie contre lui, et les bruyants délégués de l'Ouest manifestaient pour un des leurs, « l'honnête Abe », Abraham Lincoln. On rappela qu'il avait travaillé de ses mains, on montra des planches fendues par lui ; le fendeur de planches (*rail-splitter*) eut quelque chose de la popularité qui avait entouré l'homme de la *log-cabin* en 1840. La convention préféra Lincoln à Seward. La campagne présidentielle, menée avec talent et calme des deux côtés, sans que Lincoln s'y mêlât personnellement, lui donna la victoire. Presque tous ses électeurs étaient dans le Nord, le Centre et l'Ouest. Le Sud, qui avait voté en masse contre lui, répondit au succès du candidat républicain en faisant la Sécession.

CHAPITRE XI

LES ÉTATS-UNIS EN 1860

Les États-Unis se sont transformés entre 1840 et 1860. L'immigration a fait passer le chiffre des habitants de 17 millions à 31 millions. Les chemins de fer ont créé des courants commerciaux nouveaux. Des inventions nombreuses ont assuré le progrès matériel ; le télégraphe et la grande presse ont contribué à renouveler la vie intellectuelle.

Au milieu de ces changements une seule région demeurait immuable : c'était le Sud. Le « royaume du coton », que le voyageur Olmsted a si bien décrit entre 1850 et 1857, n'éprouvait pas le besoin d'une métamorphose. Le coton, de plus en plus demandé par le monde entier, suffisait à tous les besoins, s'échangeait contre tous les produits du Nord ou de l'Europe. Beaucoup moins éprouvé que le Nord par des crises financières comme celle de 1857, le Sud possédait une richesse permanente et gardait sa division sociale en trois classes, les nègres, les pauvres blancs et les planteurs.

Au point de vue légal, les nègres n'étaient ni tout à fait des personnes, ni tout à fait des choses. Ce n'étaient pas des personnes, puisqu'on pouvait les acheter ou les vendre comme n'importe quelle autre propriété ; ce n'étaient pas des choses, puisqu'ils entraient dans le compte de la population électorale, et que les lois interdisaient aux maîtres de les frapper à mort. Mais ces trois millions et demi d'individus ne possédaient pas les droits des êtres humains. En fait, l'existence était entièrement différente pour les noirs, selon qu'ils travaillaient dans les plantations ou dans la maison du maître. Les premiers étaient beaucoup plus malheureux. Quelques voyageurs européens, pensant à la condition lamentable des prolétaires anglais ou français vers 1850, ont dit que le sort des esclaves n'était pas plus mauvais; mais quelques exemples isolés ne suffisent point à justifier cette affirmation. Certains maîtres étaient humains, ou bien obéissaient à l'égoïsme bien entendu en traitant convenablement leurs esclaves pour obtenir d'eux un bon rendement. Le plus souvent le maître, au lieu de s'occuper lui-même de ses esclaves, les laissait à la merci de surveillants brutaux ; ceux-ci, n'ignorant pas que les patrons les estimaient d'après la quantité de coton recueillie, se montraient durs pour les travailleurs mis sous leurs ordres. On usait continuellement du fouet; un planteur philanthrope qui voulut y renoncer constata que ses esclaves ne travaillaient plus. Mal vêtus, nourris uniquement de farine de maïs, faisant régulièrement des journées de douze à quinze heures, les nègres des plantations paraissaient devenus de véritables brutes.

Les nègres des maisons, vivant près des maîtres, surveillés directement par eux, avaient beaucoup moins à souffrir. Dans les grandes maisons beaucoup devenaient des domestiques bien stylés, peu chargés de travail; quelques-uns servaient de secrétaires et d'intendants. Les négresses qui nourrissaient les enfants blancs leur témoignaient souvent un attachement passionné, récompensé par la reconnaissance de ces enfants devenus grands. Ce qui gâtait la condition de ces esclaves privilégiés, c'est qu'ils n'étaient jamais sûrs du lendemain ; un caprice les faisait envoyer aux plantations, la mort d'un maître les livrait à des héritiers qui les expédiaient à la salle de vente. La vie de famille leur était refusée, puisque le mariage des esclaves n'avait aucune valeur légale; les enfants suivaient la condition de leur mère. Des maîtres généreux, comme il y en avait beaucoup dans le Sud, laissaient l'homme et la femme demeurer ensemble, avec leurs enfants ; mais d'un jour à l'autre on pouvait les leur prendre. L'auteur de la *Case de l'oncle Tom* n'a pas inventé les scènes de vente aux enchères, où la mère était achetée par l'un et l'enfant par l'autre. D'ailleurs les femmes étaient livrées à tous les caprices de leurs propriétaires ; ainsi naissaient quantité de métis, esclaves ou affranchis selon la volonté de leurs pères, mais toujours inférieurs aux blancs.

Les pauvres blancs ou petits blancs, ne possédant pas d'esclaves, devaient gagner leur vie par le travail. Mais celui-ci rencontrait la redoutable concurrence du travail servile. Un planteur aimait mieux avoir affaire à des esclaves qu'à des salariés libres qui pouvaient discuter avec lui ; les pauvres blancs se rejetaient sur les petits métiers inférieurs ou sur les places de surveillants dans les plantations. Cette classe misérable et ignorante se considérait néanmoins comme une classe supérieure ; méprisant le travail de la terre, fière de sa peau blanche, elle regardait de haut non seulement les noirs, mais les mulâtres, les quarterons, tous ceux qui avaient la tare du sang africain. Son horreur était grande pour ces gens du Nord qui osaient parler de l'égalité des races ; contre eux elle était prête à suivre aveuglément les planteurs.

Ceux-ci, d'après le recensement de 1850, étaient 347.000 ; avec leurs familles, cela représente 2 millions de personnes sur les 6.125.000 blancs qui habitaient le Sud ; et parmi ces planteurs, 8.000 à peine possédaient plus de cinquante esclaves et formaient l'oligarchie qui gouvernait le royaume du coton. Elle avait tout le charme des vieilles aristocraties. Nulle part aux États-Unis on ne pouvait trouver une société plus élégante, plus accueillante pour les étrangers de distinction. Ces hommes riches, qui laissaient le soin de gérer leur fortune à des esclaves sûrs, pouvaient se consacrer à la vie mondaine ou à la politique, ou passer quelque temps à l'armée, car plusieurs entraient à l'école militaire de West-Point et servaient comme officiers jusqu'à ce qu'ils fussent fatigués de cette existence monotone. Ils aimaient vivre dans les villes élégantes et joyeuses du Sud, comme Charleston ou la Nouvelle-Orléans ; mais toujours ils revenaient à l'imposante demeure où la maîtresse de maison savait si bien organiser la vie de château.

Cette société brillante avait les défauts des oligarchies. Ces hommes élevés au milieu d'esclaves dociles devenaient exigeants, arrogants envers leurs égaux, toujours prêts à recourir au duel. Les jeunes négresses leur semblaient créées pour leur plaisir : « je suis l'esclave en chef d'un harem », disait tristement une femme de planteur. Quand une prodigalité folle ou une catastrophe imprévue ruinait leur fortune, ces gentlemen habitués à l'oisiveté ne savaient pas refaire leur situation par le travail. Des goûts intellectuels peu développés empêchaient l'aristocratie sudiste de participer au mouvement littéraire du Nord, d'égaler ces « Yankees » dédaignés par elle.

Les États frontières, dont la Virginie est le type, élevaient des esclaves pour les États cotonniers. Les négresses y étaient considérées uniquement comme des femelles destinées à la reproduction ; on donnait à leurs enfants une certaine éducation professionnelle pour augmenter la valeur de cette marchandise. On y surveillait de très près les esclaves qui, plus voisins des États libres que dans l'extrême Sud, avaient plus de chances de réussir une évasion. Les fugitifs savaient que, la frontière une fois traversée, ils trouveraient des maisons de refuge, avec un certain nombre de relais où ils seraient cachés et nourris jusqu'à ce qu'on les fît parvenir au pays de la liberté, au Canada. C'est cette organisation anti-esclavagiste qu'on appelait couramment le « chemin de fer souterrain » (*underground railway*). Les États frontières n'étaient pas dominés, comme les autres, par un sentiment unanime en faveur de l'esclavage ; ils renfermaient beaucoup de blancs, qui exploitaient leurs petites propriétés, et qui reniaient toute solidarité avec les planteurs. Ceux-ci formaient d'ailleurs une aristocratie plus intelligente, plus travailleuse que celle de la Géorgie ou de l'Alabama. Il suffit de rappeler que l'État natal de Washington, de Jefferson et de Madison fut également celui qui donna au Sud pendant la guerre civile ses trois grands généraux, Lee, Johnston et Stonewall Jackson.

Grand était le contraste entre le Sud et le Nord. Au lieu d'une occupation unique, celui-ci pratiquait toutes les formes de l'activité agricole, industrielle ou commerciale. Malgré une agriculture encore prospère, c'était l'industrie qui dominait, favorisée par les découvertes remarquables d'une pléiade d'inventeurs ; pour en citer quelques exemples seulement, c'est entre 1840 et 1850 que Hoe inventa la presse à imprimer, Howe la machine à coudre, Goodyear le procédé pour durcir le caoutchouc. Les chemins de fer avaient définitivement gain de cause devant le public depuis l'inauguration de la ligne d'Albany à Boston (1841) ; on les multiplia fiévreusement dans les vingt années qui suivirent, pas assez vite au gré d'une population active et pressée. Le Congrès facilita les communications depuis 1845 en abaissant notablement les tarifs postaux ; il venait aussi, deux ans auparavant, de voter un crédit à Morse, l'inventeur qui, après avoir voulu être peintre comme Fulton, réussit enfin à réaliser pratiquement la télégraphie.

La vie urbaine gagnait sans cesse dans le Nord, et, parmi les cités, New-York tenait définitivement le premier rang. Cette influence lui vint en partie de ses journaux. Chaque État vers 1830 possédait plusieurs journaux, souvent très importants, mais dont l'action ne dépassait guère ses limites ; New-York sut créer des journaux lus dans tout le pays, grâce à l'invention de la presse à bon marché. En face des feuilles à douze sous (6 pence) apparut le *Sun*, journal à un penny (deux sous), qui commença en 1833, devançant de peu l'entreprise d'Émile de Girardin en France ; mais il ne contenait que des nouvelles locales et des annonces. Le Girardin de l'Amérique fut un Écossais immigré, Gordon Bennett. Journaliste à New-York, longtemps inféodé au parti de Jackson, puis abandonné par lui, ce personnage entreprenant voulut créer une feuille affranchie des partis politiques, une feuille qui saurait amuser les lecteurs par son esprit et les intéresser par l'abondance de ses nouvelles. Fondé en 1835 à un penny, le *New-York Herald* prospéra vite, parce que des crieurs le vendaient au numéro, et surtout parce qu'il publiait des renseignements sur les affaires de banque et de bourse, les discours *in extenso* des hommes politiques notoires, les comptes rendus détaillés des procès sensationnels. Un bureau de correspondance établi en Europe fit parvenir de longues lettres de l'Ancien Monde, et le *Herald* prit l'habitude d'envoyer ses bateaux en pleine mer à la rencontre des paquebots européens, pour avoir la primeur des nouvelles qu'ils apportaient. En tête de chaque numéro, Gordon Bennet plaçait un « editorial » clair et vivant, où il donnait son avis sur les questions du jour. Le *Herald* scandalisa les clergymen ; bientôt ils furent contents de le voir publier le compte rendu des réunions tenues par les sociétés religieuses. L'heureux journal eut des imitateurs dans toutes les grandes villes.

A côté du journalisme de nouvelles, le journalisme d'idées eut aussi à New-York son plus grand représentant. Greeley, le rédacteur de la *Tribune*, acquit une influence considérable entre 1850 et 1860 par son intelligence et la vigueur de sa discussion ; n'hésitant pas à changer d'idées quand les circonstances l'imposaient, il devint le partisan des abolitionnistes après les avoir combattus, et contribua beaucoup à fonder la popularité du parti républicain. Ce parti avait un autre défenseur très influent, le journaliste d'Albany, Thurlow Weed, inspiré par Seward, mais assez indépendant pour qu'on se demandât souvent lequel des deux menait l'autre.

Capitale du journalisme, New-York avait cédé le premier rang à Boston comme capitale de la littérature. Les années de 1840 à 1860 virent ce qu'on nomme « la renaissance de la Nouvelle-Angleterre ». Emerson, triomphant de l'indifférence qui avait accueilli ses débuts, devenait l'éducateur de l'Amérique et lui enseignait une morale où s'accordent l'exaltation de la personne humaine et le dévouement de l'individu à la société. Des historiens comme Parkman, Prescott et Motley, des romanciers comme Mme Beecher Stowe et Hawthorne, des poètes comme Longfellow et Whittier trouvaient dans l'Athènes américaine un public de connaisseurs et de lettrés. Ce public faisait des recrues dans tous les États, grâce à des recueils comme la *North American Review* et plus tard l'*Atlantic Monthly*, qui publiaient les brillants essais d'un Oliver Wendell Holmes et d'un Lowell. Tous ces écrivains, sauf Hawthorne, adhérèrent au parti républicain et donnèrent une forme pratique à leur idéalisme en s'associant à la guerre contre l'esclavage.

La vie économique était si intense dans tout le Nord que les années de prospérité amenaient toujours une floraison excessive d'entreprises nouvelles, et bientôt une débâcle. C'est ainsi que se produisit la crise de 1857, qui obligea des centaines de banques à suspendre leurs paiements et qui fit un instant oublier le débat sur l'esclavage; moins grave que celle de 1837, elle fut liquidée au bout de deux ans, et la construction des chemins de fer ne resta pas longtemps paralysée. Ces chemins de fer permettaient enfin d'aller commodément de Boston et de New-York à Saint-Paul ou à Saint-Louis sans passer par le Mississipi. L'union se fit ainsi entre le Nord et l'Ouest, et ce rapprochement devait se manifester dans la guerre soutenue par les deux régions contre le Sud.

L'Ouest avait définitivement passé aux mains des blancs. Les Indiens, refoulés au delà du Mississipi depuis le grand exode de 1838, avaient été rejoints par le flot européen dans le Far-West, où ils occupaient de vastes îlots réservés à leurs chasses au milieu des terres cultivées par les nouveaux venus. Cette race qui, après avoir eu son romancier dans Cooper, trouva son poète dans Longfellow et son historien dans Parkman, était noyée par l'inondation des immigrants. Le bateau à vapeur transatlantique, essayé dès 1819, donnait des résultats pratiques et réguliers depuis la fondation de la compagnie formée par Cunard en 1840. Désormais d'innombrables prolétaires purent quitter les pays européens, pays de bas salaires et de tyrannie patronale, pour chercher refuge dans le Nouveau-Monde. Beaucoup d'Américains s'inquiétèrent bientôt, affirmant que la Grande-Bretagne cherchait ainsi un remède au paupérisme, que les paroisses anglaises payaient le voyage à des va-nu-pieds pour diminuer les charges que leur imposait la taxe des pauvres. Ces plaintes n'empêchèrent pas le mouvement de continuer, irrésistible, et de prendre depuis 1847 une extension formidable. Comme la maladie des pommes de terre venait de causer la grande famine irlandaise, le gouvernement anglais aida, encouragea cette émigration qui a créé une nouvelle Irlande en Amérique. Puis 1848, l'année révolutionnaire, fut terminée par la grande réaction qui pourchassa les libéraux et les démocrates à travers toute l'Europe centrale ; beaucoup de ceux qui le pouvaient, des Allemands surtout, s'enfuirent vers le pays de la liberté.

A part les Irlandais, qui se fixaient de préférence dans les grandes villes de l'Est, les nouveaux venus allèrent dans ces pays neufs de l'Ouest où il y avait de la place pour tout le monde. La plupart étaient des ouvriers non qualifiés, des manœuvres, qui firent les chemins de fer dont les États-Unis avaient le plus pressant besoin. D'autres s'établirent comme fermiers, bientôt comme propriétaires, dans les riches terres qui donnaient au cultivateur sérieux de magnifiques moissons. Les plus intelligents parmi ces démocrates qui avaient fui les cachots de la Prusse ou de l'Autriche n'eurent besoin que d'apprendre l'anglais pour se trouver aptes à jouer un rôle politique. Nous avons les intéressants Mémoires d'un des plus remarquables, Carl Schurz, un libéral des bords du Rhin qui devint un des hommes marquants du parti républicain. Les immigrants peuplèrent ces États de la région des prairies, l'Illinois, l'Indiana, le Wisconsin, l'Iowa, dont l'importance croissante fut révélée par la carrière de Douglas et l'élection de Lincoln. Ces Européens qui n'étaient pas habitués à l'esclavage, ces libéraux qui s'inspiraient des principes de 1789, ces ouvriers qui redoutaient la concurrence des noirs non salariés, se rallièrent tous au parti républicain. Indifférents d'ailleurs au patriotisme local qui attachait un vieil Américain au Massachusetts ou à la Caroline du Sud, c'est l'Union qu'ils aimaient, c'est le gouvernement fédéral qu'ils considéraient comme leur protecteur. Ayant vite surmonté le mouvement hostile provoqué par les Know-Nothings, ils suivirent tous le parti de l'Union pendant la guerre civile.

L'Ouest absorbait maintenant le Kansas et le Nebraska, et la « frontier » atteignait le bord du grand désert américain. Au delà de ce désert, la civilisation reparaissait ; une nouvelle nation de race blanche avait commencé à s'organiser sur les rivages du Pacifique. Au 1er janvier 1848 l'Orégon cédé par la Grande-Bretagne, la Californie enlevée au Mexique n'avaient presque pas d'habitants ; mais ce fut quelques jours plus tard qu'un ouvrier rapporta au petit village de San-Francisco un caillou brun qui fut reconnu pour être de l'or. La population de ce village émigra tout entière vers l'endroit où s'était faite la découverte ; la nouvelle se répandit peu à peu, surtout quand le gouverneur fédéral eut envoyé à Washington un officier portant une petite caisse remplie de pépites d'or ; elles furent exposées dans une vitrine au ministère de la guerre. Alors commença, pendant l'hiver 1848-1849, la grande migration par voie de mer : on fit le tour par le cap Horn, on passa par l'isthme de Panama, par le Nicaragua, par le Mexique, par tous les chemins qui menaient au Grand Océan. Puis, au printemps suivant, ce fut la migration par terre : des caravanes partirent de l'Etat du Missouri, avec de grands chariots percés de meurtrières d'où l'on pouvait tirer sur les Indiens, avec des provisions pour six mois ; la soif, la fatigue, le froid décimèrent ces convois, mais les survivants arrivèrent. Dès qu'un vaisseau touchait à la côte californienne, l'équipage entier désertait pour aller aux mines. Dans l'Est, beaucoup de gens protestaient contre cette folie de l'or, puis finissaient par y succomber et partaient à leur tour.

Parmi les aventuriers accourus de tous les pays se trouvaient beaucoup de malfaiteurs, surtout de voleurs ; mais il y avait aussi quantité d'honnêtes gens résolus à faire respecter la discipline sociale au moyen d'une justice expéditive. San-Francisco reçut bientôt une nouvelle couche d'immigrants, positifs et réfléchis, qui, au lieu d'aller aux mines, ouvrirent des magasins, des hôtels, et s'enrichirent à coup sûr en vendant leurs marchandises aux chercheurs d'or. Ces hommes d'ordre voulurent bientôt, en bons Américains, se donner une Constitution. Ils y réussirent, et cette loi, votée en 1850 lors du grand compromis, fit de la Californie un État plein d'ardeur et de vie.

Les déserts qui séparaient la Californie du Mississipi s'étaient également ouverts à la colonisation, grâce à la secte des Mormons. C'est un des exemples les plus remarquables de ces groupements religieux qui se sont formés si souvent en Amérique à la voix d'un messie ou d'un voyant. Joseph Smith annonça vers 1820, dans l'Est, qu'il avait reçu par une révélation d'en haut une nouvelle Bible. Il forma une secte peu nombreuse qui, en butte à l'hostilité de ses voisins, quitta l'Est pour les bords du grand fleuve, puis, après une nouvelle expulsion, pour l'Illinois. Ce pays qui avait besoin d'hommes reçut bien les Mormons ; ils s'y installèrent au nombre d'environ 18 000 vers 1844, et firent de Nauvoo la ville la plus peuplée de la région. Mais la doctrine nouvelle de Smith en faveur de la polygamie souleva une émeute où le prophète fut assassiné. Son disciple et successeur, Brigham Young, organisa bientôt un nouvel exode et fixa les Mormons en 1846 dans l'Utah, sur les bords du Grand Lac Salé. Ils croyaient pouvoir y vivre indépendants et isolés ; mais deux ans plus tard le flot de l'immigration les avait rejoints, et le compromis de 1850 organisa le territoire de l'Utah où la secte resta, pour peu de temps encore, maîtresse chez elle.

Dans ces masses d'immigrants laborieux, incultes, absorbés par la lutte pour la vie, c'était la religion surtout qui maintenait un certain idéal. Tandis que les brillants écrivains de la Nouvelle-Angleterre allaient au déisme ou à la libre pensée, la plupart des Américains, anciens ou nouveaux, avaient en commun la croyance en Jésus-Christ et l'amour de la Bible. Ces sentiments, qui sommeillaient au milieu des préoccupations quotidiennes, se réveillaient quelquefois avec force aux jours de détresse. En 1858 les ruines causées par la crise financière de l'année précédente causèrent l'élan de repentir qui engendra un « réveil » mémorable. Le respect du dimanche, sans être aussi rigoureux que dans la Grande-Bretagne, demeurait général.

L'idéalisme social se manifesta par diverses réformes pratiques, surtout la réforme pénitentiaire et l'abolition de la contrainte par corps, qui triomphèrent successivement dans les divers États. On s'intéressait aussi aux théories venues de l'Ancien Monde, par exemple au système de Fourier popularisé par son élève américain Brisbane. On a compté environ deux cents colonies sociales, plus ou moins imitées du phalanstère, qui se formèrent entre 1830 et 1850 ; aucune d'elles ne dura longtemps. Une seule est demeurée célèbre, celle de Brook Farm, parce que le groupe lettré des Transcendantalistes vint y demeurer jusqu'en 1847, et parce que Nathaniel Hawthorne a décrit cette curieuse tentative. Le phalanstère essayé au Texas par Considérant échoua beaucoup plus vite. Cabet, l'auteur communiste du *Voyage en Icarie*, trouva aussi des adeptes, mais la colonie d'Icariens qui remplaça les Mormons à Nauvoo ne devait pas avoir une existence prospère[1].

Les États-Unis, fiers de leurs progrès et de leur liberté, méprisaient l'Europe livrée depuis 1848 au despotisme et à la réaction. Ils le lui faisaient sentir volontiers. Le public américain lut avec plaisir la lettre où Webster, alors secrétaire d'État, traitait de haut le consul d'Autriche ; il acclama Kossuth, le grand proscrit hongrois, mais sans vouloir lui fournir les ressources nécessaires pour une nouvelle révolution. A l'égard des Anglais la vieille haine ranimée par la guerre de 1812 avait beaucoup diminué ; l'anglophobie des immigrants irlandais n'influait pas sur le gros des Américains. D'ailleurs les voyageurs anglais se montraient plus justes et plus bienveillants que leurs devanciers ; à part Dickens, qui fit encore en 1842 une satire amère des « cousins » d'Amérique, les écrivains venus dans le Nouveau Monde en rapportèrent des descriptions plutôt favorables. Les grands écrivains de la Nouvelle-Angleterre contribuaient beaucoup au rapprochement des deux nations.

Les autres pays européens étaient bien moins connus. L'influence française, diminuée depuis les incidents de 1798, très affaiblie depuis la fin de la présidence de Jefferson, avait complètement disparu. Les voyageurs français en général portèrent des jugements beaucoup plus favorables que les Anglais. Tocqueville, après son voyage de 1831, avait écrit l'ouvrage si profond, si perspicace, demeuré populaire aux États-Unis comme une des plus belles apologies qui aient jamais été faites de la démocratie américaine. Après lui Michel Chevalier, Jean-Jacques Ampère visitèrent avec intérêt ce pays nouveau[2]. Mais les

1. V. Prudhommeaux, *Histoire de la communauté icarienne*, 1906.

2. V. Michel Chevalier, *Lettres sur l'Amérique du Nord*, 1836 ; Ampère, *Promenades en Amérique*, 1855.

Français ne venaient presque pas en Amérique ; les rapports commerciaux et politiques étaient très peu développés. Si la vieille Allemagne romantique charmait Longfellow, les fugitifs immigrés parlaient avec horreur du despotisme oppressif des princes allemands depuis 1850. Quant à l'Espagne, elle séduisait beaucoup les grands écrivains de Boston ; mais les politiques voyaient en elle un pays anarchique et ruiné qui, après avoir perdu la Floride et le Texas, devait abandonner Cuba. Des flibustiers allèrent plus d'une fois secourir les Cubains révoltés ; un ministre américain à Madrid, le violent Soulé, fit son possible pour allumer une guerre. Mais le gouvernement de Washington, malgré son désir d'acheter Cuba, sut maintenir la paix.

L'Amérique latine inspirait aux États-Unis une sympathie dédaigneuse ; ils tenaient à éloigner d'elle toute agression européenne, mais à rester en dehors de ses innombrables révolutions. Le plus important de ses domaines à leurs yeux était l'isthme dont l'étroitesse invitait les hommes à ouvrir un canal entre les deux Océans. Sous Monroe déjà les représentants de l'Amérique centrale avaient invité officiellement la grande république à faire cette voie navigable. En 1847 une querelle de la Grande-Bretagne avec le Nicaragua fit craindre une occupation anglaise, et le gouvernement de Washington obtint en 1850 le traité Clayton-Bulwer, par lequel les deux pays s'engageaient à ne pas annexer de territoires dans les isthmes et promettaient que le canal serait ouvert à toutes les nations. Mais ce canal, personne n'essaya sérieusement de l'entreprendre.

Les rapports avec l'Extrême-Orient commençaient à peine. Cependant l'acquisition de l'Orégon et de la Californie devait éveiller l'intérêt des Américains pour le commerce du Pacifique. La guerre de l'opium avait ouvert les ports chinois à l'Angleterre, puis à tous les autres peuples. Quelques années plus tard, en 1853, ce fut une petite escadre américaine qui obligea le Japon à sortir à son tour de son isolement, à laisser ouverts trois de ses ports. Des ouvriers chinois commençaient à débarquer en Californie, bien accueillis à cette époque où l'on avait tant besoin de main-d'œuvre. Mais la nation américaine, séparée de la Californie par d'immenses espaces que le chemin de fer ne traversait pas encore, s'occupait très peu de l'Asie. Elle regardait plutôt l'Europe, et c'était pour considérer avec pitié ce continent chaque jour déserté par tant de milliers d'émigrants, pour le comparer avec l'heureuse Amérique, affranchie du militarisme, pour trouver de nouveaux motifs à l'admiration sans bornes que tout bon citoyen accordait à son peuple, à ses institutions et à sa manière de vivre. La guerre civile vint mettre ces sentiments à une rude épreuve.

CHAPITRE XIII

LINCOLN ET LA GUERRE CIVILE

I

Né dans le Kentucky en 1809, Lincoln était fils d'un pauvre blanc et de la fille naturelle d'un planteur. Son père émigra vers l'Ouest et mourut bientôt, laissant les siens dans la misère. L'enfant reçut l'éducation rude et active des fils de colons et travailla longtemps de ses mains ; un rudiment d'instruction primaire, développé ensuite par ses propres efforts, lui permit enfin de devenir avocat. Il n'acquit jamais le goût des livres ; ses trois ouvrages favoris, qui lui suffisaient ordinairement, furent la Bible, le théâtre de Shakespeare et la géométrie d'Euclide, car il avait la passion des mathématiques. Le nouvel avocat de l'Illinois se fit une clientèle convenable, mais sans jamais travailler assez pour devenir un des maîtres du barreau. Il aimait flâner, se mêler à la vie des petites gens ; il séjournait longtemps au cabaret, non pour boire (il n'usait ni d'alcool ni de tabac), mais pour écouter des histoires et en conter à son tour. Le goût des bons mots lui fit apprécier beaucoup les humoristes contemporains, surtout Artemus Ward ; pendant sa présidence, il commença un jour une séance très importante en lisant à son cabinet un conte drôlatique de cet écrivain. Détaché des idées religieuses pendant sa jeunesse, Lincoln revint plus tard à la Bible, et ses proclamations sont d'un chrétien ; mais il demeurait éloigné de toute bigoterie puritaine, et les clergymen qui vinrent un jour admonester le Président furent effarés de l'entendre dire que, si Dieu voulait lui faire connaître sa volonté, il s'adresserait probablement à lui sans recourir à des intermédiaires. Cet humoriste éprouvait d'ailleurs des accès de mélancolie profonde et prolongée.

Son ambition politique très grande n'était pas servie par de remarquables dons oratoires. Quand on voyait paraître sur une estrade de meeting ce personnage long, dégingandé, aux gestes gauches, habillé à la mode de Springfield, on était un peu surpris, et son accent de terroir n'améliorait pas la première impression ; mais les auditeurs attentifs remarquaient la netteté de l'exposé, la rigueur du raisonnement, tempérée par la finesse de l'homme qui a beaucoup pratiqué les gens du peuple. Ses messages présidentiels, ainsi que les discours préparés à loisir, ont souvent une noblesse d'accent où l'on reconnaît le lecteur fidèle de la Bible et de Shakespeare. Ses débuts à la législature, puis au Congrès de 1846, n'avaient guère laissé de souvenirs ; mais les gens de l'Illinois estimèrent et aimèrent « l'honnête Abe », longtemps avant que la discussion de 1858 avec Douglas le fit connaître dans les autres États. Ce débat, quand nous le relisons aujourd'hui, nous permet d'admirer la supériorité de Lincoln sur les politiciens de son temps ; il va au fond des choses et supprime toute équivoque : « la grande différence entre nous, dit-il, c'est que M. Douglas ne pense pas que l'esclavage soit mauvais, et nous le pensons ». Mais ce langage ne plaisait pas encore aux foules ; en somme, l'élu de 1860 était un nouveau venu dans le monde politique de l'Est, et beaucoup se demandaient avec anxiété s'il serait capable de faire face aux graves événements qui se préparaient.

On venait d'apprendre, en effet, les décisions de la Caroline du Sud. La législature de cet État, dès qu'elle est sûre que Lincoln a la majorité, ordonne, par un vote unanime, d'élire une convention ; à Charleston, planteurs et pauvres blancs se promettent un appui réciproque ; on plante des arbres de la liberté en chantant la *Marseillaise* ; on pavoise les maisons avec le drapeau nouveau, qui porte une seule étoile. La convention, dès qu'elle est réunie, vote à l'unanimité l'ordonnance de sécession ; on la lit devant une foule considérable et enthousiaste ; le canon retentit, les cloches sonnent. Puis dans la plus grande salle de la ville, après que tous les membres de l'assemblée ont apposé leur signature sur l'ordonnance, le président se lève et dit : « Je proclame l'État de Caroline du Sud une république indépendante. »

Et les acclamations de se prolonger tant que les assistants ont la force de crier. Cela se passait le 20 décembre.

Sur l'invitation de la Caroline du Sud, la Géorgie, le plus peuplé des États du Sud, puis l'Alabama, le Mississipi, la Floride, la Louisiane suivirent son exemple; bientôt le Texas fit de même, après avoir chassé un gouverneur opposé à la sécession. Le 4 février les délégués des sept États, réunis à Montgomery (Alabama), commencèrent l'œuvre constitutionnelle, qui fut achevée en huit jours. Les « États confédérés de l'Amérique du Nord » se donnèrent une Constitution imitée de celle des États-Unis, avec certains changements : le pouvoir législatif du Congrès fut réduit au profit des législatures ; le pouvoir exécutif du Président, élu pour sept ans et non rééligible, fut augmenté. La Confédération se trouvait constituée vis-à-vis de l'Union.

La convention de la Caroline du Sud avait délégué à Washington trois commissaires chargés de se faire mettre en possession des forts, des phares, de tous les établissements fédéraux situés dans les limites de l'État; ils devaient promettre le remboursement des sommes dues à l'Union. Ces décisions étaient prises paisiblement par des hommes persuadés que le droit de sécession leur appartenait. Washington ayant refusé une entente, les gouverneurs des États séparés envoyèrent des miliciens recevoir la capitulation des petits détachements qui occupaient les forts fédéraux ; il n'y eut aucune effusion de sang. Les confédérés eurent bientôt la joie de voir venir à eux, non seulement la Caroline du Nord, mais trois États frontières, l'Arkansas, le Tennessee et la Virginie. L'adhésion de cette dernière était la plus importante; elle hésita quelque temps, puis se décida, et la capitale de la Confédération fut transférée de Montgomery à Richmond. La Confédération comprit donc onze États.

Pendant que le Sud agissait ainsi avec décision, à Washington il n'y avait qu'hésitation et timidité. Le président Buchanan, complètement désemparé, nia le droit de sécession dans son message de décembre, mais ajouta que le gouvernement fédéral ne possédait aucun pouvoir de coercition contre un État. Il voyait son cabinet divisé ; on découvrit bientôt que le secrétaire de la guerre travaillait pour le Sud. Buchanan finit par choisir d'autres ministres plus sûrs, mais ne voulut pas assumer des responsabilités sérieuses pendant les derniers jours de sa présidence. Au Congrès on essaya divers compromis sans aboutir; le 21 janvier 1861 les sénateurs du Sud avaient pris congé de leurs collègues, et Jefferson Davis avait dit adieu en leur nom à l'assemblée très émue. Dans le Nord et l'Ouest beaucoup de gens voulaient croire encore que la sécession n'était qu'un bluff organisé par le Sud pour faire payer cher son retour; d'autres, comme Greeley, demandaient qu'on acceptât la séparation sans guerre. La grande masse, hésitante et anxieuse, attendait avec impatience l'inauguration de Lincoln.

Celui-ci, partant de Springfield, se rendit lentement à Washington, avec de nombreux arrêts en chemin pour répondre aux foules qui l'attendaient; la vulgarité de son allure et de son langage fit mauvaise impression. Par contre on lut bientôt avec plaisir son discours du 4 mars, au moment de l'entrée en charge. Il déclara l'Union perpétuelle, toutes les ordonnances de sécession nulles, et affirma sa volonté de faire exécuter les lois dans tous les États. Mais, dans un appel émouvant au patriotisme du Sud, il promit que l'initiative des hostilités ne viendrait pas de lui : « C'est en vos mains, mes compatriotes mécontents, et non dans les miennes, que se trouve le grave problème de la guerre civile. Vous n'aurez pas de lutte, à moins d'être vous-mêmes les agresseurs. »

Lincoln fit entrer dans son cabinet les deux hommes les plus notables du parti républicain, Seward et Chase; celui-ci était le chef des radicaux, résolus à mener jusqu'au bout la lutte contre l'esclavage; Seward était le chef des conservateurs, plus enclins aux transactions. Le Président sut conserver ensemble pendant longtemps ces deux hommes qui ne s'aimaient pas, mais qui rendirent de grands services, Chase comme secrétaire de la trésorerie, Seward comme secrétaire d'État. On croyait généralement que Seward mènerait Lincoln; peut-être le croyait-il lui-même, témoin sa proposition de prévenir la guerre civile en réunissant le Nord et le Sud pour une grande guerre nationale contre les puissances européennes qui menaçaient à ce moment le Mexique. Lincoln souffla sur ces chimères et prouva qu'il voulait et pouvait diriger la politique du gouvernement.

Le Sud choisit comme président Jefferson Davis, ancien élève de l'école militaire de West-Point, officier remarqué pendant la guerre du Mexique. Davis avait dirigé ensuite sa plantation, en compagnie d'une femme intelligente et dévouée qui nous a laissé de remarquables

Mémoires. Considéré depuis longtemps par le Sud comme le successeur de Calhoun, Davis fut un vrai président de combat, d'une indomptable énergie, mais dépourvu du tact et du bon sens que Lincoln joignait à une opiniâtreté non moins grande. Le vice-président fut Stephens, le leader de la Géorgie, personnage intelligent et modéré, dont l'humeur pacifique et les vues pessimistes s'accordaient mal avec la fougue et la confiance du président. Parmi les ministres le plus remarquable fut Toombs, l'autre chef politique de la Géorgie.

Lincoln avait annoncé aux Sudistes qu'il ne les attaquerait pas, mais qu'il maintiendrait l'Union; leur réponse fut la canonnade du fort Sumter. Placé à l'entrée de la baie de Charleston, ce fort était sous le commandement du major Anderson, sympathique au Sud, mais fidèle à son devoir de soldat. Il gardait cette position depuis près de quatre mois, sans que le gouvernement fédéral parvînt à le ravitailler: au lieu de le prendre par la famine, les chefs militaires lui envoyèrent tout à coup un ultimatum et, le 12 avril, ouvrirent le feu sur le fort qui riposta; le lendemain, comme il était à moitié incendié, Anderson capitula. Il n'y avait pas eu un seul homme tué; mais cette canonnade fut pour les gens du Nord en 1861 ce que la bataille de Lexington avait été pour les Américains de 1775; elle fit cesser les hésitations, les divisions, les essais de compromis. Républicains et « démocrates de guerre » s'unirent dans des comités mixtes où ils prenaient le même titre, « hommes de l'Union » (*Union men*). Douglas consacra les derniers jours de sa vie à prêcher devant les démocrates l'attachement à l'Union.

Onze États formaient la Confédération, vingt-trois restaient dans l'Union; ceux-ci comptaient 22 millions d'habitants, ceux-là 9, dont 3 millions et demi d'esclaves. D'autres différences encore augmentaient la disproportion des forces: le Nord, possédant seul une marine, pouvait bloquer les côtes du Sud; enfin le Nord était industriel, agriculteur et commerçant, tandis que le Sud n'avait qu'une occupation, la culture, qu'une richesse, le coton. Mais le Nord fut très lent à comprendre la gravité de la guerre, à mettre en valeur toutes ses ressources. Le Sud, au contraire, mobilisa immédiatement ses troupes, institua dès 1862 le service obligatoire; les pauvres blancs, accoutumés à une vie plus rude que des ouvriers du Nord, formèrent plus tôt des soldats aguerris ; les planteurs, habitués au cheval et aux sports, fournirent des cadres excellents. Comme le blocus demeura longtemps fictif, le Sud put tirer de l'étranger, en échange de son coton, les produits qui lui manquaient ; ces envois du dehors et le matériel saisi dans les forts et les arsenaux fédéraux lui laissèrent le temps de créer des usines de guerre. Enfin certains États du Nord étaient divisés : le Maryland avait des sympathies sudistes, et les premières troupes qui traversèrent Baltimore pour aller défendre Washington, attaquées par la populace, durent faire usage de leurs armes ; dans le Missouri, dans le Kentucky, les deux partis semblaient d'égale force. Les onze États du Sud, au contraire, avaient réalisé l'accord de tous ; une seule défection eut lieu, celle de la Virginie occidentale qui, protégée par les troupes de l'Union, se sépara de la Virginie et devint un État distinct.

Le Sud l'emporta longtemps par le talent de ses généraux. Le héros de la guerre civile, Robert Lee, était un Virginien de famille ancienne et riche, qui avait fait dans l'armée fédérale une carrière suivie ; le général en chef de cette armée, Scott, l'avait remarqué si bien que Lee fut signalé par lui à Lincoln comme un général précieux pour les troupes de l'Union ; mais quand la Virginie se déclara pour le Sud, Lee, malgré sa médiocre sympathie à l'égard de l'esclavage, obéit aux ordres de l'État qui était depuis longtemps la patrie des siens. Cet homme grave, toujours soucieux de son devoir, exempt de toute mesquinerie, rappelait à ceux qui le connurent son grand compatriote George Washington. Une véritable amitié devait unir ce général froid et pondéré au bouillant président de la Confédération. Davis, au contraire, fut mal avec Johnston, autre général de grande valeur, et le mit bientôt de côté pour donner à Lee le commandement principal. La première bataille de Bull Run révéla le troisième grand chef du Sud, Jackson Mur-de-Pierre (*Stonewall*), pour employer le surnom qui lui fut donné ce jour-là ; ce général bizarre, violent, fermé, ce puritain farouche ne s'humanisait qu'avec Lee, dont il fut le meilleur lieutenant.

Le Nord, qui n'avait pas d'hommes pareils en 1861, essaya pendant plusieurs années divers commandants d'armées, cherchant toujours le général capable de lui donner la victoire. Son administration militaire au début fut également mal dirigée ; Lincoln avait cédé aux politiciens de son parti en prenant comme secrétaire de la guerre Cameron, individu médiocre et faible, entouré de collaborateurs malhonnêtes qui passèrent des marchés frauduleux ou onéreux pour le Trésor. Le Président le renvoya plus tard et mit à sa place l'homme nécessaire, l'intelligent et infatigable Stanton. L'incapacité des généraux amena plusieurs fois Stanton et même Lincoln à intervenir dans la conduite des opérations, ce qui donna rarement de bons résultats. Mais le Président sut prendre dès le début les décisions nécessaires pour former une armée. Après la canonnade du fort Sumter il appela 75.000 miliciens pour trois mois, en invoquant une loi de 1795; le mois suivant il recourut à des mesures qui, au sens littéral des lois, outrepassaient les pouvoirs présidentiels : appel de 42.000 volontaires pour trois ans, enrôlement de 22.000 hommes de plus dans l'armée régulière, de 18.000 hommes dans la marine de guerre. Le Congrès, convoqué le 4 juillet 1861 en session spéciale, approuva les actes du Président et vota les nouvelles lois militaires et financières demandées par lui. On comprenait que l'Union avait trouvé le chef digne de la diriger.

La guerre se faisait sur un front d'une étendue considérable, mais l'effort des combattants se concentra sur deux théâtres principaux. Le plus important se trouvait à l'Est, entre le Potomac et la rivière James, c'est-à-dire entre les deux capitales, Washington et Richmond; chacun des deux adversaires devait chercher à prendre la capitale de l'autre, soit par une attaque de front qui était difficile, soit par un mouvement tournant pour lequel s'offrait une route naturelle, la vallée de la Shenandoah. A l'Ouest, le théâtre principal était la vallée du Mississipi, grande route nécessaire au Sud s'il ne voulait pas être un jour complètement isolé du monde, non moins indispensable au Nord s'il voulait fermer le port de la Nouvelle-Orléans et séparer ses adversaires du Texas et du Mexique. Le troisième théâtre de la lutte fut l'Atlantique; le succès ou l'échec du blocus avait une importance très grande pour la durée comme pour l'issue des hostilités. Ce fut la première grande guerre où les chemins de fer jouèrent un rôle digne d'être considéré; mais il y en avait bien peu encore pour l'immensité des régions où l'on se battit. C'était le Nord qui prenait l'offensive, pour étouffer la rébellion; il devait conquérir le pays ennemi; le Sud, qui réclamait seulement son indépendance, était victorieux par le seul fait qu'il repoussait les attaques de son adversaire. Mais l'esprit offensif parut longtemps plus développé chez les généraux de la Confédération que chez ceux de l'Union.

II

Je résumerai très brièvement les faits militaires. En 1862 les Nordistes, voulant aussitôt s'emparer de Richmond, furent battus à Bull Run. Mais le Nord crut trouver un sauveur dans Mac Clellan ; ce général de trente-quatre ans, très séduisant, très aimé des troupes, donna une si haute idée de ses talents qu'on le nomma général en chef à la place du vieux Scott. Malheureusement, s'il avait de grandes qualités d'organisateur, le « jeune Napoléon » était lent, craintif, et croyait toujours l'armée ennemie deux fois plus forte qu'elle n'était ; avec 125.000 hommes contre 50.000, il laissa finir l'année sans avoir rien fait. Le gouvernement fédéral n'eut pas la main plus heureuse dans l'Ouest en nommant Frémont commandant général ; le célèbre explorateur fit preuve d'une incapacité complète. Le parti de l'Union l'emporta sans lui dans le Missouri et le Kentucky.

En février 1862 Mac Clellan prit l'offensive sur l'ordre formel de Lincoln ; mais Lee avait construit en avant de Richmond les puissants retranchements qui tinrent pendant trois ans. Une lutte acharnée, marquée par les batailles de Williamsburg et de Fair Oaks, puis par la grande « bataille des Sept jours », demeure sans résultat. Lee profite alors de l'inertie de son adversaire pour aller remporter sur une autre armée la seconde victoire de Bull Run. Il envahit le Maryland, qu'il espère voir se lever en faveur du Sud, mais la population ne bouge pas ; il doit revenir sur ses pas, car sa retraite est menacée par Mac Clellan. A la grande bataille d'Antietam celui-ci est vainqueur, mais ne sait pas poursuivre l'ennemi qui rentre dans les lignes de Richmond. C'en était trop pour Lincoln ; Mac Clellan fut destitué. Seulement on le remplaça par Burnside, qui se déclarait lui-même incapable de commander, qui n'inspirait aucune confiance à l'armée ; après le désastre de Fredericksburg il obtint qu'on lui retirât une charge trop lourde pour lui.

Dans l'Ouest, l'année 1862 avait mieux commencé, grâce à la prise du fort Donelson. C'était la première victoire sérieuse du Nord ; elle causa une grande joie et rendit populaire le nom du vainqueur, Grant. Mais la bataille de Shiloh, qui finit bien grâce à l'énergie de Sherman, donna lieu à de vifs reproches contre la négligence de Grant. L'armée du Nord était secondée par la flotte qui, sous la vigoureuse direction de l'amiral Farragut, venait d'enlever la Nouvelle-Orléans ; néanmoins la forteresse de Vicksburg, où les Sudistes barraient le fleuve, défia toutes les attaques jusqu'à la fin de l'année.

En somme, après dix-huit mois d'efforts, le Nord, malgré la supériorité de ses effectifs, n'avait rien gagné. Sur mer, l'activité du secrétaire de la marine et de son habile collaborateur Fox ne parvint que lentement à mettre la flotte en état de combattre, de bloquer 5.000 kilomètres de côtes. Et l'on rencontrait ici également l'esprit d'audace et d'entreprise des Sudistes ; un cuirassé construit par eux, le premier qu'on eût vu, le *Merrimac*, apparut subitement, coula quelques bateaux, mais l'arrivée d'un vaisseau nordiste plus puissant, également cuirassé, le *Monitor*, mit bientôt fin à sa carrière.

L'attitude que prendrait la Grande-Bretagne préoccupait les deux belligérants. Le Nord escomptait l'appui moral des Anglais dans une guerre contre l'esclavage ; mais le Sud, laissant habilement la question nègre au second plan, se posait en défenseur de la liberté des États et du libre échange ; surtout il pensait que le besoin de coton déciderait l'Angleterre à ne pas laisser le blocus complet s'établir. La proclamation de neutralité publiée par la Grande-Bretagne en mai 1861 enthousiasma le Sud, considéré ainsi comme un pays belligérant, et causa une grande colère dans le Nord. Celui-ci parut prêt à la vengeance quand un de ses bâteaux, le *Trent*, saisit sur un vaisseau anglais deux envoyés de la Confédération allant en Europe ; Lincoln lui-même, qui connaissait peu le droit international, refusa d'abord de les rendre, mais céda finalement aux instances de Seward, qui prévint ainsi une rupture avec Londres.

En Grande-Bretagne les radicaux, dirigés par John Bright et Cobden, les deux amis de Sumner, prirent parti pour le Nord ; les ouvriers du Lancashire, malgré la crise de chômage qu'ils subissaient, félicitèrent les ennemis de l'esclavage. Mais les lords éprouvaient une grande sympathie pour ces planteurs du Sud qui leur avaient souvent fait bon accueil ; ils voyaient avec plaisir la guerre civile déchirer la grande démocratie dont les radicaux anglais invoquaient sans cesse l'exemple. Beaucoup d'Anglais de tous les partis étaient satisfaits de voir affaiblis les voisins gênants du Canada, les « cousins » si désagréables pour leurs parents d'Europe. Si le gouvernement s'abstint de reconnaître la Confédération, deux ministres, lord John Russell et Gladstone, prononcèrent publiquement des paroles de sympathie pour elle. Les armateurs anglais gagnaient gros à forcer le blocus. Les constructeurs livraient aux Sudistes des croiseurs dangereux pour le commerce du Nord ; le plus célèbre de tous, l'*Alabama*, put quitter Liverpool malgré les ordres du gouvernement, grâce à l'inertie voulue des fonctionnaires locaux, et donna la chasse pendant deux ans aux vaisseaux marchands avant d'être détruit près de Cherbourg.

En France, les libéraux avaient dès le début pris nettement parti pour le Nord ; un des plus illustres, Laboulaye, depuis longtemps l'admirateur des États-Unis, fit le premier comprendre à ses concitoyens la valeur de Lincoln. Parmi les catholiques, les réactionnaires comme Veuillot soutenaient le Sud, les libéraux comme Montalembert se prononçaient pour le Nord. Napoléon III trouvait dans la guerre civile une chance inattendue pour son entreprise mexicaine, et n'avait que sympathie pour la Confédération ; sans la reconnaître, puisque l'Angleterre ne le faisait pas, il offrit courtoisement une médiation qui fut courtoisement déclinée par Seward. Un seul souverain, le tsar qui venait d'émanciper les serfs, témoigna une franche sympathie au Nord.

A l'intérieur, la prolongation de la guerre et les échecs détruisirent au bout d'un an l'union des républicains et des démocrates nordistes. Parmi ces derniers, les modérés, sans demander la paix, blâmaient les actes arbitraires du Président et les arrestations illégales accomplies par les chefs militaires ; le Congrès leur répondit en étendant beaucoup les pouvoirs légaux de Lincoln. Les plus avancés demandaient la paix ; leur porte-parole, Vallandigham, un démagogue habile de l'Ohio, disait à la Chambre en janvier 1863 : « vous ne conquerrez pas le Sud ». Mais contre ces « têtes de cuivre » (*copperheads*) se dressèrent les « Ligues de l'Union », qui surent par une propagande continuelle maintenir le moral du pays.

A Washington, Lincoln sentait grandir la défiance des hommes politiques. Dans son parti, les importunités des solliciteurs continuaient malgré la guerre et forçaient le Président à s'occuper longuement du choix d'un maître de poste ou d'un directeur de douanes; dans son cabinet, les querelles entre Seward et Chase devenaient de plus en plus fréquentes. Ses amis les plus sûrs étaient divisés sur le problème de l'esclavage. Lincoln, qui voulait l'abolir dans les territoires, avait encore promis le 4 mars 1861 de le laisser subsister dans les États. Mais la guerre hâte souvent les solutions décisives. Le Président fit affranchir par une loi les esclaves du District fédéral, moyennant indemnité aux propriétaires; il encouragea vainement le Delaware, le Missouri à suivre cet exemple. Enfin, par une de ces initiatives hardies qui faisaient crier ses adversaires à la dictature, il résolut d'émanciper tous les noirs. La victoire d'Antietam lui permit de lancer la proclamation annonçant que, le 1er janvier 1863, tous les esclaves des États rebelles seraient libres pour toujours. Le Congrès vota en décembre la loi nécessaire, et le 1er janvier la proclamation fut appliquée, donnant aussitôt à l'armée du Nord un précieux contingent de soldats noirs, mais soulevant dans le Sud une colère qui allait rendre la lutte plus acharnée que jamais.

CHAPITRE XIII

LA FIN DE LA GUERRE CIVILE

L'année 1863 allait mettre Grant hors de pair. De famille très modeste, il avait travaillé de ses mains avant de pouvoir s'instruire et entrer à l'école de West-Point. Officier dans la guerre du Mexique, il démissionna ensuite, géra mal sa ferme près de Saint-Louis, et fut longtemps dans une situation difficile. Pendant la guerre civile, malgré la victoire du fort Donelson, il fallut du temps avant qu'on reconnût sa valeur. Encore malheureux au début de 1863 contre Vicksburg, Grant montra sa qualité principale, une persévérance inébranlable ; sa belle campagne du printemps, où il détruisit deux armées ennemies, lui permit enfin de prendre la grande forteresse le 4 juillet, puis d'occuper sans combat Port-Hudson, l'autre boulevard du Mississipi. Lincoln put écrire : « Le Père des Eaux va de nouveau jusqu'à la mer sans être troublé ».

A Washington, Lincoln consultait le général en chef Halleck, dont la valeur a été très contestée. A l'armée du Potomac le successeur de Burnside, Hooker, beau parleur et grand apôtre de l'offensive, subit un désastre complet à Chancellorsville ; mais les vainqueurs perdirent Stonewall Jackson, tué dans l'action. Lee tente une nouvelle invasion et, faisant régner dans son armée une discipline sévère, pénètre au cœur de la Pennsylvanie ; mais l'armée de Meade, successeur de Hooker, le rencontre à Gettysburg. La bataille dure trois jours, sans cesse renouvelée par des renforts ; l'échec de la charge héroïque des Sudistes, brisée par un feu terrible, force Lee à reculer. C'est le 4 juillet que Lincoln put annoncer la victoire, le jour de la fête nationale, le jour où Grant s'emparait de Vicksburg. Gettysburg et Vicksburg, ces deux noms glorieux rendirent la confiance au Nord, et l'on se répéta que la guerre serait terminée avant l'hiver. C'étaient là de belles illusions. Meade ne sut pas tirer parti de sa victoire, et Lee revint à ses lignes de Richmond. Les choses allèrent mieux dans l'Ouest, grâce à l'habileté d'un général jusque-là peu connu, Thomas; Grant finit par le joindre, et ils gagnèrent ensemble la bataille décisive de Chattanooga.

Lincoln, qui savait parler au peuple américain, publia sa lettre du 26 août, pour affirmer la nécessité d'aller jusqu'au bout et pour justifier l'émancipation des noirs. Cette lettre prépara le succès des hommes de l'Union aux élections d'automne; Vallandigham, qui briguait le poste de gouverneur dans l'Ohio, fut complètement battu. Le 19 novembre suivant le Président, au cimetière de Gettysburg, prononça en beaux termes l'éloge des combattants. « Nous ne pouvons pas, dit-il, sanctifier ce terrain. Les braves, morts et vivants, qui ont combattu ici, l'ont consacré beaucoup mieux que nous ne pourrions le faire... Que ces morts glorieux fortifient notre dévouement pour la cause à laquelle ils se sont entièrement dévoués; décidons ici qu'ils ne seront point morts en vain, que cette nation doit, sous les ordres de Dieu, se régénérer dans la liberté, et que le gouvernement du peuple, par le peuple, pour le peuple, ne périra pas sur la terre ».

L'hiver se passa presque sans opérations militaires; chacun des deux partis faisait ses préparatifs pour engager au printemps une lutte suprême. Le Nord tâchait de parer à la crise des effectifs. Le recrutement volontaire avait depuis longtemps cessé de fournir assez d'hommes, en dépit des efforts déployés dans beaucoup d'États par d'excellents « gouverneurs de guerre ». On avait dû voter (mars 1863) une loi de service obligatoire qui souleva dans la cité de New-York une sanglante émeute. Lincoln appela 300.000 hommes sous les drapeaux après les élections d'octobre, puis 200.000 hommes en février 1864. On fixait le nombre d'hommes que chaque État devait fournir; l'État cherchait à réunir le plus de volontaires possible en les attirant par les larges primes que payaient à la fois le gouvernement fédéral, les États et les cités; puis on complétait par la conscription le nombre assigné. Les volontaires se faisaient d'autant plus rares que des salaires élevés attiraient les jeunes gens vers l'industrie. Celle-ci, après une forte crise en 1861, avait repris une grande activité; les usines de guerre procuraient du travail à tous ceux qui en désiraient, avec de gros profits aux patrons. Parmi ces derniers, nombre de nouveaux riches attiraient l'attention par un luxe tapageur.

Quant au Sud, la conscription établie dès 1862 allait devenir plus rigoureuse en 1864, parce qu'il y avait de grands vides à combler; malgré diverses protestations, les États sudistes acceptèrent vaillamment ces lourds sacrifices. Le danger, si longtemps redouté par eux, d'une grande guerre servile ne se produisit pas; les noirs demeurèrent soumis et fidèles. Mais la situation économique, sans cesse améliorée dans le Nord depuis deux ans, allait sans cesse empirant dans le Sud. Le blocus devenu efficace rendait les famines fréquentes; le manque de pain avait causé une émeute sérieuse à Richmond en avril 1863. On remplaçait les matières premières par des substances inférieures, on simplifiait le vêtement, l'éclairage, les transports. Les forceurs de blocus couraient de grands risques en approchant des deux seuls ports demeurés libres, Wilmington et Charleston; il est vrai que, sur la ligne de feu séparant les deux groupes d'armées, un commerce important se faisait par terre, commerce moitié prohibé, moitié toléré par les gouvernements et les chefs militaires, qui souvent se faisaient payer le prix de leur complaisance.

Les armées de l'Union avaient enfin trouvé ce qui leur manquait, des chefs. En mars 1864, Grant fut investi du commandement général; peu de temps après, il mit à la tête de sa cavalerie Sheridan, un remarquable entraîneur d'hommes. Il fit donner le commandement de l'Ouest à son ami Sherman, qui trouva dans Thomas un collaborateur utile, quoique trop lent à son gré. Lee faisait face à Grant, Johnston rendu à l'activité devait tenir tête à Sherman. Grant avait 122.000 hommes contre les 62.000 de Lee; aussi ne craignait-il pas de sacrifier des hommes, résolu à « marteler » l'ennemi jusqu'à la victoire finale. Grant prit l'offensive au printemps, et une lutte acharnée s'engagea dans les forêts et les buissons du Wilderness; elle dura jusqu'au 12 juin sans que Grant, qui perdit là plus de 50.000 hommes, eût obtenu un avantage décisif. Un lieutenant de Lee put même, en juillet, s'avancer par la vallée de la Shenandoah jusqu'en vue de Washington, puis se retirer sans être inquiété. Lincoln dut faire un nouvel appel de 500.000 hommes. Mais bientôt de bonnes nouvelles arrivèrent de l'Ouest, où Sherman

PLANCHE V.

LINCOLN

WEILL, *États-Unis*, p. 144.

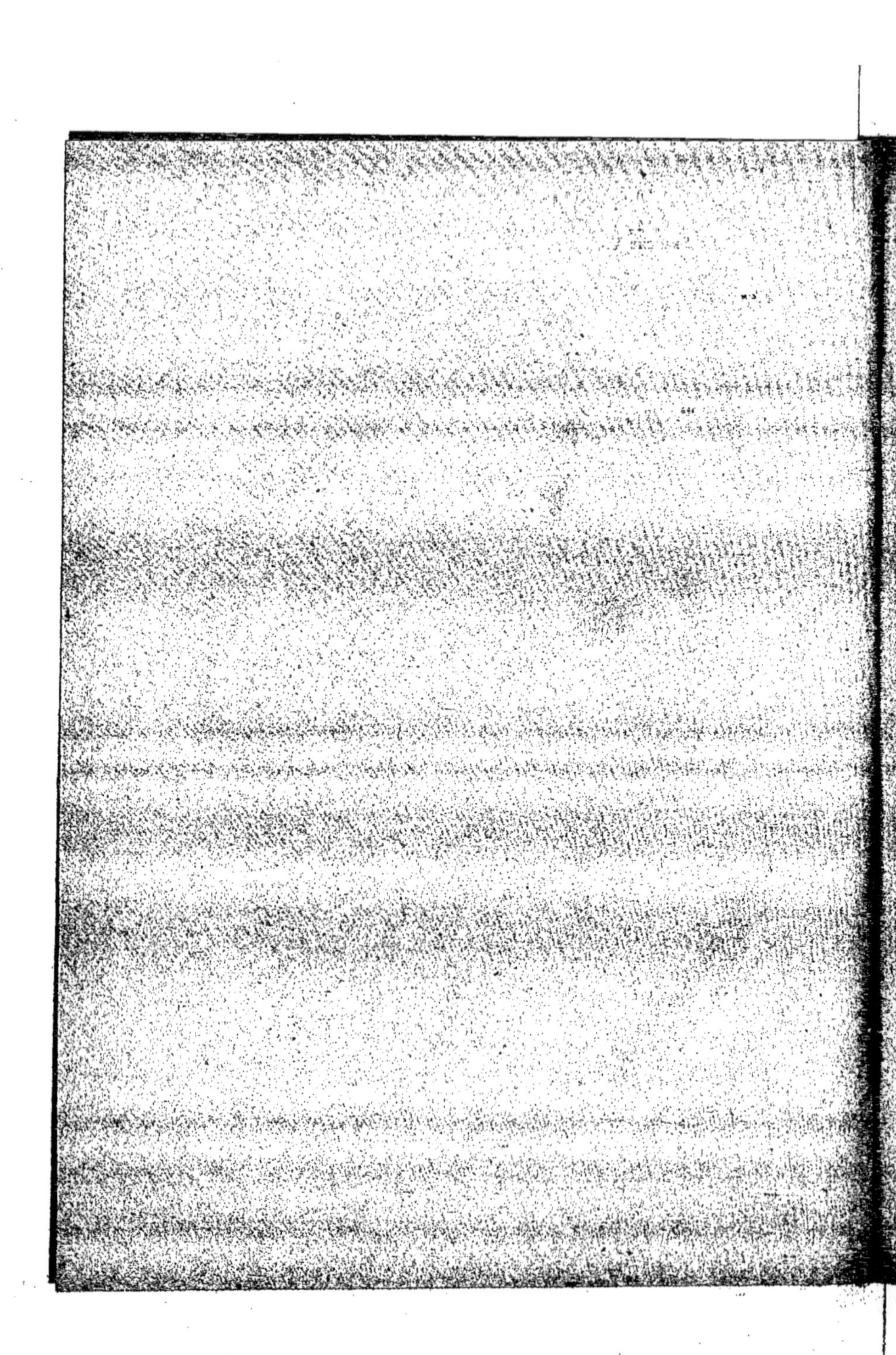

avait commencé l'entreprise la plus audacieuse de toute la guerre, la marche sur Atlanta. N'ayant derrière lui qu'une voie ferrée pour assurer ses communications, mais commandant à des forces doubles de celles de Johnston, il avança lentement, régulièrement ; son adversaire, menacé à la fois de front et de côté, devait reculer sans cesse pour ne pas se laisser envelopper. Davis mécontent remplaça Johnston par un autre général qui livra bataille et fut écrasé. Le 3 septembre, Sherman entrait dans Atlanta.

Cette nouvelle vint à point pour sauver la popularité de Lincoln, ébranlée par tant d'échecs et de déceptions. Parmi les chefs politiques républicains, plus d'un, à l'approche de l'élection présidentielle, avait songé à ne pas le présenter de nouveau, à le remplacer par Chase, qui était sorti du ministère après divers froissements ; la convention nationale du parti écarta ces intrigues et choisit encore une fois Lincoln, à la grande joie des intellectuels comme Motley ou Lowell, qui mettaient en lui une confiance illimitée. Mais triompherait-il devant le pays ? Au mois d'août, Grant avait échoué dans son offensive, on était sans nouvelles de Sherman, on savait que Lincoln opposait un refus inflexible à tous les essais de transaction. La convention nationale des démocrates lui opposa Mac Clellan qui se disait victime d'une injuste disgrâce, et vota la résolution proposée par Vallandigham, exigeant des pourparlers immédiats. Mais la prise d'Atlanta vint ranimer le Nord ; comme Farragut en même temps remportait une victoire à Mobile, on comprit que le Sud était menacé chez lui, frappé au cœur. Les élections d'octobre donnèrent aux républicains la majorité des deux tiers dans le Congrès, puis, le 8 novembre, Lincoln fut réélu. Quant à Jefferson Davis, il faisait face aux défaites avec une énergie farouche et, prenant une décision qui lui eût paru monstrueuse quelques années auparavant, il commençait à enrôler des nègres comme soldats.

Sherman demeura un mois dans Atlanta pour fortifier la ville et préparer une nouvelle marche, plus aventurée encore, semblait-il, que la précédente : il voulait, abandonnant sa ligne de communication, traverser toute la Géorgie et pousser jusqu'à la mer, où il trouverait la flotte fédérale. Grant accorda son autorisation, non sans avoir hésité. Sherman laissa derrière lui Thomas qui, après avoir exaspéré le gouvernement fédéral et rassuré l'armée sudiste par une immobilité voulue, remporta sur cette armée l'éclatante victoire de Nashville. Cependant les 60,000 hommes de Sherman avançaient, joyeux et confiants, vivant sur le pays, non sans pillage, et détruisant systématiquement les chemins de fer; ils ne rencontrèrent pas de résistance et parvinrent à Savannah qui, bloquée par la flotte du Nord, se rendit le 22 décembre. La « marche à la mer » n'avait été qu'une promenade militaire. Sherman resta là jusqu'au 1er février 1865, préparant soigneusement la nouvelle marche qui devait le ramener vers le nord. Pendant ce temps Stephens décidait le gouvernement de Richmond à engager des négociations avec celui de Washington. Une délégation vint conférer le 3 février avec Lincoln; celui-ci promit une amnistie, parla de faire indemniser les propriétaires d'esclaves, mais ne voulut rien entendre au sujet de l'indépendance de la Confédération; Davis réclamait l'indépendance, et les pourparlers furent rompus.

Sherman venait d'entamer sa nouvelle marche, contrariée moins par l'ennemi que par les nombreux cours d'eau qu'il fallait traverser pendant un trajet de près de 700 kilomètres. Son armée traita rudement la Caroline du Sud, l'État qui avait déchaîné la guerre civile; Columbia et Charleston connurent l'incendie et le pillage. Le 23 mars l'heureux général faisait sa jonction avec une armée fédérale. Cela préparait la ruine de Lee, d'autant plus que Sheridan venait aussi de parcourir victorieusement et de dévaster la vallée de la Shenandoah. Mais Lee demeurait invaincu dans les formidables retranchements qui s'étendaient de Pétersburg à Richmond, sur une longueur de 60 kilomètres; Grant avait mené contre eux depuis trois mois une série d'attaques toujours vaines, mais il recevait sans cesse des renforts tandis que pour Lee un homme perdu n'était plus remplacé. Davis autorisa donc Lee à proposer une entrevue; mais Lincoln prévenu fit envoyer à Grant un billet net et sec, l'avertissant que le Président se réservait les questions politiques; l'entrevue n'eut pas lieu. Grant avait d'ailleurs d'excellents rapports avec Lincoln; sur son invitation, le Président vint passer une quinzaine au quartier général et fut charmé par l'enthousiasme des troupes. Celles-ci acclamèrent « Oncle Abe », qui les ravit par sa bonhomie et sa simplicité.

Enfin les 124.000 hommes de Grant se lancent à l'assaut décisif contre les 57.000 de Lee; le 2 avril les retranchements sont forcés, le 3 Pétersburg et Richmond sont aux mains des vainqueurs. Lee maintient encore l'ordre dans sa retraite et veut aller joindre Johnston ; mais ses troupes meurent de faim, de nombreux déserteurs se laissent prendre chaque jour par la cavalerie de Shéridan qui le harcèle sans cesse et qui finit par lui barrer le passage près d'Appomatox. Lee comprend que c'est la fin et demande à voir Grant. L'entrevue du 9 avril met en présence le chef élégant et fin du Sud et l'homme lourd, un peu vulgaire, qui mène les armées du Nord ; tous deux se parlent courtoisement et sont vite d'accord. Les vaincus donneront leur parole de ne pas reprendre les armes, d'obéir aux lois des États-Unis, moyennant quoi chacun pourra retourner chez lui ; Grant consent à ce que les cavaliers et les artilleurs, qui sont propriétaires de leurs chevaux, les emmènent pour pouvoir faire les labourages d'été. Lee le remercie et va faire ses adieux à ses soldats ; 28 000 hommes, l'élite du Sud, rendent leurs armes. La capitulation d'Appomatox fut connue le 9 au soir dans tout le Nord ; la nuit suivante et la journée du 10 furent célébrées partout par une fête spontanée, qui unissait dans une joie commune les hommes et les femmes de toutes les classes et de tous les âges. Le 14 avril, juste quatre ans après le jour où le drapeau de l'Union avait quitté le fort Sumter, l'ancien défenseur du fort, devenu le général Anderson, vint y arborer ce drapeau conservé par lui. Mais ce même jour la joie générale devait faire place à la douleur : on apprit l'attentat commis contre Lincoln.

Le Président avait prononcé le 4 mars son nouveau discours d'inauguration. Parlant avant la victoire décisive, il déplorait la longueur de cette guerre de quatre ans, et ajoutait : « Maintenant, si Dieu veut que la guerre continue jusqu'à ce que toute la richesse amassée pendant deux cent cinquante ans par le travail gratuit de l'esclave soit dissipée, jusqu'à ce que chaque goutte de sang tirée par le fouet soit payée d'une goutte de sang versée par l'épée, ce qui fut dit il y a trois mille ans doit être redit : Les jugements du Seigneur sont vrais et justes. » Quand il apprit la grande victoire, Lincoln se donna la joie d'aller dès le 4 avril visiter Richmond et de s'asseoir dans le fauteuil de Jefferson Davis. Puis il revint à la Maison Blanche pour travailler à effacer au plus vite les traces de la guerre civile. Sa dernière allocution publique, le 11 avril, montra qu'il voulait être généreux envers les vaincus. Le 14, dans un conseil du cabinet où Grant avait été convoqué, il exprima l'espoir d'achever la réorganisation du Sud avant que le Congrès se réunît : on ne pendra, on ne fusillera personne, disait-il, « n'oublions pas que ce sont nos concitoyens ». Le soir il va au théâtre avec sa femme ; Booth, un ancien acteur, lui tire un coup de pistolet, crie *Sic semper tyrannis* (c'était la devise de la Virginie) et prend la fuite. La balle était entrée dans la tête ; le Président expira le lendemain matin. Un complice de Booth pénétrait pendant ce temps chez Seward alors malade, et lui donnait trois coups de couteau dans son lit sans parvenir à le tuer.

Pendant que le Nord pleurait le grand Président, les généraux finissaient la soumission du Sud. Johnston signait avec Sherman, le 26 avril, une capitulation identique à celle d'Appomatox, et les deux dernières armées des Confédérés firent de même le 6 et le 26 mai. On avait cependant découvert les assassins de Lincoln ; plusieurs subirent la peine capitale. Le cri général du Nord fit arrêter Jefferson Davis comme complice du crime ; après deux ans de captivité il fut libéré, puis amnistié en 1868, et put mourir paisiblement chez lui en 1889. La guerre civile, d'après les statistiques de l'Union, avait coûté au Nord 359 000 hommes morts pour des causes diverses, outre 275 000 blessés guéris. Le Sud, où les dénombrements furent moins précis, paraît avoir eu environ 260 000 morts. C'est la gloire des États-Unis que cette guerre formidable n'ait pas été suivie d'exécutions ou de déportations. Voilà pourquoi le rapprochement put assez vite se faire entre des combattants également fiers du courage qu'ils avaient déployé.

CHAPITRE XIV

LA RECONSTRUCTION

Le Nord eut le singulier bonheur de réparer pendant la guerre elle-même ses pertes en hommes, grâce à l'immigration. Celle-ci, arrêtée en 1861 par la nouvelle des hostilités, avait bientôt repris : le chômage causé dans les usines européennes par le manque de coton, les récits des journaux sur l'activité des fabriques de munitions attirèrent beaucoup d'ouvriers. Quant aux cultivateurs, l'Ouest leur offrait de nouveaux avantages depuis que le Congrès, accomplissant une promesse du parti républicain, avait adopté en 1862 la loi du *homestead*. En vertu de cette loi, tout Américain, tout immigrant recevait le droit d'occuper gratuitement 160 acres de terres, sans pouvoir hypothéquer ni aliéner ce lot pendant cinq ans ; au bout de ce temps, s'il avait mis la terre en valeur, elle lui appartenait en toute propriété. Cette loi bienfaisante ne tarda pas à produire ses fruits.

La guerre avait mis les finances fédérales en mauvais état. Chase dut emprunter, faire établir des impôts nouveaux, créer du papier-monnaie avec cours forcé ; pour faciliter les emprunts, il institua les « banques nationales » qui, à la différence des banques d'États, pouvaient faire leurs opérations dans plusieurs États à la fois. La dette de l'Union, qui ne dépassait pas 70 millions de dollars en 1860 (elle avait reparu après Jackson), atteignit au moment de la paix le chiffre de 2.773 millions de dollars. Le règne du papier-monnaie produisit une hausse formidable des prix ; en même temps, la spéculation fit monter la prime sur l'or de 5 p. 100 en 1862 jusqu'à 181 p. 100 pendant les tristes jours de juillet 1864. Mais la réduction immédiate des armements après

Appomatox, et l'activité générale du Nord et de l'Ouest permettaient d'espérer un prompt remède au mal financier.

Le Sud, au contraire, était ruiné. Après l'emprunt heureux de 1861, il n'avait plus fait que des emprunts en nature, acceptant des produits agricoles, des métaux, surtout du coton. Ce coton fut pendant quelque temps vendu à l'étranger ; la hausse du produit compensait largement les commissions prélevées par les intermédiaires ; mais ensuite le blocus rendit la chose impossible, et il fallut faire des emprunts forcés. Le Sud finit par devenir un État socialisé, où le gouvernement absorbait toute la vie économique du pays ; quand il eut capitulé, le désastre financier fut d'autant plus complet. Il y eut banqueroute, puisque le gouvernement de l'Union refusa de reconnaître les dettes contractées pour combattre l'Union. Le relèvement devait être difficile, puisque l'émancipation priva sans indemnité les planteurs de la main-d'œuvre nécessaire. L'état social du Sud après l'affranchissement des esclaves, son état économique après le blocus, enfin son état politique après une guerre malheureuse, voilà les graves problèmes qui allaient occuper les pouvoirs fédéraux jusqu'à ce qu'on eût achevé la « reconstruction ».

Lincoln s'en était occupé depuis longtemps. Prenant ici encore une de ces initiatives hardies que justifiait l'état de guerre, il décida que, dans les États pacifiés, on ferait appel au vote populaire : si un dixième des citoyens prenait part au vote et acceptait une loi proclamant la fidélité à l'Union, le désaveu de la sécession et l'abolition de l'esclavage, il pourrait se créer aussitôt un gouvernement d'État dont les représentants auraient entrée au Congrès. Ce fut réalisé dans la Louisiane et l'Arkansas. Lincoln espérait, dans ses derniers jours, mettre le Congrès, lorsque viendrait la session de décembre 1865, en présence d'un fait accompli ; comme il avait seul une popularité assez grande pour imposer son programme, sa mort fut pour le Sud, qui l'avait tant haï, une perte irréparable.

Le Vice-Président Johnson prit la présidence. Fils de prolétaires et longtemps ouvrier tailleur, il s'était rendu populaire dans le Tennessee qui l'élut au Sénat : en 1867, il se prononça énergiquement pour l'Union, si bien que Lincoln l'envoya dans le Tennessee comme gouverneur militaire et n'eut qu'à s'en louer. La convention républicaine de 1864 le désigna pour la vice-présidence, afin d'associer à Lincoln un homme du Sud, un de ces « démocrates de guerre » qui avaient loyalement soutenu l'Union. Malgré ce passé honorable, la présidence ne convenait guère à un individu mal élevé, grossier, parlant trop, surtout quand il avait bu ; plein de confiance en lui-même, il n'avait aucune suite dans les idées. Son premier discours présidentiel annonça la répression à outrance ; au bout d'un mois il revint brusquement à la politique modérée de son prédécesseur et prétendit, comme lui, agir sans le Congrès.

Mais le Congrès n'entendait pas se laisser mener ainsi ; les républicains, fiers d'avoir vaincu la rébellion, ne voulaient pas enregistrer simplement les décisions d'un Président démocrate. Il y avait parmi eux, il est vrai, des conservateurs et des radicaux, mais l'antipathie contre Johnson accrut bientôt l'influence de ces derniers. Leur chef le plus connu, Chase, nommé grand juge par Lincoln après la mort de Taney, avait quitté la politique militante. Mais Sumner était au Sénat, plus combatif que jamais, passionné pour la défense des noirs ; la Chambre avait un leader d'une autorité incontestée, Thaddée Stevens, un vieillard de soixante-dix ans, toujours malade, et qui s'imposait par son énergie indomptable, par sa parole concise, vigoureuse et sarcastique. Sumner et Stevens avaient accepté les empiètements de Lincoln à cause de la façon dont il conduisait la guerre ; encore avaient-ils fait ajourner par le Congrès l'admission des élus de la Louisiane et de l'Arkansas. Un Johnson était incapable de leur imposer sa volonté.

Le Président eut cependant les mains libres pendant six mois, puisque le Congrès ne devait se réunir qu'en décembre 1865. Le cabinet de Lincoln, qu'il avait conservé, continua donc à préparer les mesures de reconstruction. Dès la fin de mai, Johnson proclama une amnistie générale, en exceptant certaines catégories, et convoqua une convention dans la Caroline du Nord pour assurer le rétablissement du régime régulier ; puis ce fut le tour des autres États révoltés. Les conventions ainsi réunies ratifièrent le treizième amendement à la Constitution, qui abolissait l'esclavage, et déclarèrent nulles, sur l'ordre formel du Président, les dettes contractées par leurs États respectifs en vue de la guerre civile ; après quoi ces États furent considérés comme reconstruits, rétablis dans leurs droits. C'est ce que Johnson exposa au Congrès dans le message de décembre, message fort bien rédigé qui paraît être l'œuvre de l'historien Bancroft ; il y parlait un langage conciliant, recommandait l'esprit de transaction, et conseillait de laisser aux États la décision à prendre sur le suffrage des nègres.

Mais cette politique modérée se heurtait à l'intransigeance des Sudistes. Vaincus et non abattus, ils demeuraient fiers de la résistance opposée pendant quatre ans à des forces très supérieures ; l'abolition de l'esclavage était un fait irrévocable, mais ils voulaient maintenir les affranchis dans une situation inférieure, empêcher que la belle civilisation du Sud fût submergée par le flot de la barbarie africaine. Les nouvelles législatures, convoquées en décembre, votèrent des lois, partout semblables, qui refusaient aux nègres non seulement les droits politiques, mais l'égalité civile. La loi sur le vagabondage établissait le travail forcé ; la loi sur l'apprentissage confiait les apprentis noirs à la direction de leurs anciens maîtres ; les mariages entre personnes des deux races étaient prohibés. Le Nord eut lieu de croire qu'on rétablissait l'esclavage en fait, qu'on voulait supprimer tous les résultats de la victoire si chèrement achetée. Le Congrès s'empressa de relever ce défi en refusant d'admettre les sénateurs et les représentants élus par les États du Sud ; il fit sienne la théorie de Sumner sur le suicide des États. Les onze législatures qui ont voté la sécession, disait Sumner, ont fait que leurs États se sont suicidés ; ce ne sont plus que des pays conquis, auxquels le Congrès peut dicter les conditions moyennant lesquelles ils deviendront de nouveau des États. Considérant les décrets de Johnson comme nuls et non avenus, le Congrès se mit à faire lui-même l'œuvre de reconstruction, préparée par deux comités, le comité judiciaire du Sénat et surtout le comité conjoint des deux Chambres. Les républicains d'ailleurs soupçonnaient Johnson de vouloir, en hâtant la rentrée des congressistes élus par le Sud, fortifier contre eux le parti démocrate.

Les deux premières lois votées par le Congrès pour défendre les noirs contre les législatures du Sud rencontrèrent le veto du Président. Recevant à la même époque une députation à la Maison Blanche, il insulta publiquement Sumner, Stevens et le comité conjoint, tout en criant qu'il avait été jadis un bon tailleur, et qu'on voulait maintenant l'assassiner comme Lincoln. De pareilles sottises décidèrent les républicains conservateurs à voter avec les radicaux. Une majorité des deux tiers dans les deux Chambres adopta la loi qui accordait aux nègres l'égalité civile malgré les mesures d'exception votées dans le Sud, puis la loi qui étendait considérablement les pouvoirs du Bureau des affranchis, créé pendant la guerre pour assurer le passage de la servitude à la liberté. C'était la première fois depuis 1789 que le Congrès faisait promulguer des lois d'une importance politique générale malgré le veto présidentiel.

Allant plus loin, le Congrès voulut proposer au pays le quatorzième amendement à la Constitution; il interdisait à aucun État de restreindre les droits des citoyens; il réduisait le nombre des représentants au Congrès pour les États qui réduiraient le nombre des électeurs; il déclarait que tous les mandataires ou fonctionnaires des États rebelles qui avaient violé leurs serments antérieurs étaient incapables d'entrer au Congrès ou d'occuper un emploi public, soit dans les fonctions fédérales, soit dans celles des États. Cet amendement inspiré par les radicaux n'était point assuré de l'adhésion du peuple; mais Johnson eut la malheureuse idée d'entreprendre en septembre 1866 un voyage à travers l'Ouest, afin de la combattre. Son manque de tenue, sa grossièreté, les injures qu'il échangeait avec ses interrupteurs le déconsidérèrent partout. En même temps on apprit un véritable massacre de nègres fait par les blancs à la Nouvelle-Orléans. Le résultat fut que les élections d'automne donnèrent la victoire complète aux républicains, et parmi eux aux radicaux.

Ceux-ci voyaient leurs ennemis encore menaçants. L'obstination de Johnson apparut dans le message de décembre 1866; l'obstination des Sudistes se manifesta par le rejet du quatorzième amendement; un seul État rebelle, le Tennessee, l'accepta et fut déclaré officiellement « reconstruit ». Le Congrès, voyant le Nord et l'Ouest exaspérés par l'intransigeance des vaincus, résolut de faire attribuer aux noirs non plus seulement les droits civils, mais les droits politiques, en même temps que ces derniers seraient enlevés à tous les chefs de la rébellion. Les lois votées par lui en 1867 malgré le veto furent de vraies lois de combat, qui soumettaient les États du Sud au gouvernement militaire, qui ordonnaient d'y dresser les listes électorales en inscrivant les nègres, en biffant les noms de tous les personnages visés par le quatorzième amendement, c'est-à-dire toute l'élite des blancs. Ces listes serviraient à faire élire dans chaque État une convention qui devait préparer une Constitution ; quand le peuple aurait accepté ce projet, accepté aussi le quatorzième amendement, le Congrès pourrait admettre l'État.

Les radicaux avaient donc maté le Président ; ils matèrent aussi la Cour suprême, qui n'osa recevoir les recours du Sud contre les lois de reconstruction. Johnson cependant tenait bon. Plusieurs membres du cabinet avaient donné leur démission ; Johnson décida Seward à conserver son poste, mais voulut se débarrasser de Stanton, l'ami des radicaux. Ceux-ci, pour l'en empêcher, votèrent une loi qui interdisait au Président de révoquer les hauts fonctionnaires sans le consentement du Sénat ; Johnson tourna la loi en suspendant le secrétaire de la guerre au lieu de le révoquer. Il confia l'intérim à Grant qui accepta ; mais quand le Sénat eut émis un vote de blâme contre la suspension de Stanton, Grant s'empressa de quitter la place, à la grande colère de Johnson, qui, par sa grossièreté, assura le rapprochement du général et des radicaux. Le Président voulut alors installer au ministère de la guerre un nouvel intérimaire, personnage ridicule que Stanton mit à la porte après lui avoir fait boire une bouteille de whiskey.

Les chefs radicaux résolurent de mettre Johnson en accusation, comme coupable d'avoir violé la loi qui l'empêchait de révoquer seul un secrétaire. La mise en accusation votée par la Chambre émut beaucoup le pays, où l'on n'avait jamais vu pareille chose ; le procès vint devant le Sénat, présidé par le grand juge Chase qui s'acquitta de cette mission avec beaucoup de conscience et de dignité. Un comité de la Chambre soutenait l'accusation ; les plus remarquables avocats des États-Unis s'étaient chargés de la défense. Il fallait 36 voix sur 54, les deux tiers, pour que le Président fût condamné. Malgré les efforts passionnés des radicaux pour intimider quelques sénateurs douteux qu'ils accusaient de corruption, ils ne réunirent que 35 voix contre 19, et Johnson fut acquitté (1868). L'avis général des Américains aujourd'hui est que ce fut un bonheur pour l'avenir politique de leur pays. Stanton démissionna et fut remplacé par un général qui exerça une influence apaisante sur Johnson ; l'infortuné Président acheva sa dernière année de pouvoir sans frasques nouvelles et sans conflits violents.

La puissance des radicaux avait été affermie par l'élection présidentielle de 1868 ; leur candidat, Grant, fut nommé sans peine, grâce à l'immense popularité qui entourait le vainqueur d'Appomatox. Pendant ce temps les conventions du Sud, nommées au moyen de listes épurées en 1867, avaient ratifié le quatorzième amendement et rédigé de nouvelles Constitutions. Sept États successivement furent déclarés reconstruits, admis dans l'Union ; leurs élus vinrent fortifier au Sénat et à la Chambre le parti républicain, le parti qui, après avoir vaincu la rébellion par les armes, semblait devenir définitivement le maître des États-Unis.

CHAPITRE XV

LA PRÉSIDENCE DE GRANT

I

La lutte continuelle du pouvoir législatif et du pouvoir exécutif n'empêcha pas les États-Unis d'avoir, pendant la présidence de Johnson, une politique extérieure active et heureuse. L'honneur doit en revenir tout entier à Seward ; laissé libre par Johnson, qui ne connaissait rien à ces questions, le secrétaire d'État voulut regagner par des succès diplomatiques une popularité qu'il avait compromise en consentant à rester dans le cabinet.

L'expédition française du Mexique indigna les Américains dès le premier jour, et Seward, après avoir offert en 1861 de mettre à la charge des États-Unis le paiement des intérêts de la dette mexicaine, annonça dès 1862 son hostilité au projet de créer un empire. Mais la guerre civile était si dangereuse qu'elle le força longtemps à temporiser ; il atténua même dans ses dépêches la motion violente votée à l'unanimité par la Chambre des représentants le 4 avril 1864, contre l'avènement de Maximilien. La guerre finie, on parla d'aller chasser l'empereur étranger du Mexique, et Grant jugeait l'entreprise facile. Mais Seward, bien renseigné par Bigelow, son envoyé à Paris, comprit qu'il pourrait obtenir sans guerre le départ des Français : une constante pression diplomatique aida, en même temps que les événements d'Europe, à faire décider l'évacuation, et Juarez, qui depuis deux ans se ravitaillait aux États-Unis, put en finir avec Maximilien. Seward essaya, mais assez mollement, de sauver la vie au prince autrichien.

Les Américains avaient autant de reconnaissance envers l'empereur de Russie que d'antipathie contre l'empereur des Français. Quand Alexandre II manifesta le désir de vendre ses possessions américaines, qui ne lui servaient à rien, Seward accepta, par amour de la politique d'expansion, et le Sénat ratifia l'achat pour marquer ses sentiments sympathiques ; on trouvait pourtant le prix de 7 millions de dollars bien élevé pour des terres désertes et glacées, car on ne soupçonnait pas quels magnifiques trésors devenaient ainsi la propriété des États-Unis. Mais quand Seward voulut aussi acheter les Antilles danoises, le Sénat s'y opposa ; ce projet ne devait se réaliser qu'un demi-siècle plus tard.

Ce qui intéressait le plus les Américains dans la politique extérieure, c'était le règlement des difficultés avec l'Angleterre. Sa partialité en faveur du Sud avait réveillé dans tout le Nord la vieille anglophobie assoupie depuis une vingtaine d'années. Le ministre américain à Londres, Charles-Francis Adams, fils du Président John Quincy Adams, multipliait vainement les réclamations. Seward fit des avances et, pendant la révolte canadienne de 1867, arrêta les incursions tentées à la frontière du Sud ; la Grande-Bretagne le remercia, mais sans rien accorder au sujet de l'*Alabama*. Cependant elle finit par comprendre le danger ; si elle était engagée dans une guerre quelconque, ses adversaires pourraient armer et ravitailler dans les ports américains tous les croiseurs qu'ils voudraient. Le gouvernement de Londres signa donc un arrangement avec un nouveau ministre des États-Unis ; le Sénat trouva ce traité si peu satisfaisant qu'il le rejeta par 54 voix contre 1.

Grant, qui prenait à ce moment la présidence, nomma secrétaire d'État Fish, homme sérieux et réfléchi, digne de succéder à Seward. Fish partageait l'opinion de beaucoup de ses concitoyens, qui désiraient l'acquisition pacifique du Canada, moyennant quoi l'Union abandonnerait tous ses griefs ; mais quand il eut tâté le terrain et reconnu que ni les Anglais, ni les Canadiens n'admettaient la chose, il revint aux solutions possibles et fit trois demandes précises : l'Angleterre présenterait ses regrets, définirait les droits des neutres et payerait une indemnité. Appuyées à Londres par un habile ministre canadien, John Rose, ces demandes aboutirent au traité de Washington en 1871 ; la Grande-Bretagne donnait satisfaction aux deux premières et confiait le règlement des indemnités à un tribunal arbitral. Le tribunal, constitué à Genève, comprit un Américain, Adams, un Anglais, et trois neutres, un Suisse, un Italien, un Brésilien. Après des discussions prolongées, qui faillirent amener une rupture, Adams trouva un compromis satisfaisant; la convention finale, signée en 1874, assurait à l'Amérique une indemnité considérable et consacrait la plus belle victoire que la cause de l'arbitrage international eût jamais remportée.

Pendant ces négociations avait eu lieu la guerre franco-allemande. Les Américains détestaient Napoléon III; ils étaient reconnaissants à la Prusse d'avoir bien accueilli les emprunts du Nord pendant la guerre civile; enfin les Allemands, si nombreux dans le Nouveau Monde, faisaient l'apologie de leur pays. Aussi l'opinion publique fut-elle favorable à la Prusse. Après le 4 septembre, le secrétaire d'État chargea aussitôt le ministre américain à Paris de présenter ses souhaits de bienvenue au nouveau gouvernement républicain; mais les États-Unis demeurèrent strictement neutres, se refusant à aucune démarche pour la paix, et laissant leurs nationaux vendre vivres et munitions aux deux belligérants. L'historien Bancroft, leur ministre à Berlin, très lié avec Bismarck, fit savoir à Washington que la Constitution du nouvel Empire allemand, libérale et fédérale, ressemblait à celle des États-Unis; voilà pourquoi Grant glorifia, dans son message du 7 février, l'achèvement de l'unité allemande. Ce message causa une douloureuse impression en France et fit naître la légende fausse d'après laquelle le Président aurait envoyé au roi Guillaume des télégrammes de félicitations pour ses victoires[1].

II

Il faut revenir maintenant à l'histoire intérieure et voir ce que devint le Sud pendant la présidence de Grant. Les lois de reconstruction votées par le Congrès enlevaient le droit de suffrage à tous les hommes de valeur de l'ancienne Confédération et le donnaient à 700.000 nègres, presque tous illettrés. Ces masses ignorantes furent naturellement à la merci des premiers intrigants qui sauraient les mener. Beaucoup de gens du Nord, parmi lesquels d'anciens soldats des armées fédérales,

1. V. Stanton, *Le général Grant et la France* (*Revue de Paris*, 1er novembre 1894).

étaient accourus depuis 1865 dans le Sud, où le bas prix des terres et le haut prix du coton leur promettaient des gains faciles ; mais comme ils ne connaissaient rien à cette culture, comme les nègres voyaient dans la liberté le droit de ne rien faire, comme les blancs sudistes mettaient ces intrus en quarantaine, ils échouèrent vite et mangèrent leurs petits capitaux. Les plus avisés voulurent se dédommager en vivant de la politique, en exploitant la naïveté docile des noirs. Cet exemple fut suivi par divers aventuriers du Nord, va-nu-pieds dont tout l'avoir tenait dans un sac de nuit (*carpet-bag*) ; de là vint le nom de *carpet-baggers*, qui est resté historique. Ils trouvèrent des complices chez certains pauvres blancs du Sud, les *scalawags*. Tous ces individus, à part quelques exceptions honorables, étaient des pillards éhontés qui ne songèrent qu'à faire fortune aux dépens des États dont ils dirigeaient les législatures.

Ils furent aidés par les maladresses des notables sudistes. Ceux-ci, dépouillés du droit de vote, recommandèrent à leurs concitoyens l'abstention, malgré l'avis judicieux de Lee. En Géorgie, les blancs préférèrent l'action, conquirent la majorité dans la législature, et s'empressèrent d'invalider en bloc les 27 représentants nègres ; cette faute grave indigna le Congrès. Mais ce qui l'irritait bien plus encore, c'étaient les violences commises par les blancs. Les Sudistes avaient toujours été pointilleux et querelleurs ; le revolver chez les planteurs, le couteau chez les pauvres blancs jouaient un grand rôle. Ces habitudes, fortifiées par la guerre civile, provoquèrent de nombreux attentats contre les barbares africains devenus les maîtres du pouvoir. Il y eut quelques massacres analogues à celui de la Nouvelle-Orléans ; il y eut surtout les actes individuels commis par les membres des sociétés secrètes. Une d'entre elles devint célèbre sous le nom bizarre de Klu-Klux-Kan ; ses membres, couverts d'une longue robe, la figure cachée par un masque blanc, apparaissaient à cheval à minuit chez un nègre, et lui interdisaient d'aller voter, sous peine de mort ; si l'avertissement n'était pas obéi, la seconde fois on le blessait ou même on le tuait. Ces apparitions inspiraient aux noirs une terreur superstitieuse ; la presse du Nord amplifiait leurs récits, mais une enquête officielle y trouva un fond de vérité.

Le Congrès, encouragé par l'élection de Grant, vota le quinzième amendement, qui assurait le droit de suffrage à tous les gens de couleur. Le Nord l'adopta, malgré sa répugnance, pour dompter enfin l'obstination des vaincus ; le Sud l'adopta aussi, puisque les électeurs noirs soutenaient l'autorité des *carpet-baggers*. Cette soumission fit obtenir aux trois États encore maintenus en tutelle, le Mississipi, la Virginie et le Texas, leur rentrée dans l'Union. La loi de répression contre le Klu-Klux-Kan, appliquée par les commandants militaires, mit fin aux violences des sociétés secrètes. En 1872, tous les États du Sud étaient reconstruits ; tous avaient un gouvernement affilié au parti républicain. Celui-ci obtint donc facilement la réélection de Grant et se sentit assez puissant pour devenir plus modéré ; la loi d'amnistie de 1872 ne laissa en dehors des listes électorales que 4 à 500 personnes, l'état-major politique et militaire de la Confédération.

Le gouvernement des *carpet-baggers*, appuyé par les forces des commandants militaires, eut ses beaux jours de 1869 à 1874. Il offrit des scènes qui rappelaient la vie politique à Haïti au temps de Soulouque. Les législatures comptaient beaucoup de membres noirs dont la tenue, la grossièreté, la corruption scandalisaient les Américains de passage. Ces individus passés de l'esclavage à la toute-puissance aimaient le luxe criard ; au palais de la législature de la Caroline du Sud on pouvait admirer des crachoirs en porcelaine de Chine, et aussi une buvette somptueuse qui ne désemplissait pas. A la Nouvelle-Orléans on demandait couramment : « combien les nègres vendent-ils leur vote aujourd'hui ? » Les *carpet-baggers* faisaient emprunt sur emprunt, doublant les impôts dans presque tous les États.

Les chefs blancs du Sud, renonçant à l'abstention, renonçant aux attentats, comprirent enfin qu'il fallait se servir des moyens légaux pour sauver le pays de la ruine. Les honnêtes gens de tous les partis s'unirent avec eux ; parmi les *carpet-baggers*, plusieurs étaient repus et n'avaient plus leur énergie ancienne, d'autres se laissèrent acheter ; quant aux noirs, ces foules amorphes ne pouvaient lutter contre l'habileté politique et l'énergie des blancs. Le parti démocratique du Nord favorisa des efforts qui devaient lui rendre l'appui des États du Sud. Dès 1869 les démocrates avaient reconquis la législature du Texas ; ils reprirent les autres peu à peu, y compris le Mississipi qui leur revint en 1875, après une lutte électorale accompagnée de nombreuses violences. Le gouvernement des nègres conservait encore la Floride, la Louisiane et la Caroline du Sud, qui passèrent aux blancs après le départ des troupes fédérales en 1877. Tous ces États allaient former ensemble le *solid South*, le Sud compact, forteresse inexpugnable du parti démocrate. Les nouvelles législatures consacrèrent leurs efforts à diminuer les dépenses, à réduire les impôts, à rétablir une administration régulière.

Dans le Nord la question monétaire soulevait, depuis la fin de la guerre civile, des discussions de plus en plus ardentes. Les financiers, les industriels demandaient un retour aussi rapide que possible à la « saine monnaie », au paiement en espèces, afin de faire disparaître la prime sur l'or. Mais les gens de l'Ouest aimaient les *greenbacks*, les billets émis par l'Union; ce papier-monnaie fédéral valait mieux que les innombrables coupures fabriquées chez eux par les banques ou les sociétés particulières. D'ailleurs l'*inflation*, l'abondance du papier-monnaie, avait provoqué une hausse des prix qui profitait aux fermiers de l'Ouest, grands vendeurs de céréales et de viande. Un orateur habile de l'Ohio, Pendleton, propagea ce qui fut appelé « l'idée de l'Ohio »; l'Union, disait-il, doit payer sa dette en greenbacks; autrement on avantagera seulement les riches, les spéculateurs qui agiotent à la Bourse de New-York. Les théories de Pendleton furent bien accueillies par les démocrates; mais les républicains voulaient satisfaire les financiers de l'Est et mettaient leur honneur à payer en monnaie irréprochable ceux qui avaient rendu la victoire possible en souscrivant aux emprunts de l'Union. Mac Culloch, secrétaire de la trésorerie sous la présidence de Johnson, était un financier remarquable qui appliqua ce programme, diminua les impôts et parvint en deux ans à supprimer 140 millions de dollars de papier-monnaie. Le Congrès, le trouvant trop doctrinaire et trop pressé, arrêta cette « contraction » de la monnaie en 1868, mais proclama solennellement que la foi des États-Unis était engagée au paiement de la Dette en numéraire. Cette politique affermit le crédit de l'Amérique dans les pays européens. Il est vrai que la Cour suprême faillit bouleverser tout le système financier par un arrêt déclarant inconstitutionnel le cours forcé du papier-monnaie; cet arrêt surprit d'autant plus que le grand juge était Chase, l'homme qui avait fait adopter le cours forcé pendant la guerre. Bientôt la Cour suprême, où Grant avait fait entrer deux juges nouveaux, revint sur une décision dont les conséquences effrayaient le monde commercial.

Le retour à la paix avait réveillé l'activité générale ; on construisait surtout quantité de chemins de fer, en voulant tout faire à la fois, en escomptant l'afflux des capitaux européens. Cela préparait une nouvelle débâcle. Les grands incendies de Chicago en 1871 et de Boston en 1872 avaient causé de grosses pertes ; la crise financière de Vienne en 1873, retenant sur place les capitaux des banques européennes, précipita le krach américain de la même année. Suspensions de paiements et faillites se succédèrent ; la Bourse de New-York resta fermée huit jours, fait sans exemple dans son histoire. La crise devait faire sentir ses effets pendant près de cinq ans. Les partisans du papier-monnaie prétendirent que la crise avait été amenée par la contraction trop précipitée de la monnaie ; le Congrès, subissant l'influence de cette campagne, vota une loi favorable à l'inflation, mais elle fut arrêtée par le veto du Président. Les républicains se ressaisirent, sous l'impulsion de leur meilleur financier, le sénateur Sherman, frère du général ; le Congrès adopta en 1875 la loi qui fixait au 1er janvier 1879 la reprise du paiement en espèces. L'Ohio devait à ce moment nommer un gouverneur : la lutte s'engagea entre un démocrate ami de l'inflation et le républicain, Hayes, partisan de la saine monnaie ; tous les politiques notables des États-Unis prirent part à la polémique électorale. Aussi la victoire de Hayes assura-t-elle définitivement l'abandon du cours forcé.

Mais la décadence était venue pour le parti républicain. Depuis 1860 il dominait le pouvoir exécutif comme le Congrès, tout en imposant ses volontés au Sud par le droit de la victoire. Un parti ne supporte jamais impunément l'épreuve d'une pareille puissance ; on vit, en effet, la corruption grandir pendant les deux présidences de Grant. Cette démoralisation se révéla d'abord dans quelques grandes cités, jouissant d'une autonomie qui mettait entre les mains des corps municipaux des fonds considérables. New-York a souvent connu ces coteries sans scrupules menées par un *boss*, par un politicien habile et infatigable qui sait diriger à son gré les électeurs, payer les complicités et les dévouements, punir les résistances. Le boss Tweed avait réussi à faire de Tammany Hall un puissant instrument de corruption ; attaqué par un journal honnête, le *New-York Times*, et par le spirituel caricaturiste Thomas Nast, il brava longtemps ses ennemis, pillant la ville et dictant les sentences des juges. Enfin les documents livrés par un de ses affidés en 1871 permirent de convaincre les incrédules et de délivrer New-York d'une tyrannie dégradante.

Malheureusement il se passait des faits du même genre chez les républicains dans la capitale fédérale. Grant ne savait pas choisir ses amis et ses confidents; poursuivi longtemps par la misère, il admirait la richesse et tous ceux qui avaient réussi à la conquérir. Ce Président personnellement honnête eut dans son entourage trop de gens tarés; enfin le système des dépouilles, accepté par tous depuis trente ans, faisait confier beaucoup de fonctions à des hommes qui n'avaient qu'un mérite, celui de bien servir leur parti. Livré à lui-même, Grant obéissait à des inspirations heureuses; la capitulation d'Appomatox prouvait sa générosité; plusieurs fois, de 1871 à 1873, il entreprit l'organisation du « service civil », c'est-à-dire d'un ensemble de garanties et de grades qui seraient exigés des fonctionnaires fédéraux, mais la force d'inertie opposée par le Congrès le découragea, et cet essai de réforme fut abandonné. Sa famille obtenait de sa faiblesse des démarches fâcheuses; elle lui fit recevoir à la Maison Blanche deux des spéculateurs les plus mal famés de New-York, Fisk et Jay Gould, qui faillirent en 1869 déchaîner une catastrophe à Wall Street en provoquant une hausse artificielle de l'or.

Le mécontentement contre le Président provoqua dès 1872 une scission parmi les républicains et la formation d'un parti « républicain libéral » qui demandait la fin du gouvernement des *carpet-baggers* dans le Sud, la fin de la corruption dans le Nord. Ce parti, soutenu par Carl Schurz et par Sumner, offrit la candidature présidentielle au grand journaliste de New-York, Greleey, qui fut accepté aussi par les démocrates. Mais la popularité personnelle de Grant et les succès de sa politique extérieure assurèrent sa réélection. Pour le coup, le parti vainqueur se crut tout permis, et les scandales se multiplièrent. En 1874 la Chambre des représentants fut obligée de censurer deux de ses membres, convaincus d'avoir reçu de l'argent de la société financière qui dirigeait la construction du chemin de fer du Pacifique. La découverte de marchés frauduleux amena la démission du secrétaire de la trésorerie en 1874; l'honnête Bristow, qui le remplaça, voulut faire une épuration et découvrit les vols de Babcock, secrétaire privé du Président. Grant, après avoir laissé engager les poursuites, intervint pour faire acquitter Babcock et le reprit à son service. Bientôt le secrétaire de la guerre, accusé de concussion, démissionna pour éviter un procès. La corruption gagnait aussi la politique des États-Unis au dehors : pendant plusieurs années Grant, poussé par des spéculateurs malhonnêtes, rêva l'annexion de Saint-Domingue, et il fallut la ferme résistance du Sénat, mené par Sumner, pour faire avorter cette entreprise politico-financière.

Ces scandales, joints aux nouvelles qui se répandaient sur les malversations des *carpet-baggers*, expliquent le succès remporté par les démocrates en 1874 aux élections d'automne; ils eurent la majorité à la Chambre en 1875. Beaucoup d'honnêtes gens hésitaient, favorables à la campagne des démocrates contre la corruption, mais attachés à la politique monétaire et financière des républicains. Cela promettait une campagne chaudement disputée pour l'élection présidentielle de 1876; on s'y prépara des deux côtés. Depuis la mort de Stevens le principal leader républicain de la Chambre était Blaine, personnage actif, brillant, « magnétique », et politicien très habile; mais on l'accusa de s'être laissé corrompre, lui aussi, par une compagnie de chemins de fer, et, malgré une scène admirablement jouée devant la Chambre, cette affaire douteuse empêcha d'en faire un candidat présidentiel. Quelques fidèles voulaient un troisième terme pour Grant, mais ils ne furent pas soutenus. Finalement le parti choisit Hayes, gouverneur de l'Ohio, l'homme honnête et sûr que tout le monde estimait. Les démocrates présentèrent le gouverneur de New-York, Tilden, un des maîtres du barreau, qui, après avoir contribué à la déconfiture de Tweed, venait de ramener l'honnêteté dans l'administration de l'État-Empire. Les deux partis éprouvaient le besoin d'avoir des candidats intègres, de satisfaire à ce besoin de probité qu'un publiciste courageux, Godkin, exprimait avec force dans son journal, la *Nation*.

Après une campagne où les républicains firent appel aux souvenirs de la guerre, où les démocrates fulminèrent contre la corruption, le pays apprit que le résultat demeurait indécis ; Tilden obtenait plus de voix populaires, mais Hayes paraissait avoir une voix de majorité parmi les électeurs présidentiels. Tout dépendait de la manière dont seraient comptés les suffrages dans certains États du Sud. En Louisiane les fonctionnaires chargés de proclamer les résultats étaient des gens sans scrupules, nommés par les *carpet-baggers* ; ils mentirent probablement en disant que la majorité avait voté pour Hayes ; Tilden manqua de l'énergie nécessaire pour protester aussitôt. Comme la Chambre démocrate se déclarait pour Tilden, et le Sénat républicain pour Hayes, on pu craindre un moment l'appel aux armes. Heureusement l'esprit de légalité, si cher aux Américains, l'emporta ; on remit la sentence décisive à une commission qui renfermait, avec les délégués des deux Chambres, deux juges de la Cour suprême. Elle déclara, par 8 voix contre 7, que Hayes avait obtenu 185 suffrages contre 184 à Tilden. Jamais élection ne fut plus contestable ; jamais peuple ne donna un meilleur exemple de sagesse politique en s'inclinant devant cette décision. Hayes sut justifier sa victoire ; à peine entré en charge, il rappela les troupes qui surveillaient encore la Caroline du Sud et la Louisiane. C'était la disparition des derniers vestiges de la guerre civile. L'œuvre de reconstruction violente commencée en 1867 avait échoué ; les blancs, redevenus les maîtres, étaient résolus à ne plus laisser les noirs dominer dans aucun État du Sud. Mais l'œuvre de Lincoln avait réussi : l'esclavage était supprimé, l'Union rétablie, et les mauvais souvenirs devaient s'effacer très vite.

CHAPITRE XVI

LA FIN DU XIXe SIÈCLE

I

En 1877, la guerre civile se trouvant liquidée, une période nouvelle commence, où les problèmes de l'époque précédente n'intéressent plus le public, où les discussions sur les droits des États semblent archaïques. L'immigration devient plus forte que jamais; entre 1880 et 1900, la population augmente de 26 millions, chiffre supérieur à celui du peuple entier des États-Unis en 1850[1]. Les uns s'entassent dans les grandes villes manufacturières de l'Est; les autres occupent les terres libres de l'Ouest, y compris la dernière grande réserve indienne, l'Oklahoma, qui est achetée aux Peaux-Rouges et livrée aux colons en 1889. Cent ans après l'inauguration de l'Union, la *frontier* a disparu. Cette occupation des terres libres contribue à déterminer une politique d'expansion qui amènera la guerre avec l'Espagne.

Les deux grands partis politiques subsistent, mais leurs programmes ne présentent plus de différences essentielles. On le voit à propos des trois grandes questions intérieures discutées pendant vingt ans. Celle de la réforme administrative intéresse le républicain Hayes comme le démocrate Cleveland; la question monétaire crée des divisions dans chacun des partis; à propos de la question douanière elle-même, il serait exagéré de dire que la lutte des républicains et des démocrates fut celle de la protection et du libre échange. La politique extérieure des républicains tend à l'impérialisme, au panaméricanisme; cependant

1. En 1880, 50.155.783 habitants; en 1900, 75.994.575.

aucun Président n'a défendu la doctrine de Monroe avec autant d'énergie que Cleveland. Quoi qu'en disent les plates-formes électorales, la lutte de principes a pris fin. Aussi le suffrage universel change-t-il continuellement la majorité à la Chambre des représentants, qui se trouve souvent en opposition avec le Sénat.

Et pourtant c'est précisément dans le dernier quart du XIXe siècle que les deux partis ont porté au plus haut degré de perfection leur système de recrutement et de propagande, que la « machine » a le mieux fonctionné de part et d'autre. C'est visible surtout aux élections présidentielles. Chaque parti s'y prépare pendant quatre ans, sous la direction du Comité national, où chaque État est représenté par un délégué permanent; ce comité se trouve relié par des comités secondaires à tous les centres électoraux. Son rôle, discret pendant trois ans, devient très actif durant l'année de l'élection; son président (*national chairman*), personnage politique influent, souvent grand financier qui donne et fait donner des sommes considérables pour les frais de la guerre, est un général en chef obéi par une armée d'auxiliaires bénévoles ou rétribués. Dans chaque État la convention régionale du parti nomme les délégués à la convention nationale. Celle-ci généralement se réunit en juin ou juillet, dans la ville choisie par le Comité national : tantôt c'est une grande ville dévouée au parti, qui la récompense de sa fidélité par l'afflux de voyageurs et de clients venant assister à la convention; tantôt c'est la principale ville d'un État douteux qu'on espère ainsi gagner. Les membres de la convention sont environ 900, le double du nombre des électeurs présidentiels; mais comme des amis, des journalistes, des curieux les accompagnent, on a soin de préparer une salle immense, pouvant contenir 10.000 et même 15.000 personnes.

Au jour fixé, les délégations des États font successivement leur entrée, précédées de leurs bannières, au son de la musique. Puis un ministre dit une prière, et le président choisi par le Comité national ouvre la séance par un discours glorifiant la politique du parti. On aborde enfin la tâche essentielle, l'élaboration de la plate-forme, qui se prépare en petit comité, et la présentation des candidats, qui se fait en séance publique. On appelle les États par ordre alphabétique; un délégué de l'État nommé se lève et propose un candidat. Souvent celui-ci est un homme honorablement connu dans l'État, mais ignoré dans le reste de l'Union; la présentation de ce « fils favori » est alors une simple formalité polie. Mais si l'on a proposé un des candidats en vue, un de ceux qui peuvent espérer la nomination définitive, ses partisans commencent à manifester par leurs cris, et souvent forment un cortège qui fait le tour de l'immense piste en acclamant le personnage populaire. Après les présentations, les votes commencent; parfois il faut de nombreux tours de scrutin; parfois deux ou trois suffisent, à cause des désistements; parfois se produit un mouvement bruyant et subit (*stampede*) qui rallie tous les suffrages à un candidat, comme il arriva pour Garfield en 1880. Et ce sont des clameurs sans fin en l'honneur de celui qui porte la fortune du parti. Enfin l'assemblée se calme et nomme pour quatre ans le comité national, où les politiciens les plus habiles sont réélus plusieurs fois de suite.

Il reste trois ou quatre mois jusqu'à l'élection de novembre; c'est la période agitée de la campagne présidentielle. Des réunions publiques sont tenues partout; en 1900 le comité national républicain enrôla et paya 5.500 orateurs ou conférenciers. S'il y a une question importante en jeu, ces orateurs la traitent avec grand soin, car les Américains veulent qu'on s'adresse à leur intelligence, qu'on s'applique à les convaincre; la campagne de 1896 est demeurée célèbre par le débat sur la question monétaire, par l'effort que firent les républicains pour expliquer clairement les avantages de la saine monnaie, les dangers du libre monnayage de l'argent. Si aucune question de ce genre ne s'impose à l'attention publique, ce sont les personnes des candidats qui font les frais de la polémique; elle puise aussi dans le vieux fond des arguments historiques, les républicains se glorifiant d'être le parti de Lincoln, les démocrates invoquant le souvenir de Jefferson et de Jackson. Les brochures distribuées gratuitement forment parfois un total de 100 millions d'exemplaires; les journaux pullulent; photographies des candidats et caricatures, l'estampe et le stéréoscope, rien n'est laissé de côté. Les candidats eux-mêmes entrent en scène; tandis que Lincoln et Grant encore furent élus sans avoir sollicité personnellement les suffrages, leurs successeurs ont presque tous dû faire des tournées électorales, accablantes pour le larynx et les poumons, avec les poignées de mains distribuées par milliers. Le physique des candidats n'est pas un élément négligeable; les dessinateurs partisans de Mac Kinley ont su mettre à profit sa ressemblance avec Napoléon.

C'est en novembre qu'a lieu la nomination des électeurs présidentiels ; désormais le résultat est acquis, puisqu'on sait pour qui ces électeurs voteront. Ce ne sont pas, en effet, comme le désiraient les constituants de 1787, des hommes étrangers aux querelles des partis ; au contraire, la discipline de parti s'impose à eux avec une force irrésistible. L'élection du Président, le dépouillement du scrutin devant le Congrès ne sont plus que des formalités, qui précèdent la cérémonie d'inauguration du 4 mars, début du « terme » présidentiel.

Hayes, inauguré en 1877, eut des commencements difficiles, car la Chambre, où dominaient les démocrates, lui fit sentir que son élection demeurait contestable ; mais son honnêteté consciencieuse lui fit recouvrer du prestige. Après Garfield, mort au bout de peu de temps, le Vice-Président Arthur devint président et, plus heureux que Tyler ou Johnson, prouva que ce changement n'entraînait aucun inconvénient. En 1884, les républicains, abandonnés par le groupe nombreux et puissant des « prohibitionnistes », qui leur reprochaient de capituler devant l'alcoolisme, perdirent la Maison Blanche pour la première fois depuis 1861 ; le démocrate élu, Grover Cleveland, était une personnalité puissante, un homme remarquable par son énergie et sa force d'âme. On lui reprocha de vivre isolé, sans contact avec le personnel politique, et de se brouiller trop facilement avec le parti qui l'avait choisi. Battu en 1888 par Harrison, il fut réélu en 1892 et montra la même ardeur à soutenir les réformes qui lui paraissaient bonnes, sans se préoccuper du fonctionnement de la « machine ». Son successeur, le républicain Mac Kinley, fut, au contraire, de même que Harrison, le serviteur docile d'un parti, et prit soin de ne présenter à la ratification du Sénat que les fonctionnaires désignés d'avance par les sénateurs républicains.

La réforme administrative, si vite abandonnée par Grant, fut l'objet des soins de plusieurs Présidents ; ils eurent à lutter contre la sourde opposition des politiciens, « des bosses », qui ne voulaient pas renoncer au système des dépouilles ; mais ils rencontrèrent l'appui d'une de ces grandes associations qui se forment aux États-Unis quand il y a une bonne cause à défendre, la Ligue pour la réforme du Service civil national. Il s'agissait d'obtenir, pour les fonctionnaires fédéraux, en échange d'examens sérieux, des garanties de stabilité, d'avancement régulier. Hayes se mit à l'œuvre et fit instituer la Commission du service civil, mais bientôt la Chambre la mit hors d'état d'agir en supprimant les crédits nécessaires, et ne revint que plus tard sur ce vote. L'assassinat du Président Garfield par un solliciteur évincé gagna beaucoup de partisans à la réforme, qui fit quelques progrès sous Arthur ; néanmoins en 1885 il n'y avait que 14.000 fonctionnaires fédéraux sur 120.000 qui eussent obtenu les garanties du Service civil. Qu'allait décider Cleveland ? Il s'était fait connaître par son excellente administration comme gouverneur de l'État de New-York, et son langage montrait en lui un partisan de la réforme ; d'autre part les démocrates, arrivant pour la première fois depuis vingt ans au pouvoir, entendaient bien ne pas laisser les places aux républicains. Il en résulta chez Cleveland bien des hésitations, des actes contradictoires pendant sa première présidence ; pendant la seconde il répondit mieux aux désirs des réformistes. Ceux-ci obtinrent que, même sous les Présidents asservis à leur parti, on ne revînt pas sur les règlements donnés à certaines catégories d'employés. Les Universités, dont l'influence grandissait dans le pays, contribuèrent aussi à rendre populaire l'idée de l'éducation professionnelle, à combattre la théorie jacksonienne d'après laquelle un homme intelligent peut remplir indifféremment n'importe quelle fonction publique.

La question monétaire a tenu dans la politique une place faite pour étonner des Français, qui ne se représentent pas une crise ministérielle causée dans leur pays par un débat sur l'étalon d'or. Les défenseurs de la saine monnaie venaient à peine d'obtenir en 1875 la reprise prochaine des paiements en espèces quand ils virent s'élever contre eux de nouveaux adversaires, les « argentistes ». Les mines d'argent de la région du Pacifique avaient commencé à souffrir du manque de débouchés, surtout depuis l'adoption de l'étalon d'or par le nouvel Empire allemand et depuis les mesures prises par l'Union latine contre le métal blanc. Les argentistes voulurent se dédommager en imposant aux États-Unis le bimétallisme ; les anciens partisans du cours forcé des billets les appuyèrent, afin de maintenir l'inflation et les hauts prix des denrées. L'Ouest avait contre lui l'Est, région des banquiers et des industriels, mais il pouvait compter sur le Sud, hostile aux capitalistes qui avaient fourni à Lincoln les sommes nécessaires pendant la guerre civile. Après des péripéties nombreuses les argentistes, non contents de leurs premiers succès, obtinrent en 1890 le vote d'une loi qui obligeait le Trésor à faire chaque année un achat d'argent pouvant atteindre 54 millions d'onces (1 680.000 kg.). Cette loi détermina une forte exportation d'or, justifiant l'adage économique d'après lequel la mauvaise monnaie chasse la bonne; il en résulta une sérieuse crise financière en 1893.

Les partis étaient demeurés longtemps divisés sur cette question par des intérêts locaux. Les républicains avaient ménagé les argentistes, pour conserver le suffrage des nouveaux États admis en 1884, les deux Dakota, Montana et Washington; mais l'influence de l'Est l'emporta chez eux et les rallia aux partisans de l'or. Les démocrates s'étaient généralement alliés aux groupes argentistes; aussi furent-ils stupéfaits de voir Cleveland convoquer en 1893 une session spéciale du Congrès pour remédier à la crise en faisant abroger la loi Sherman. Le Président obtint gain de cause; et quand les bimétallistes, revenus de leur surprise, firent passer une nouvelle loi favorable au métal blanc, il l'arrêta par son veto. La question monétaire fit tous les frais de la campagne présidentielle en 1896 : tandis que le parti républicain réclamait l'étalon d'or, la convention démocrate se laissa entraîner par l'éloquence d'un orateur jusque-là inconnu, M. Bryan, et choisit comme candidat celui qui s'écriait : « Vous ne mettrez pas sur le front du travailleur cette couronne d'épines, vous ne crucifierez pas l'humanité sur une croix d'or! » La victoire demeura aux partisans de la saine monnaie.

La question douanière, elle aussi, avait provoqué longtemps des oppositions de régions plutôt que de partis. L'Est, pays de grande industrie, soutenait le protectionnisme; l'Ouest, qui vendait à l'Europe ses porcs et ses blés, craignait les représailles douanières. Le parti républicain finit par se rallier tout entier au protectionnisme, tandis que les démocrates restaient divisés. Cleveland, avec son esprit d'initiative habituel, consacra au tarif son message de décembre 1887; fidèle cette fois aux traditions les plus anciennes du parti de Jackson, il montra la nécessité de réduire les taxes, de ne pas fournir au gouvernement fédéral des recettes excessives qui avaient pour résultats des dépenses extravagantes. C'était une allusion très claire aux prodigalités des Chambres républicaines, qui augmentaient sans cesse les pensions accordées aux vétérans de la guerre civile. Ce message souleva la colère du monde industriel et prépara la victoire des républicains en 1888. Ils s'empressèrent d'élever considérablement les droits de douane ; ce fut le fameux tarif Mac-Kinley (1890), si préjudiciable à l'industrie européenne. Mais ce tarif mécontenta les consommateurs américains, obligés de payer très cher les produits fabriqués ; aussi Cleveland redevenu Président fit-il abaisser les droits. Mais les républicains, résolus à maintenir le régime protectionniste, choisirent comme candidat en 1896 l'auteur même du tarif contesté : Mac-Kinley fut élu contre Bryan, et cette victoire de l'or fut aussi la victoire du protectionnisme, comme le prouva le tarif Dingley, mis en vigueur dès 1897 et aggravé encore par la façon dont le Sénat le fit appliquer dans les conventions avec l'étranger.

II

Ce peuple riche et puissant éprouvait maintenant le besoin d'étendre son action économique, et politique par là même, au delà de ses frontières. La politique d'expansion de Seward et de Grant avait déplu au Congrès comme au pays ; un esprit nouveau apparut quand l'industrie américaine se sentit assez forte, non seulement pour alimenter le marché national, mais pour commencer à exporter ses produits. Ne pouvant espérer conquérir le marché européen, les Américains tournèrent les yeux vers l'immense empire chinois et comprirent ainsi l'importance des archipels qui offraient des relais à la navigation dans le Pacifique. Des traités avec les indigènes des Samoa (1878) et des Hawaï (1884) assurèrent à la marine de l'Union des stations de charbon. Quand les Allemands vinrent s'établir aux Samoa, et que la brutalité de leurs matelots provoqua des rixes avec les naturels, le public américain s'émut ; enfin Bismarck ouvrit à Berlin en 1889 les négociations qui aboutirent à un *condominium* anglo-germano-américain. Six ans plus tard, ce régime prit fin par un traité de partage qui attribuait aux États-Unis les meilleurs ports des Samoa. Aux îles Hawaï les colons américains, devenus nombreux et puissants, provoquèrent une révolution contre la reine indigène (1892); elle vint réclamer à Washington où Cleveland, estimant qu'elle était victime d'une injustice, voulut lui rendre sa couronne. Mais les colons américains s'y opposèrent; une république s'organisa sous leur direction, jusqu'à ce que l'archipel fût annexé par les États-Unis en 1898.

C'était là une politique nouvelle, contraire aux traditions de la grande République. Elle demeurait, au contraire, fidèle à ses coutumes en reprenant la vieille controverse avec la Grande-Bretagne et le Canada au sujet des pêcheries de l'Atlantique; après le rejet d'un traité par le Sénat on se contenta d'un *modus vivendi* provisoire imaginé par le gouvernement canadien. Une autre discussion commençait entre les deux pays à propos des phoques à fourrure de la mer de Behring; un arbitrage français fit signer une transaction au traité de Paris (1892). C'étaient des problèmes plus complexes qui se posaient dans les rapports avec l'Amérique latine. Depuis Monroe les États-Unis s'étaient appliqués à la préserver des ingérences européennes, mais ils s'abstenaient de relations plus intimes avec des gouvernements sans cesse balayés par les crises révolutionnaires. Une politique nouvelle apparut avec Blaine, candidat malheureux à la présidence en 1876, en 1880, en 1884, mais secrétaire d'État sous Garfield et Arthur; comme l'abolition de l'esclavage facilitait les rapports avec des pays où les mulâtres et autres métis jouaient un rôle important, il entreprit de répandre chez eux l'idée panaméricaine et voulut les convier tous à une conférence en 1882. Bien que son activité un peu brouillonne fût demeurée sans résultats, il se remit à l'œuvre quand le Président Harrison l'eut renommé secrétaire d'État. Il parvint à ouvrir en 1889 la première conférence panaméricaine à Washington; mais ses projets d'arbitrage international et d'union douanière effrayèrent des républiques très jalouses de leur indépendance, et l'on décida seulement la création d'un Bureau des républiques américaines, avec un programme encore très vague.

Cleveland, peu favorable aux projets d'expansion, abandonna les essais de Blaine, mais une querelle entre la Grande-Bretagne et le Venezuela au sujet des frontières de la Guyane anglaise lui fournit l'occasion de défendre avec énergie la doctrine de Monroe; c'est même cette discussion de 1895 qui a donné à cette doctrine, rarement invoquée auparavant par les gouvernants américains, une importance internationale. Comme le Venezuela sollicitait l'appui des États-Unis, le secrétaire d'État Olney fit parvenir à Londres un mémoire où il déduisait les conséquences logiques du message de Monroe, vantait l'excellence du système républicain adopté par l'hémisphère occidental, et proclamait le droit des États-Unis à une sorte de protectorat sur l'Amérique vis-à-vis de l'Europe. Lord Salisbury, dans une réponse hautaine, dénia au gouvernement de Washington le pouvoir d'imposer au monde entier un droit international créé par lui seul[1]. Cleveland riposta en envoyant au Congrès un message belliqueux ; mais la commission d'enquête nommée par le Congrès adressa aux deux pays un appel pacifique, et l'incident se termina par un traité d'arbitrage.

Par contre, ce fut une guerre qui sortit des pourparlers avec l'Espagne. Nous avons vu reparaître plusieurs fois en Amérique le désir d'enlever Cuba aux Espagnols ; ce désir était périodiquement ranimé par les émeutes qui ravageaient la grande île, sans que la métropole sût jamais les prévenir ou en effacer les causes. Depuis 1895, aucun gouverneur espagnol ne parvint plus à maîtriser complètement la révolte ; l'incendie éteint dans une région se rallumait dans une autre. Les Américains suivaient les événements avec passion ; si quelques-uns aidaient sous main les révoltés, d'autres craignaient la perte de capitaux importants engagés dans l'île ; la dureté du gouverneur Weyler et ses camps de concentration excitèrent une colère générale. Cleveland avait déjà donné un avertissement public à l'Espagne ; Mac-Kinley après lui engagea des pourparlers pacifiques, dont la longueur exaspéra l'impatience des journaux et du peuple des États-Unis. Enfin une explosion anéantit un cuirassé américain, le *Maine*, dans un port de Cuba. Il a été reconnu plus tard que cela venait d'un accident et non d'un torpillage ou d'une mine ; mais la nation entière crut à un attentat criminel des Espagnols, et le Président, bien que toujours hésitant, finit par envoyer au Congrès, en avril 1898, un message qui proposait d'intervenir à Cuba au nom de l'humanité. Le Congrès, plus catégorique, vota une résolution conjointe qui réclamait l'indépendance de Cuba, donnait au Président les pouvoirs militaires nécessaires pour la faire

1. V. ces documents dans *Revue de Paris*, 15 janvier 1896.

reconnaître, et promettait que l'île ne serait point annexée aux États-Unis. La guerre commença le 21 avril.

Les États-Unis engageaient la lutte sans y être préparés; heureusement pour eux l'Espagne l'était moins encore. L'armée américaine, ramenée à 25.000 hommes après 1865, fut portée à 60.000, et l'on appela 125.000 volontaires pour deux ans; tout cela se fit à la hâte, avec un désordre qui souleva des critiques très vives contre le secrétaire de la guerre, mais avec une ardeur et une bonne volonté qui firent voir combien cette campagne était populaire. Comme on se disputait uniquement des îles, c'était la maîtrise de la mer qui devait décider de la victoire sur terre, et la marine américaine avait une incontestable supériorité. Le 1er mai Dewey détruisit une escadre à Manille; la victoire lui coûta sept blessés, pas un mort. Les soldats purent bientôt débarquer dans l'île Luçon, et la capitulation de Manille au mois d'août leur livra 13.000 hommes. A Cuba, la principale lutte eut lieu autour de Santiago, où l'escadre de Cervera fut « embouteillée »; le 2 juillet les troupes américaines enlevèrent brillamment les hauteurs qui dominent la ville; le lendemain, l'escadre espagnole voulant sortir du port eut ses vaisseaux détruits ou capturés; Santiago se rendit. Enfin une expédition partie de Cuba soumit en quinze jours l'île de Porto-Rico.

Le protocole du 12 août, signé à Washington, suspendit les hostilités et prépara les négociations de Paris. Celles-ci furent assez longues, à cause des Philippines. Au début les Américains ne parlaient guère de conquérir ces îles, mais seulement de seconder le patriote philippin Aguinaldo, révolté contre l'Espagne. Mais le sentiment annexionniste avait grandi rapidement; l'annexion des Hawaï, point de relâche nécessaire entre San-Francisco et Manille, prépara celle des Philippines, qui parut très opportune au moment où l'exemple de l'Allemagne déchaînait les convoitises européennes en Chine. Les négociateurs américains finirent par exiger les Philippines, en payant une indemnité de 20 millions de dollars; l'Espagne dut se résigner et signer la paix.

Cette victoire exalta l'enthousiasme de la nation américaine, qui salua la bataille de Manille comme la plus grande victoire navale que le monde ait jamais vue. Elle fortifia son dédain vis-à-vis de l'Europe, qui avait fait preuve de sympathie pour l'Espagne sans lui donner aucun appui effectif. Seule la Grande-Bretagne avait pratiqué une neutralité favorable aux Américains, et son attitude effaça les derniers ressentiments laissés par les vieilles querelles. Désormais l' « impérialisme » américain devenait une réalité ; chacun avait compris que les États-Unis prenaient place définitivement parmi les puissances « mondiales ».

Planche VI.

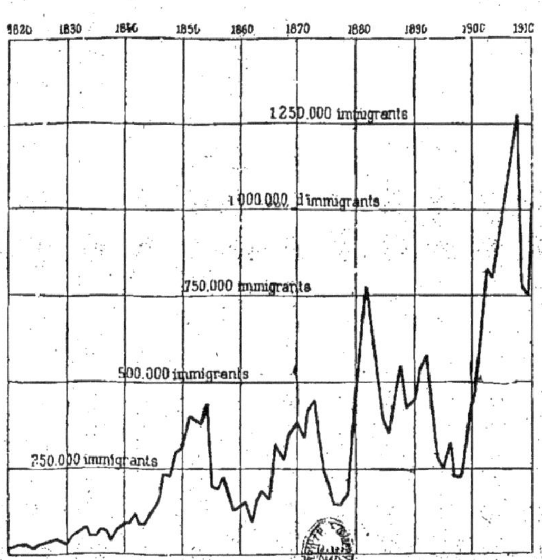

L'IMMIGRATION EUROPÉENNE AUX ÉTATS-UNIS DEPUIS 1820

(D'après l'*Annual Report of the Commissioner General of Immigration*.)

CHAPITRE XVII

L'APOGÉE DES RÉPUBLICAINS

I

A la fin du XIXe siècle, le parti républicain possédait une puissance et une popularité justifiées par le succès. Au dedans, sa politique douanière avait assuré le triomphe du protectionnisme; sa politique monétaire fut couronnée par la loi de 1900, qui établit l'étalon d'or, et la prospérité remarquable qui se développa jusqu'en 1907 semblait donner raison à l'une comme à l'autre. A l'extérieur il avait battu l'Espagne, délivré Cuba, pris Porto-Rico; c'était satisfaire tous les partisans de la doctrine de Monroe, c'est-à-dire tous les Américains. Il n'y avait qu'un point noir, aux Philippines; l'insurrection déchaînée dans ces îles contre leurs nouveaux maîtres faisait rage en 1900, et beaucoup de démocrates protestaient contre l'oubli des traditions libérales des États-Unis, contre le joug imposé à un peuple qui avait vu les Américains venir comme des libérateurs. Une attaque vigoureuse contre l'impérialisme eût pu émouvoir les électeurs pendant la campagne présidentielle de 1900; mais le parti démocrate, subissant de nouveau l'influence de M. Bryan, le présenta une seconde fois comme le candidat du métal blanc contre l'étalon d'or, et le Président Mac Kinley fut réélu sans difficulté. Six mois après sa seconde inauguration, il fut assassiné par un anarchiste, et la présidence passa au Vice-Président, M. Roosevelt.

Issu d'une de ces vieilles familles hollandaises qui font partie de l'aristocratie de New-York, Théodore Roosevelt avait participé de bonne heure à la vie politique. Soit à la législature d'Albany, soit au comité de police de la cité de New-York, il avait lutté contre les procédés de corruption employés par Tammany Hall ; son entrée à la Commission du service civil lui permit de collaborer activement à la réforme administrative. Pendant la guerre de Cuba il organisa, comme auxiliaire de son ami Wood, ce régiment des « rudes chevaucheurs » (*rough riders*), qui devint célèbre parce que les jeunes élégants de New-York s'y rencontraient avec les cow-boys du Far-West. Wood nommé général laissa le commandement du régiment à Roosevelt, qui est désormais resté pour les Américains « le colonel », celui qui a mené ses cavaliers à la charge de Las Guasimas, près de Santiago. Élu gouverneur de l'État de New-York en 1898, sa vigueur contre la corruption le fit paraître gênant aux politiciens républicains d'Albany ; on l'exila dans la charge honorifique et oisive de Vice-Président, sans prévoir que c'était lui ouvrir le chemin du pouvoir. Sa forte personnalité, sa parole emphatique et sincère, ses appels à l'idéalisme et à l'orgueil du pays américain devaient faire de lui un des hommes les plus populaires qui aient occupé la Maison Blanche.

Le grand développement de l'industrie américaine depuis vingt ans fit passer au premier plan pendant cette présidence la question des trusts et celle des syndicats ouvriers[1]. Les trusts, vastes groupements de capitaux et d'employeurs, ont substitué les accords aux guerres industrielles et prévenu parfois les crises de surproduction et de chômage; mais ils ont concentré une puissance formidable dans les mains des « rois » du pétrole, du blé ou de l'acier ; ces potentats règnent, en effet, sur un personnel nombreux et règnent également sur les consommateurs, puisqu'un monopole de fait leur permet de fixer les prix. Ces inconvénients ont bientôt frappé le peuple américain, si jaloux de sa liberté, si fier de n'obéir à aucune aristocratie. Les grandes puissances capitalistes se formèrent d'abord dans l'industrie des transports, par l'entente ou la fusion de nombreuses compagnies de chemins de fer. Beaucoup de ces compagnies avaient reçu du Congrès de vastes dons de terre dans l'Ouest, moyennant la promesse de construire des

1. V. Chastin, *Les trusts et les syndicats de producteurs*, 1909 ; Carroll D. Wright, *L'évolution industrielle des États-Unis* (traduction), 1901.

lignes destinées à un faible trafic ; elles dominaient ainsi plusieurs des États nouveaux, pouvant en outre décider du sort d'une ville par le choix d'un tracé, du sort d'une région par un tarif spécial. Voilà pourquoi elles soulevèrent des colères formidables, qui se traduisirent même par la formation de partis politiques éphémères, comme celui des « Grangers » vers 1880 et celui des « Populistes » vers 1892. Dès 1887 le Congrès avait institué la Commission du commerce entre les États (*Interstate Commerce Commission*), chargée de surveiller les compagnies dont le réseau embrassait plusieurs États, c'est-à-dire toutes les compagnies im portantes.

La concentration industrielle, commencée vers 1885, arrêtée par la crise monétaire de 1893, prit une nouvelle force dans la période prospère qui suivit la guerre de 1898. Dans les premières années du XXe siècle, on calcula que 5288 maisons, autrefois indépendantes s'étaient groupées dans 318 trusts réunissant un capital de 7 milliards de dollars. Il y avait surtout sept trusts gigantesques régentant le sucre, le tabac, l'Océan, le pétrole, la fonderie de métaux fins, le cuivre et l'acier. Dans les chemins de fer, les quatre cinquièmes de l'immense réseau américain obéissaient maintenant à six groupes financiers. Les pamphlétaires socialistes n'étaient pas seuls à demander si de nombreux politiciens à la conscience large ne se laisseraient pas acheter par des magnats qui disposaient de récompenses illimitées.

A la concentration capitaliste correspondait la concentration ouvrière. Nous avons vu le mouvement syndical s'essayer déjà vers 1830 ; sa première victoire fut l'arrêt de la Cour suprême du Massachusetts déclarant en 1842 que la grève n'est pas un délit. Mais ce n'est qu'après la guerre civile que le développement de la grande industrie fournit le cadre de vastes fédérations ouvrières. Celle des Chevaliers du travail fut instituée à Philadelphie en 1869 par un franc-maçon, Uriah Stephens, qui se plut à imiter les rites maçonniques et à prescrire le secret ; l'association y renonça en 1881 et connut une période brillante, suivie d'une décadence complète. La place qu'elle laissait libre fut prise par deux autres groupements, l'Union américaine des chemins de fer, et surtout la Fédération américaine du travail qui a reçu au XXe siècle, sous l'habile direction de M. Samuel Gompers, un développement sans précédent. Le socialisme, en tant que doctrine philosophique et politique, a peu réussi aux États-Unis, mais le mouvement d'association ouvrière n'a été nulle part aussi puissant.

Ces groupements n'ont pas rendu les grèves plus fréquentes qu'autrefois, mais plus formidables par le nombre de ceux qui y prenaient part. Une des premières qui attirèrent l'attention du pays tout entier fut celle de Chicago en 1894 ; devant la faiblesse des autorités locales, le Président Cleveland prit sur lui d'envoyer les troupes fédérales sauvegarder les chemins de fer, et le Congrès approuva cette initiative. Les syndicats eurent bientôt à se préoccuper des prétentions des trusts ; ceux-ci augmentaient assez volontiers les salaires, pour activer la production, mais entendaient recruter leur personnel selon leur volonté, alors que les syndicats voulaient chasser les non-syndiqués des ateliers où ils travaillaient. Ce fut l'origine de la grande grève malheureuse organisée en 1898 par les ouvriers des usines Carnegie, puis de la coalition beaucoup plus vaste qui osa, trois ans plus tard, braver le tout-puissant trust de l'acier. Plus les trusts ont grandi, plus les Trade-Unions se sont fédérées.

Le Président Roosevelt eut soin, dès son premier message (décembre 1901), d'attirer l'attention du Congrès sur les trusts. Ce n'est pas qu'il leur adressât, comme beaucoup le craignaient, une déclaration de guerre ; averti par l'exemple de Cleveland, il ne voulait point se brouiller avec son parti, et celui-ci est fier de s'intituler le parti de la prospérité nationale. Mais il mit en relief la nécessité d'une surveillance fédérale sur les trusts ; les États feraient plus de quarante lois différentes, contradictoires et inefficaces ; l'Union seule pouvait assurer le contrôle sérieux du gouvernement sur les « corporations ». Le Congrès, conformément à ces avis, créa le département nouveau du commerce et de l'industrie, auquel fut rattaché « un commissaire des corporations », chargé de renseigner le gouvernement sur l'activité des trusts. La Commission du commerce entre les États, qui avait déjà rendu quelques services depuis 1887, reçut en 1906 le pouvoir de surveiller les tarifs des Compagnies de chemins de fer. Le pouvoir exécutif trouvait dans le pouvoir judiciaire parfois un obstacle et parfois un appui. La Cour suprême déclara inconstitutionnelles quelques-unes des mesures prises contre les trusts ; mais elle leur porta un coup sensible en confirmant (1911) les jugements des cours de circuit sur le caractère illégal des deux grands trusts du tabac et du pétrole.

La prospérité générale fut arrêtée subitement par la crise financière de 1907, la plus grave qu'on eût vue depuis 1873. La principale cause fut, comme en 1873 ou en 1857, l'excès d'activité, de spéculation, allant de pair avec l'insuffisance des capitaux. Celle-ci fut aggravée par l'insuffisance des moyens de transport : entre 1900 et 1906 le trafic s'accrut de 118 p. 100, alors que la longueur du réseau avait augmenté de 21 p. 100 et le matériel roulant de 35 p. 100. Baisse des actions de chemins de fer au début de 1907, jugement condamnant le trust du pétrole à une amende de plus de 25 millions de dollars, grandes grèves simultanées, enfin, suspension de paiements d'une banque de dépôt, ce qui compromit le crédit de toutes les banques similaires, autant de motifs particuliers faits pour aggraver l'intensité de la crise. Les partisans des trusts accusèrent le Président et le Congrès d'avoir causé la débâcle par leur guerre aux grandes sociétés ; eux, au contraire, attribuèrent le mal à une spéculation effrénée, que les trusts avaient encouragée au lieu de s'y opposer.

Le sort des pays conquis sur l'Espagne occupa souvent le Congrès depuis 1900. A Cuba, le général Wood rétablit l'ordre et fit une œuvre hygiénique remarquable en domptant la fièvre jaune. Cela fait, les Américains, fidèles à leurs promesses, évacuèrent l'île ; mais un traité leur assura des stations et leur réserva le droit d'y renvoyer des soldats si les troubles recommençaient. Il fallut user bientôt de ce droit, mais la seconde occupation fut courte, et Cuba depuis lors a pu vivre de sa vie autonome. A Porto-Rico une administration active se chargea de transformer le régime économique de l'île avant d'accorder à ses habitants le droit de cité. Mais c'étaient les Philippines surtout qui occupaient l'opinion publique, troublée par la polémique vigoureuse des adversaires de l'annexion et de l'impérialisme. Heureusement l'archipel fut confié à un gouverneur habile, M. Taft, sénateur de l'Ohio, qui entama son œuvre de réforme avant même que les insurrections eussent pris fin en 1902. Les îles furent enrichies par de grands travaux publics, chemins de fer, télégraphes, téléphones, 105 phares, un beau port à Manille ; on confia ces travaux à des ouvriers philippins qui, grâce à la suralimentation complétée par une hygiène attentive, purent fournir l'effort nécessaire. C'est l'hygiène aussi, complétée par l'interdiction de l'opium, qui permit de combatre victorieusement le choléra, la dysenterie et la peste. La lutte contre l'ignorance fut commencée par les 542 instituteurs et institutrices qu'un vaisseau américain débarqua en 1901 ; comme les moines avaient d'immenses biens de mainmorte, un accord négocié avec Rome permit au gouvernement de les leur acheter pour un prix très élevé. Enfin la création d'une Chambre, élue au suffrage censitaire par les individus sachant lire (1907), et l'autonomie accordée à quelques municipalités inaugurèrent le régime du *self-government* pour un peuple qui s'en était montré jusque-là incapable.

II

Leur caractère nouveau de puissance « mondiale » obligea les États-Unis à une politique très active, soit en Amérique, soit en Extrême-Orient. Ils voulaient faire le canal interocéanique, tant de fois ajourné. La voie du Nicaragua étant reconnue peu praticable, ils mirent à profit la faillite de la Compagnie française de Panama et lui achetèrent ses droits et son matériel. Le gouvernement fédéral, qui tenait à faire lui-même le canal, était gêné par le traité de 1850 avec la Grande-Bretagne ; mais comme celle-ci ne laissait échapper aucune occasion de complaire aux Américains, le traité Hay-Pauncefote (1901) remplaça l'ancienne convention et laissa aux États-Unis la maîtrise politique du canal, moyennant l'égalité des tarifs commerciaux pour tous les pays. Restait à s'entendre avec l'État qui possédait l'isthme, avec la Colombie ; celle-ci multiplia les obstacles et les difficultés, au grand mécontentement de la province colombienne de Panama, séduite par les offres financières de Washington. Le résultat fut la révolution de 1903, faite par cette province contre le gouvernement de Bogota ; la nouvelle république de Panama signa aussitôt le traité concédant à l'Union la zone territoriale nécessaire pour construire et protéger le canal. Les travaux se firent sous la surveillance d'une commission présidée par un homme d'action remarquable, M. Gœthals ; il fallut d'abord assainir l'isthme, en chasser la fièvre jaune, puis vaincre des obstacles techniques sans cesse renaissants. On en vint à bout, et la voie entre les deux océans devait être achevée en 1914.

Au nord, il y avait une nouvelle question territoriale à régler avec le Canada, car la découverte des mines d'or du Klondyke en 1897 assurait une importance considérable à des terres jusque-là désertes; un flot d'immigrants accourait vers les mines canadiennes comme vers les mines de l'Alaska. La délimitation de la frontière fut remise à une commission de six membres : les trois délégués de la Grande-Bretagne étaient deux Canadiens et le grand juge d'Angleterre qui, sur les points contestés, donna raison aux trois délégués des États-Unis. Le règlement territorial fut donc satisfaisant pour ces derniers. La question des phoques à fourrure souleva, même après l'arbitrage de Paris, de nouvelles difficultés auxquelles mit fin le traité de 1911. Beaucoup d'Américains voulaient d'ailleurs nouer des relations commerciales intimes avec le Dominion et firent signer par le gouvernement canadien un traité qui aurait eu pour effet la séparation économique de la Grande-Bretagne et du Canada; mais ce projet réveilla l'antipathie du peuple canadien contre toute pensée d'annexion plus ou moins déguisée à la République voisine, et la convention ne fut pas ratifiée. A leur frontière du sud les États-Unis eurent longtemps un voisin paisible et ami, le président Porfirio Diaz, qui gouvernait le Mexique en maître; mais sa chute en 1910 ouvrit pour le Mexique l'ère des révolutions, pour les États-Unis une série d'incidents de frontière gênants, sans parler du danger que couraient les capitaux américains engagés dans diverses entreprises, particulièrement dans l'exploitation des puits de pétrole.

La question fut d'autant plus embarrassante que le gouvernement de l'Union désirait se concilier les sympathies des républiques sud-américaines. Le Président Roosevelt reprit l'idée panaméricaine, en s'efforçant de ménager l'amour-propre de ces États agités, susceptibles, prompts à la méfiance; la révolution de Panama et les plaintes répétées du gouvernement colombien avaient réveillé chez eux un sentiment défavorable; pour l'apaiser, il n'intervint jamais dans leurs affaires que conjointement avec Porfirio Diaz, qui avait bien accueilli à Mexico le second congrès panaméricain en 1901. Ces interventions étaient presque inévitables à cause de la politique financière des États latins. Ils avaient tous besoin des capitaux européens et faisaient de fréquents emprunts; souvent ils ne pouvaient tenir leurs engagements. La doctrine de Monroe, partout acceptée au XXe siècle, empêchait les gouvernements dont les nationaux étaient lésés d'occuper comme gage une terre américaine; mais elle leur laissait la ressource du blocus, comme le Venezuela en fit l'expérience en 1902-1903, quand l'Angleterre, l'Italie et l'Allemagne lui imposèrent le paiement de ses dettes. Un ministre de la République Argentine, Drago, posa en principe que les interventions militaires de ce genre devaient désormais être considérées comme contraires au droit des gens. La doctrine de Drago devint aussi populaire dans l'Amérique du Sud que la doctrine de Monroe.

Le gouvernement de Washington connaissait trop les lois du crédit pour ne pas reconnaître que l'oubli des engagements pris appelle une sanction; mais « l'américanisme » l'empêchait de rejeter complètement la doctrine de Drago. M. Roosevelt déclara que toute nation sachant se gouverner elle-même devait être respectée par l'étranger, même si des difficultés passagères la forçaient à retarder ses paiements; par contre, des désordres graves et chroniques pouvaient justifier, dans l'intérêt de tous, l'intervention d'un État civilisé, intervention qui, sur le continent américain, devait appartenir aux États-Unis. Cette théorie du « gros bâton » (*big stick*) flatta l'orgueil des Yankees, mais choqua les Sud-Américains; ils furent mécontents de voir le Président l'appliquer par le traité de 1905 avec la République Dominicaine, traité qui faisait de celle-ci une mineure sous la tutelle financière de Washington. Le Président calma ces défiances, avec le concours d'un secrétaire d'État conciliant et habile, M. Elihu Root. Celui-ci parvint à faire convoquer en 1908 à Rio-de-Janeiro le troisième congrès panaméricain, où l'on fit plus de travail utile que dans les deux premiers; renvoyant à la conférence de La Haye l'examen de la doctrine de Drago, il résolut diverses questions litigieuses et donna une vie nouvelle au Bureau de l'Union panaméricaine. M. Root profita du Congrès pour aller sur un croiseur des États-Unis rendre visite à chacune des républiques latines. La munificence d'un milliardaire donna une demeure somptueuse au Bureau de Washington qui, sous la direction active de M. John Barrett, secoua son ancienne torpeur. Le quatrième congrès panaméricain, tenu à Buenos-Ayres en 1910, fut paralysé par la révolution mexicaine.

Hors d'Amérique, c'était l'Extrême-Orient qui occupait le plus la diplomatie des États-Unis; elle devait à la fois mettre ses nationaux en mesure d'exporter leurs marchandises, et empêcher les Jaunes d'importer dans le Nouveau-Monde leurs émigrants. Les ouvriers chinois en Californie avaient rendu pendant longtemps de grands services; ils achevèrent, par exemple, en 1869 le grand chemin de fer du Pacifique. Mais précisément ce chemin de fer amena en Californie des ouvriers blancs; ils rencontrèrent la concurrence de ces Jaunes qui, vivant de rien, acceptaient des salaires infimes et abaissaient le niveau de vie (*standard of life*). Tout le peuple californien redouta bientôt de se voir submergé par la vague de l'immigration chinoise; des conflits sanglants éclatèrent, et la législature vota des mesures contre les hommes venus d'Asie. La situation était difficile pour le gouvernement fédéral, soucieux de respecter les droits des législatures d'États, mais considéré par les pays étrangers comme responsable des lois faites contre leurs nationaux. Des accords temporaires, conclus avec la Chine en 1880 et 1894, avaient réglementé la surveillance de l'immigration; en 1902 les lois destinées à empêcher désormais celle-ci furent déclarées perpétuelles. Le gouvernement chinois était trop faible pour agir; mais en 1905 un boycottage organisé dans les ports chinois contre les produits américains eut tant de succès que Washington fit des concessions. Néanmoins le flot chinois cessa de se déverser aux États-Unis.

Après les Chinois apparurent les Japonais. Le Japon depuis un demi-siècle s'était mis à l'école des États-Unis, avait imité leur technique et leur enseignement, sans entrer jamais en conflit avec eux. Mais l'annexion des îles Hawaï, où beaucoup de Japonais étaient installés, en amena un certain nombre en Amérique, et la Californie qui luttait depuis si longtemps contre les Fils du Ciel ne fit pas meilleur accueil à leurs frères de race. San-Francisco en 1906 refusa aux enfants japonais l'accès de ses écoles. Le Japon, vainqueur en 1894 et en 1905, savait défendre ses droits mieux que la Chine; pendant deux ans des notes aigres, presque menaçantes, furent échangées entre Tokio et Washington. Le Président réussit, non sans peine, à obtenir de l'État californien quelques modestes concessions, mais en même temps il voulut montrer au Japon comme à l'univers entier la force des États-Unis. Une grande flotte, commandée par l'amiral Evans, partit des ports de l'Atlantique, passa par le détroit de Magellan et parvint à San-Francisco, après avoir séjourné dans les ports de l'Amérique du Sud. Elle traversa le Grand Océan pour répondre à l'invitation de l'Australie; l'accueil chaleureux fait par Melbourne et Sidney prouva la solidarité des peuples anglo-saxons intéressés à l'avenir du Pacifique. Le Japon avait habilement envoyé à son tour une invitation; l'amiral Evans amena ses vaisseaux à Yokohama, où des toasts courtois furent échangés. Enfin, après avoir passé par Suez et Gibraltar, l'amiral rentra et ramena sa flotte, sans pertes ni avaries, au port d'où il était parti. Cette grande expédition fortifia le prestige de la marine américaine. Quant au Japon, il consentit bientôt à laisser dormir le problème de l'immigration; l'accord du 30 novembre 1908 mit fin à des polémiques irritantes et prépara le traité de commerce et de navigation conclu en 1911.

En Chine, les Américains avaient cherché depuis 1897 à réfréner les velléités de partage, à sauver l'intégrité de la Chine, surtout à maintenir le principe de la « porte ouverte » (*open door*), du commerce libre pour toutes les nations. Ils participèrent à la répression de l'émeute xénophobe des Boxeurs en 1900, mais arrêtèrent les hostilités le plus tôt possible, et plus tard firent remise à la Chine de leur part d'indemnité. Au début de la guerre russo-japonaise, M. Roosevelt obtint des deux belligérants la promesse de respecter la souveraineté chinoise; plus tard son intervention habile et pressante hâta la fin de cette guerre et prépara le traité de Portsmouth.

Ce Président populaire et actif, qui obtint en 1904 une réélection triomphale, voulait à la fois développer les forces militaires de son pays et faire de lui l'apôtre de la paix et de l'arbitrage international. Il parvint à quelques résultats; l'armée régulière passa de 25.000 à 60.000 hommes, avec des cadres suffisants pour en instruire 100.000; un état-major général fut créé; on assura des primes à tous les États de l'Union qui équiperaient et instruiraient leurs milices en imitant le modèle donné par les troupes fédérales. Pour la marine, le Congrès fut loin d'accorder tous les crédits sollicités par le Président. Celui-ci d'autre part mit en mouvement la cour d'arbitrage de La Haye, jusque-là en sommeil; il fut le premier à lui soumettre quelques litiges, par exemple en 1907 l'éternelle discussion sur les pêcheries du Nord-Est.

Son influence personnelle n'avait pas été inutile au succès pacifique de la conférence d'Algésiras. Le Président Taft poussa plus loin encore que son prédécesseur les conventions d'arbitrage. Mais le Sénat, fidèle à ses traditions prudentes, n'en ratifia qu'un petit nombre et maintint de son mieux le principe de l'isolement des États-Unis en face de l'Ancien-Monde[1].

1. Pour les années 1906-1911, voir les cinq volumes parus de *La vie politique dans les Deux Mondes*, sous la direction de Viallate.

CHAPITRE XVIII

LE RETOUR DES DÉMOCRATES

I

Le Président Roosevelt avait profité des sympathies populaires pour faire accepter son candidat, M. Taft, qui l'emporta sans peine en 1908 sur le candidat présenté par les démocrates. Mais le parti républicain occupait le pouvoir depuis trop longtemps pour n'avoir pas commis des fautes et provoqué des mécontentements. La crise financière de 1907 n'était pas encore liquidée. La cherté de la vie avait soulevé de telles protestations que les républicains eux-mêmes promirent une révision des droits de douane ; mais le tarif de 1909, qui faisait des réductions plus apparentes que réelles, fut une déception pour les consommateurs. Le parti dominant révoltait les indépendants par son despotisme ; depuis de longues années les speakers de la Chambre, surtout Reed et Cannon, agissaient non en présidents impartiaux, mais en chefs autoritaires de la majorité. Les démocrates remportèrent, aux élections d'automne en 1910, une victoire qui leur rendit la prépondérance à la Chambre, pour la première fois depuis dix-huit ans. L'opinion publique désirait des réformes ; on trouvait le parti républicain trop conservateur, trop asservi aux puissances capitalistes ; on reprochait au Président Taft son indulgence envers les trusts, son éloignement de toute innovation. Divers États de l'Ouest, exaspérés par la corruption des bosses et des politiciens de carrière, obligeaient maintenant chaque parti à désigner ses candidats, non plus par l'intermédiaire des comités, mais par le suffrage de tous les citoyens inscrits comme membres du parti. L'impopularité du Sénat, l'assemblée des bosses, fit réclamer de toutes parts l'élection des sénateurs par le suffrage universel.

Après le grave échec de 1910, une scission commença parmi les républicains ; un groupe se détacha du gros du parti et demanda non seulement l'élection des sénateurs par le peuple, mais le *referendum* et une loi contre la corruption électorale ; enfin il se déclara opposé à la réélection de M. Taft en 1912. Ce mouvement ne prit d'importance qu'après la rentrée en scène de M. Roosevelt ; celui-ci rompit avec le Président qu'il avait fait élire et lui reprocha son conservatisme opiniâtre. Le Comité national, dont les membres étaient favorables à M. Taft, prépara la convention républicaine de 1912 par quelques-unes de ces manœuvres où les politiciens habiles étaient passés maîtres, et forma ainsi une majorité qui désigna de nouveau le Président sortant. M. Roosevelt, dénonçant leurs procédés peu scrupuleux, rompit avec la convention de Chicago et tint dans la même ville une autre convention qui organisa le nouveau parti, le parti progressiste, et qui adopta la candidature du « colonel ».

La guerre de « l'éléphant », l'emblème des républicains, et de « l'élan », signe des progressistes, allait profiter à « l'âne », emblème des démocrates. Ceux-ci, à la convention de Baltimore, laissèrent de côté le programme argentiste et préconisèrent les réformes économiques et politiques demandées par l'opinion ; sur la proposition de M. Bryan, ils décidèrent de choisir un candidat non suspect de défendre des intérêts financiers. Finalement l'assemblée se prononça pour M. Woodrow Wilson. La campagne électorale de 1912 fut marquée surtout par une lutte acharnée entre les partisans de M. Taft et de M. Roosevelt ; les démocrates assistaient à la querelle entre les frères ennemis et marquaient les coups. M. Wilson reprocha aux deux autres concurrents de laisser debout la tyrannie des trusts. On doit en finir, disait-il, avec ces corporations qui font de beaucoup d'hommes les esclaves des compagnies et qui « mettent l'éteignoir sur le génie inventif de l'Amérique » ; on doit rendre la voie libre « à quiconque veut courir sa chance et à l'énergie de la saisir » ; les trusts régentent le Sénat, où siègent les bosses liés avec eux, et la Chambre, où tout est fait par des comités délibérant à huis clos[1]. Le candidat qui annonçait la fin de ce régime

1. V. Wilson, *La nouvelle liberté*, traduction, 1913.

l'emporta sur ses deux adversaires ; ceux-ci eurent ensemble plus de voix populaires que lui, mais il obtint 435 suffrages contre 88 à M. Roosevelt et 8 à M. Taft. Le 4 mars 1913 la Maison Blanche s'ouvrit au seul démocrate qui, à part Cleveland, eût réussi depuis 1860 à conquérir la présidence.

M. Wilson était né en 1856 d'une famille puritaine aux origines écossaises-irlandaises, et avait longtemps vécu dans le Sud. Professeur et publiciste, il se fit connaître dès 1885 par son livre sur *Le gouvernement congressionnel*; le jeune auteur osait critiquer la Constitution, telle que l'usage l'a fait appliquer, parce qu'elle sacrifiait le pouvoir du Président à celui d'un Congrès irresponsable. Après avoir occupé longtemps à l'Université de Princeton (New-Jersey) une chaire de droit, il devint président de cette Université, puis gouverneur du New-Jersey ; partout on remarqua cet homme froid, résolu, autoritaire, qui ne redoutait pas la lutte contre les « magnats » financiers. Arrivé à la présidence avec un programme arrêté, il voulut le réaliser en agissant personnellement sur le Congrès, en abaissant la barrière que la tradition avait mise entre le pouvoir législatif et le pouvoir exécutif. Le Congrès convoqué en session extraordinaire dès le 6 mars vit le Président rompre avec la coutume adoptée par tous ses prédécesseurs depuis Jefferson, et venir en personne lire son premier message ; ce message et ceux qui suivirent étaient courts, précis, et formulaient un programme de travail immédiat. Le Congrès se mit à l'œuvre et, sur l'invitation de M. Wilson, continua de siéger en plein été pour achever la réforme douanière et la réforme monétaire.

Le nouveau tarif, destiné à remédier aux maux de la vie chère, diminua d'environ 30 p. 100 les droits sur les articles de première nécessité, en augmentant ceux qui portaient sur les objets de luxe. En votant la loi monétaire, les démocrates eurent l'habileté d'accomplir une réforme préparée par les républicains. La crise de 1907 avait montré une fois de plus les inconvénients d'un régime qui dispersait les dépôts et les capitaux du pays entre 30.000 banques ; mais le préjugé qui subsistait depuis Jackson contre une Banque nationale était difficile à détruire. La loi de 1913 créa douze banques fédérales pour douze districts entre lesquels l'Union fut partagée ; ces banques devaient concentrer les dépôts, utiliser les fonds remis par le Trésor, enfin émettre selon les besoins des billets valables dans leur ressort; elles subissaient le contrôle d'un conseil fédéral unique, nommé par le Président et siégeant à Washington. M. Wilson avait contribué beaucoup à l'adoption de ces deux grandes lois par ses conférences fréquentes avec les principaux comités du Congrès. Il s'était d'ailleurs assuré la liberté de son travail en remettant aux secrétaires l'accablante besogne du choix des fonctionnaires. Les règlements du Service civil furent maintenus; dans chaque État, les postes importants furent donnés après entente avec les sénateurs démocrates, car le Président voulait gouverner avec son parti.

C'est en 1913 aussi que furent promulgués deux nouveaux amendements à la Constitution, votés depuis longtemps par les Chambres et ratifiés par les États. Le seizième amendement autorisa le Congrès à lever des impôts sur le revenu sans les répartir entre les États proportionnellement à leur population : cela permit d'établir le gros impôt nécessaire pour compenser la diminution des recettes fournies par les douanes. Le dix-septième amendement réalisa la réforme demandée par tous les partis, l'élection des sénateurs au suffrage universel.

Mais c'étaient les trusts surtout que la campagne électorale de 1912 avait mis en cause. Le message du 20 janvier 1914 s'occupa d'eux et fit des propositions moins révolutionnaires que le public ne le craignait ou ne l'espérait. En véritable Américain, le Président marqua son désir de ne point paralyser les affaires, d'arriver à un régime acceptable pour tous; il proposa de donner à la Commission du commerce entre les États des pouvoirs plus étendus pour surveiller les opérations financières des compagnies de chemins de fer; en même temps une autre commission devait être créée (*Interstate trade Commission*) pour contrôler toutes les opérations des autres grandes Sociétés industrielles ou financières.

A cette politique intérieure vigoureusement réformiste correspondait une politique extérieure prudente, pacifique, mais vigilante. Les plaintes de la Colombie au sujet du rapt de Panama furent définitivement calmées par le don d'une indemnité considérable. Quant au canal lui-même, qui allait s'achever, le Congrès voulait le réserver au commerce américain; aussi avait-il voté une loi exemptant de tous droits le cabotage des États-Unis, ce qui était contraire au traité Hay-Pauncefote.

En présence des protestations de l'Europe, le Président réclama l'abrogation de cette loi et l'obtint, non sans choquer le chauvinisme des Chambres, en juin 1914. Une seule question demeurait embarrassante et fertile en incidents, celle du Mexique ; le Président refusa de reconnaître Huerta, refusa d'intervenir en faveur d'aucun des prétendants qui se disputaient le pays par les armes. Quand les marins des États-Unis furent insultés et arrêtés en 1914, il occupa la Vera-Cruz sans tarder, mais s'empressa d'accepter la médiation offerte par l'ABC (Argentine, Brésil, Chili), pour gagner les sympathies de l'Amérique latine. De nombreux traités d'arbitrage avec les grandes puissances montrèrent que le Président partageait les idées pacifistes de son secrétaire d'État, M. Bryan. C'est alors que survint la grande guerre en Europe.

Avant d'en parler, notons que cette guerre a favorisé les progrès des États-Unis en Amérique. Malgré les congrès panaméricains, le continent du sud était lié commercialement à l'Angleterre, à l'Allemagne et à la France beaucoup plus qu'à la grande république du nord. La guerre et le blocus firent disparaître la concurrence européenne, et en novembre 1914 le président du bureau de Washington, M. Barrett, réunit à Memphis les délégués des États voisins du Mississipi afin de leur montrer quelle occasion magnifique s'offrait d'assurer un vaste débouché à leurs produits ; puis le gouvernement fédéral créa des attachés commerciaux, subventionna des missions d'études, en attendant la conférence financière panaméricaine de Washington (mai 1915) et le congrès qui la suivit à Buenos-Ayres en avril 1916. Le congrès s'occupa sérieusement du projet déjà ancien de chemin de fer transcontinental, et aussi d'une monnaie de compte commune qui équivaudrait au cinquième du dollar. D'autre part, à l'imitation du traité signé en 1905 avec la République dominicaine, un traité avec celle d'Haïti, approuvé à l'unanimité par le Sénat le 28 février 1916, imposa au gouvernement instable de Port-au-Prince un protectorat économique. Enfin l'achat des Antilles danoises, repoussé par l'Amérique au temps de Seward, repoussé par le Danemark au début du XXe siècle, fut réalisé d'un commun accord en 1916. Les démocrates ont travaillé comme les républicains à faire régner sur tout l'hémisphère occidental le patronage des États-Unis.

Planche VII.

WILSON

Weill, *États-Unis*, p. 192.

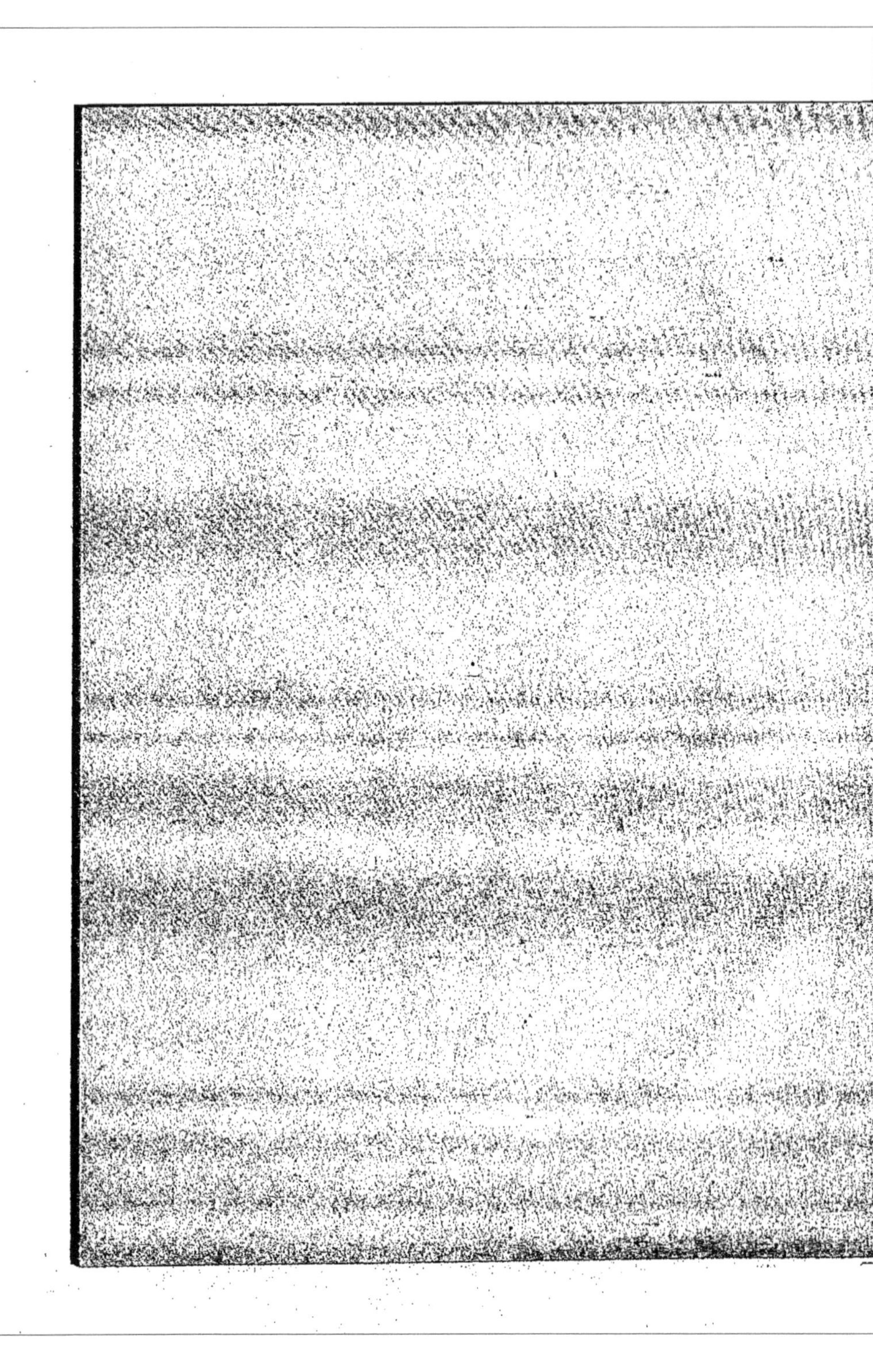

II

La grande guerre européenne apparut d'abord aux États-Unis comme un grand spectacle intéressant, passionnant, mais non comme une affaire pouvant toucher leur politique. La tradition suivie depuis Washington et Jefferson leur commandait la neutralité. Une nation recrutée parmi les immigrants de tous les pays d'Europe avait un motif spécial pour ne pas intervenir dans des luttes fratricides. Le pacifisme était devenu depuis une dizaine d'années une véritable religion dont les fidèles se multipliaient sans cesse ; « je n'ai pas élevé mon fils pour être soldat », ce refrain de music-hall exprimait un sentiment partout répandu. Les gens pratiques entendaient bien tirer parti de la neutralité en vendant armes et munitions, vivres et vêtements à tous les belligérants ; les idéalistes annonçaient que les peuples européens, une fois réveillés de leur ivresse meurtrière, seraient heureux de prendre comme médiatrice la grande république restée loin des combats. En attendant, elle saurait adoucir les maux de la guerre, secourir les malheureux, montrer la munificence américaine pour les blessés, les affamés, pour toutes les victimes.

Mais dès les premières semaines les faits prouvèrent que la neutralité morale, à défaut de la neutralité politique, n'était pas facile à observer. L'invasion de la Belgique et les cruautés commises contre ses habitants soulevèrent d'ardentes sympathies pour le petit pays qui avait loyalement et courageusement défendu sa neutralité. Plusieurs voix s'élevèrent aussitôt pour flétrir les procédés et les ambitions de l'Allemage ; une des plus écoutées fut celle de M. Eliot, l'illustre président honoraire de l'Université Harvard. Bientôt ce fut un grand militant, M. Roosevelt, qui vint avec sa fougue habituelle prendre la défense de la Belgique, rappeler le texte des conventions de La Haye violées par l'Allemagne, et reprocher aux États-Unis de laisser déchirer des traités où ils avaient apposé leurs signatures. Beaucoup de publicistes, sortant principalement des Universités, approuvèrent son attitude. La bataille de la Marne avait réveillé aussi les sympathies pour le pays de Lafayette et de Joffre.

Le parti opposé profita de la présence en Amérique d'une population nombreuse d'origine allemande ; on évaluait en 1910 à 18 millions le nombre des Américains nés en Allemagne ou descendants d'Allemands. Longtemps ces immigrés, comme tous les autres, s'étaient fondus rapidement dans le peuple des États-Unis ; mais depuis quelques années, des ambassadeurs habiles, Holleben et Speck von Sternburg, s'étaient appliqués à les grouper, à les mettre en relations avec les consulats allemands, à dresser des listes, soigneusement tenues à jour, de tous ceux à qui l'Empire pouvait demander une aide matérielle ou morale. C'est ainsi que le terrain se trouva préparé pour la propagande que vint diriger à New-York M. Dernburg, ancien ministre allemand des colonies. Sa campagne, alimentée par les sommes considérables que versaient les Germano-Américains, s'étendit au monde politique, au monde commercial, surtout à la presse. Nier les cruautés commises en Belgique, dénoncer les crimes du tsarisme, dépeindre surtout la tyrannie de l'Angleterre sur les mers, tels étaient les principaux objets de la polémique germanophile ; quant au but immédiat, ce fut d'obtenir, en invoquant le pacifisme et la neutralité, que l'Amérique cessât d'envoyer des munitions aux puissances de l'Entente, si mal pourvues du matériel nécessaire pour la guerre moderne [1].

Que faisait pendant ce temps le Président ? C'était un Américain, demeuré jusque-là indifférent aux querelles de l'Europe, et un puritain pacifiste, ennemi de la guerre. Dès le 6 août 1914 il télégraphia aux chefs des États belligérants pour offrir ses bons offices en vue d'un accommodement ; il invita les ambassadeurs des États-Unis à secourir toutes les infortunes ; enfin une Adresse au peuple américain (18 août) rappelait à ses concitoyens le devoir d'observer la neutralité la plus complète, même en paroles, pour que l'Amérique pût se faire accepter un jour par tous comme médiatrice. Cette neutralité, il la maintint rigoureusement en dépit des plaintes des partis opposés, tout en protestant successivement contre le blocus anglais (décembre 1914) qui menaçait les intérêts des gens du Nouveau-Monde, puis contre la guerre sous-marine allemande (février 1915) qui menaçait leur vie.

Le 7 mai 1915 eut lieu le torpillage du *Lusitania*, qui fit périr

1. V. Alphaud, *L'action allemande aux États-Unis*, 1915, et *Les États-Unis contre l'Allemagne*, 1917 ; Halévy, *Le Président Wilson*, 1918.

cent quatre-vingt-quatre habitants des États-Unis. L'indignation fut telle que, si le Président avait voulu la guerre, la nation l'eût suivi. Au contraire, il recommanda le calme, et prononça bientôt le mot fameux : « Un homme peut être trop fier pour se battre. » Mais il envoya au gouvernement allemand le 14 mai une note énergique, si précise que bientôt le secrétaire d'État, le pacifiste Bryan, donna sa démission. L'Allemagne discuta, épilogua et finit par prendre, en septembre et octobre, l'engagement de ne pas couler les paquebots sans avertissement préalable. Cependant M. Dernburg, voyant l'opinion publique irritée par sa propagande sans mesure et sans tact, avait quitté les États-Unis ; l'Autriche acceptait le rappel de son ambassadeur, M. Dumba, convaincu de s'être immiscé dans les affaires intérieures du pays. Mais divers faits, divers papiers saisis prouvèrent que les partisans de l'Allemagne fomentaient des grèves, détruisaient des ponts, incendiaient des usines. Aussi le parti favorable aux alliés gagnait-il du terrain, bien que le Président, après le succès diplomatique obtenu à Berlin, fût revenu à sa politique d'abstention. Toutefois son message annuel de décembre 1915 invita le Congrès, contrairement aux idées qu'il avait soutenues peu auparavant, à voter des lois de préparation militaire et à renforcer l'effectif de l'armée.

L'Allemagne, en échange des promesses qu'elle avait faites et qu'elle tint pendant quelques mois, s'efforça d'obtenir du Congrès une résolution défendant aux Américains de s'embarquer sur des navires de commerce armés ; l'opposition nette et ferme du Président la fit repousser par les deux Chambres (février 1916). Quelques semaines plus tard le paquebot *Sussex*, qui transportait des passagers américains, fut torpillé sans avertissement dans la Manche ; les promesses allemandes étaient violées. Devant le soulèvement de l'opinion publique, devant la convocation du Congrès par le Président qui menaçait de rompre les relations diplomatiques, l'Allemagne céda encore une fois et, par la note du 4 mai, renouvela ses engagements, non sans essayer d'exiger en échange un relâchement du blocus franco-anglais.

Malgré l'intérêt croissant des Américains pour les affaires d'Europe, ils réservaient toujours le meilleur de leur attention à la politique intérieure, surtout à l'élection présidentielle qui approchait. Le 7 juin se réunirent à Chicago la convention républicaine et la convention progressiste ; celle-ci, conformément aux conseils de son chef, M. Roosevelt, rétablit l'unité du parti républicain ; elle accepta le candidat choisi par la convention républicaine, M. Hughes, juge à la Cour suprême. Quelques jours plus tard la convention des démocrates, réunie à Saint-Louis, décidait à l'unanimité de présenter une seconde fois M. Wilson. Celui-ci avait d'ailleurs continué ses réformes intérieures et obtenu le vote d'une loi qui lui était chère, la loi sur le travail des enfants dans les manufactures. Mais sa campagne électorale fut troublée par la menace d'une grève colossale des employés de chemins de fer ; 300.000 agents étaient groupés, leur comité dirigeant avait lancé l'ordre de grève pour le 4 septembre. Le Président se résigna, pour éviter ce danger, à faire voter immédiatement par le Congrès le principe de la journée de huit heures. La Chambre, le 1er septembre, le Sénat, le 2, enregistrèrent cette concession, et la loi signée le 3 permit au pays d'échapper à la grève.

La campagne électorale fut bizarre. Les républicains reprochaient au Président son excessive longanimité vis-à-vis des bandes mexicaines, sa patience inaltérable en face des atteintes portées par les belligérants européens aux droits des Américains. Les démocrates répondaient : « Il nous a préservés de la guerre. » Mais les deux partis étaient gênés par le souci de préconiser la neutralité, de répondre aux instincts pacifiques des masses ; enfin tous ignoraient qui recueillerait les voix de près de 2 millions d'électeurs germano-américains, le Président qui avait humilié l'Allemagne à propos du *Sussex* ou bien le candidat compromis par l'adhésion du belliqueux Roosevelt, par les déclarations ententophiles d'Elihu Root, ce républicain conservateur et modéré. Le succès fut très disputé ; on annonça même un instant la victoire du candidat républicain. C'était une erreur : les suffrages de l'Ouest assurèrent à M. Wilson 276 voix contre 255.

Le Président, sûr maintenant de quatre années devant lui, pouvait agir avec une autorité nouvelle ; n'ayant pris aucun engagement pendant la campagne électorale, il avait les mains libres. N'était-ce pas le moment de donner satisfaction à cet idéal pacifique et humanitaire qui était celui de son peuple ? L'homme qui, le 18 août 1914, exprimait l'espérance de voir l'Amérique intervenir un jour comme médiatrice, avait encore prononcé un discours important, le 27 mai 1916, au congrès de la Ligue mondiale pour imposer la paix (*The World League to enforce Peace*) : rompant avec la tradition de Washington et de Jefferson, il avait dit : « Nous ne sommes plus des spectateurs détachés... Nous participons, que nous le voulions ou non, à la vie du monde. » Enfin il avait esquissé dans ce même discours le projet d'une Société des nations, qui préviendrait toute guerre entreprise contrairement aux traités. Voilà les idées qui inspirèrent l'action du Président réélu. Quoique devancé par la note allemande qui renfermait une offre captieuse de négociations, il lança le 18 décembre 1916 un appel aux belligérants, les invitant à faire connaître leurs buts de guerre.

Les réponses furent très différentes. Les Empires centraux, dans une note de quelques lignes, refusèrent de préciser leurs vues, de dévoiler leurs ambitions. Les puissances de l'Entente, tout en regrettant l'affectation que mettait le Président à refuser d'indiquer les auteurs responsables de la guerre, envoyèrent un exposé détaillé, nommant les peuples qui devaient être libérés du joug étranger. M. Wilson cependant lisait au Sénat, le 21 janvier 1917, un message sur les conditions d'existence de la Société des nations ; l'Europe y remarqua surtout la formule de la « paix sans victoire ». L'Allemagne crut avoir bon marché de cet idéaliste qui vivait dans le rêve : elle lui communiqua une note qui débutait par des phrases pacifiques et favorables à la future Société des nations, qui finissait par l'annonce de la guerre sous-marine poursuivie sans merci, délivrée de toutes les restrictions accordées auparavant à la diplomatie des États-Unis. Trois jours après avoir lu cette note, le 3 février, le Président convoque le Congrès et la Cour suprême, déclare que l'Allemagne a déchiré ses engagements, et leur annonce qu'il a prononcé la rupture des relations diplomatiques. Les événements se déroulent désormais avec une logique inexorable ; d'ailleurs la révolution russe, en détruisant le tsarisme odieux au peuple américain, calme les scrupules de tous ceux qui hésitaient à lier partie avec l'autocrate de Pétrograd. Le Président, qui vient d'inaugurer son second terme, propose au Congrès, le 2 avril, de proclamer l'état de guerre ; les deux Chambres l'approuvent, et les États-Unis entrent dans la lutte.

CONCLUSION

Le XXe siècle a vu finir cette occupation des terres désertes qui est le trait caractéristique de l'histoire des États-Unis au XIXe siècle; la *frontier* n'existe plus. Aussi a-t-on commencé à ne plus dédaigner les terres sèches, qu'une irrigation et une agriculture savantes exploitent aujourd'hui avec succès. Mais il y a encore beaucoup de place dans les États récents, où la population n'atteint qu'une faible densité; il se passera bien des années encore avant qu'on puisse parler de surpeuplement. Les terres ainsi mises en valeur ont fourni des richesses toujours croissantes. La région du Mississipi est devenue le principal grenier du monde; les minéraux sortent chaque jour plus nombreux de gisements inépuisables : la production du charbon a pour la première fois en 1913 dépassé le chiffre de 500 millions de tonnes, elle est arrivée à 536 millions en 1916; le fer a donné en 1916 le chiffre, inconnu auparavant, de 76 millions de tonnes. Toutes les régions des États-Unis ont eu leur part de ce développement; rien de plus intéressant dans le dernier quart de siècle que la régénération économique du Sud. Ce pays semblait en 1865 frappé d'une ruine irrémédiable; mais, quoi qu'en aient dit les prophètes de malheur, la production du coton s'est relevée malgré l'affranchissement des noirs : au lieu des 5 millions de balles de coton fournies en 1860, on a pu en compter 13.700.000 en 1915. Enfin le Sud ne se contente plus d'une occupation unique; il s'est mis à exploiter ses gisements, ses stations d'eaux minérales, et il est devenu un pays industriel.

La terre d'Amérique n'appartient plus à ses anciens maîtres. La force a brisé les dernières résistances des Indiens, telles que la révolte des Sioux dans le Dakota en 1890 ; les autres, acceptant l'inévitable, ont vendu leurs réserves et accepté en 1907 l'arrangement qui supprimait les tribus et faisait d'eux des citoyens américains, semblables à tous les blancs. Ce n'est plus d'ailleurs qu'un groupe infime. Quant aux Jaunes, les mesures prises contre eux dans les États du Pacifique ont réussi à faire cesser leur immigration.

Beaucoup plus nombreux sont les noirs, qui dépassent dans le Sud le chiffre de 7 millions, qui forment le dixième de la population totale des États-Unis[1]. En fait, ils ont perdu les droits politiques donnés par le quinzième amendement. Les blancs ont réussi à les en dépouiller par toutes sortes de ruses et de fraudes, faciles à employer à l'égard d'une population ignorante et naïve : on empêchait les électeurs noirs de s'inscrire à temps, on les faisait venir voter aux heures où le scrutin n'était pas ouvert, on les envoyait à un bureau de vote qui n'était pas le leur, d'autres fois on recourait simplement à la force. Beaucoup d'honnêtes gens ont favorisé ces procédés pour empêcher le retour du gouvernement des *carpet-baggers*. Plus tard les législatures du Sud, mettant à profit la résignation désabusée des gens du Nord, ont fait des lois destinées à tourner le quinzième amendement, soit en excluant du suffrage les illettrés, soit en soumettant les aspirants électeurs à une sorte d'examen moral et politique passé devant les fonctionnaires blancs.

Les noirs se sont laissé dépouiller de l'égalité politique sans grande résistance. Mais ils conservent l'égalité civile et, après avoir longtemps cherché à les empêcher de s'instruire, les États du Sud ont compris que l'intérêt bien entendu prescrivait d'assurer l'instruction primaire et professionnelle à ces millions de travailleurs installés sur leur sol. Le nombre des illettrés a constamment diminué depuis trente ans, bien qu'il demeure encore supérieur à 30 p. 100. L'enseignement technique a été organisé dans quelques bonnes écoles, comme celle de Tuskegee (Alabama) longtemps dirigée par Booker T. Washington, l'habile avocat de la race noire. Quoique liberté signifie encore paresse pour beaucoup de nègres, la grande masse fournit plus de travail qu'au temps de

1. En 1910, pour 81.731.000 blancs il y avait 9.827.000 noirs, 146.000 asiatiques et 265.000 indiens.

l'esclavage ; il s'est même formé une petite élite bourgeoise, instruite et aisée, qui possède beaucoup de terres. Mais ce progrès économique n'a fait que rendre plus sensible pour les noirs l'abîme social qui les sépare des blancs. Ceux-ci les acceptent comme ouvriers ou domestiques ; ils refusent de les traiter comme des égaux. Dans le Nord on interdit aux noirs l'accès des écoles, des tramways, des théâtres où va la race supérieure ; dans le Sud on punit leurs délits ou leurs crimes par des lynchages féroces, et une dizaine d'États renferment ainsi deux peuples qui vivent côte à côte sans se pénétrer.

C'est une nation blanche, d'origine européenne, qui s'est formée aux États-Unis. Jusqu'en 1880 ce furent les Anglo-Saxons, les Allemands et les Irlandais qui fournissaient la majeure partie des immigrants. Depuis lors les choses ont changé ; en dehors du Canada, qui envoie maintenant beaucoup de travailleurs, venus avec ou sans esprit de retour, ce sont la Russie, l'Italie et la Hongrie qui ont déversé leurs prolétaires sur le Nouveau-Monde ; la Russie lui donne, soit des paysans catholiques grecs, soit des juifs chassés par les pogroms. L'arrivée de ces masses incultes a causé à beaucoup d'Américains l'inquiétude qu'inspirait à leurs ancêtres le débarquement des foules irlandaises vers 1848. Le gouvernement fédéral, plus fort, plus conscient de ses droits qu'au milieu du XIXe siècle, a fait voter des lois de plus en plus sévères excluant du sol américain les forçats, les idiots et les fous, les gens atteints de maladies contagieuses, enfin les familles entièrement dépourvues du plus modeste capital. Un service d'examen rigoureux a été installé dans une île en face de New-York, et les compagnies de navigation qui ont transporté des « indésirables » sont tenues de les ramener vers l'Europe. Le Congrès poussé par les syndicats ouvriers a voulu aggraver encore ces conditions, fermer le territoire américain à tous les immigrants illettrés ; arrêté pendant vingt ans par le veto présidentiel, ce projet a conquis finalement en 1917 la majorité des deux tiers à la Chambre comme au Sénat.

C'est une chose remarquable que la rapidité avec laquelle les nouveaux venus se sont assimilés ; il a fallu la guerre de 1914 pour faire naître quelque inquiétude sur la capacité d'absorption du pays en face des groupes allemands. Jusque-là on pouvait constater que, souvent à la première génération, toujours à la seconde, l'étranger arrivé d'Europe devenait un Américain. La joie de se sentir libres et d'être considérés comme des égaux, la sécurité que donne la possession d'un travail sûr et bien payé, inspiraient vite à ces prolétaires l'attachement pour le pays hospitalier qui leur faisait accueil. Divers organes ont facilité l'assimilation. Les Églises américaines ont toutes un caractère social et positif : elles enseignent à bien vivre plutôt qu'à bien mourir, elles développent un esprit de tolérance qui détruit les haines religieuses apportées du Vieux-Monde[1]. Le protestantisme ne règne plus seul aux États-Unis : l'arrivée des Irlandais, puis des Canadiens, des Italiens et des Hongrois, a donné à l'Église catholique une importance de plus en plus grande ; mais elle-même est pénétrée de l'esprit américain. Les partis politiques ont aussi contribué pour leur part à l'assimilation, car ils se sont montrés accueillants et empressés à l'égard de ceux qui leur apparaissaient comme de futurs électeurs.

Mais le principal agent de l'assimilation est l'école. Depuis 1840, depuis le mouvement de réforme provoqué par les pédagogues de la Nouvelle-Angleterre, les Horace Mann et les Barnard, elle n'a pas cessé d'être un des principaux objets de l'attention et des soins de tous les bons citoyens. Les États ont rivalisé d'efforts pour développer l'instruction publique ; chacun a sa commission (*Board of education*) et son surintendant (*superintendant*) qui surveillent l'enseignement. L'école publique, la « common school » est ouverte aux enfants de tous les cultes ; c'est une école neutre (*undenominational*), qui laisse aux églises, aux « écoles du dimanche », le soin du catéchisme et de l'instruction religieuse. L'Union a jadis favorisé cette œuvre en affectant, par les lois de 1802, de 1836, de 1848, des portions importantes du domaine public aux frais de l'enseignement primaire ; plus tard elle a fondé en 1867 le Bureau national d'éducation, qui est un organe précieux de renseignements pédagogiques. La tâche assignée aux écoles a été bien exposée par le surintendant de l'instruction publique au Minnesota : « Dans notre pays, écrivait-il, les écoles publiques portent le poids d'une responsabilité qui est entièrement inconnue en Europe : c'est d'américaniser et de républicaniser une foule nombreuse et tou-

1. V. Bargy, *La religion dans la société aux États-Unis*, 1902. Sur la curieuse statistique religieuse dressée pour l'année 1906, v. *Revue politique et parlementaire*, décembre 1910.

jours croissante d'étrangers de tous les pays et de toutes les langues du Vieux-Monde, d'en former une nationalité homogène, connaissant notre histoire, fidèle aux principes d'égalité et de liberté qui caractérisent notre gouvernement, familière avec notre langue nationale qui seule peut leur ouvrir les trésors de notre littérature et les unir avec nous de notre vie nationale. A tout cela, il n'y a que l'école publique qui pourvoit[1]. » Elle inculque, en effet, à tous les enfants l'amour de la patrie, le culte des héros américains ; sa culture à la fois positive et idéaliste les pénètre de cette idée que l'Amérique est la terre des droits de l'homme, et aussi la terre de l'innovation et du progrès.

La Constitution de 1787, à peine modifiée par quelques amendements, est toujours en vigueur. Les partisans de l'interprétation large l'ont emporté depuis longtemps ; la guerre civile a fait disparaître les théories de Calhoun et de ses héritiers. Bien que les États conservent un vaste champ d'action, bien que le patriotisme d'État soit toujours une réalité, la législation fédérale n'a cessé d'étendre ses conquêtes. Les républicains y ont toujours travaillé ; mais c'est un Président démocrate, M. Wilson, qui a fait voter par le Congrès la loi sur le travail des enfants. Le respect presque superstitieux des Américains pour le texte de la Constitution est une des forces de la République. Toutefois des plaintes nombreuses, et trop souvent justifiées, se sont élevées contre les pratiques employées dans la vie politique, surtout contre la vénalité des politiciens. Cette corruption n'a pas contaminé les campagnes et les petites villes, où le *self-government* s'exerce de la façon la plus utile, la plus propre à faire des citoyens ; mais elle ronge les grandes villes. Or le développement de la vie urbaine est un des traits saillants de l'évolution accomplie dans les trente dernières années ; de 1860 à 1900, le nombre des « cités », pourvues d'une charte qui leur donne la plus large autonomie, a passé de 141 à 545 ; depuis 1910, la population urbaine atteint presque le même chiffre que la population rurale. Les grandes cités surtout ont des mœurs étranges, qui s'expliquent par leur caractère cosmopolite. « New-York, a dit un historien, renferme plus d'Européens que Saint-Pétersbourg, plus de

1. Cité par Levasseur, *L'enseignement primaire dans les pays civilisés*, 1897, p. 376.

Juifs russes que Kichinef, plus d'Allemands que Francfort-sur-le-Mein, plus d'Irlandais que Dublin, plus d'Italiens que Messine ». Aussi la ville a-t-elle connu les plus singulières variations : si quelquefois elle a trouvé des maires énergiques, tels que Seth Low, sachant assainir les étables d'Augias, trop souvent elle a vu revenir au pouvoir les dignes successeurs de Tweed, les protégés de Tammany Hall. Et New-York n'est pas une exception ; bien d'autres grandes cités ont eu leur *Ring*, coterie menant la politique au moyen du pot-de-vin, de l'intrigue, de l'intimidation, et leur *boss*, Machiavel municipal capable de tout pour assurer le succès de son clan. Philadelphie obéissait jadis au *ring* du gaz ; la Nouvelle-Orléans, Chicago, Cincinnati ont connu les mêmes scandales ; ceux de San-Francisco défrayèrent pendant des années les tribunaux et la presse. Au-dessus des cités, les législatures des États et souvent les Chambres fédérales ont pu être accusées d'obéir au *lobby*, aux intrigues de couloir où l'argent tient une grande place. Enfin les procédés et la conduite des juges qui siègent dans les tribunaux des États sont loin de fournir des arguments à ceux qui préconisent l'élection des magistrats[1].

Mais les Américains, loin de s'attarder aux plaintes stériles, cherchent le remède, et ils ne le trouvent que dans une extension plus grande encore des pouvoirs du peuple. Les cités ont inauguré sur bien des points un nouveau système municipal, remplaçant les deux conseils par un bureau de cinq commissaires, dont chacun est responsable d'un service déterminé ; souvent elles ont adopté le *recall*, qui permet au suffrage universel de révoquer un maire ou un autre élu avant la fin du temps pendant lequel il pouvait se croire maître de son mandat. Les États ont diminué les pouvoirs de leurs législatures en instituant le *referendum* et l'initiative populaire, en faisant, comme l'Oklahoma, une Constitution de la longueur d'un volume, qui règle minutieusement tous les problèmes politiques. Dans le gouvernement fédéral, l'élection des sénateurs par le suffrage universel diminue le rôle des politiciens ; l'extension du Service civil diminue les dépouilles laissées à la clientèle des partis vainqueurs.

D'ailleurs les Américains, avec un optimisme justifié, constatent

1. V. Nerincx, *L'organisation judiciaire aux États-Unis*, 1909.

aussi dans leur pays de grands progrès intellectuels et moraux. La lutte des « prohibitionnistes » contre l'alcoolisme a été marquée par de nombreuses victoires, et les progrès toujours croissants du suffrage des femmes ont apporté aux ennemis de l'ivrognerie un appui précieux. Le développement artistique, littéraire et scientifique du pays a été plus rapide qu'on ne l'espérait vers 1850. Sans cesser de produire d'étonnants inventeurs, formés à l'école de la vie, comme Edison ou Graham Bell, l'Amérique est devenue un pays de savants. La nation qui a produit un poète comme Walt Whitman, un romancier comme Edgar Poe, un humoriste comme Mark Twain, un philosophe comme William James, tient sa place dans la littérature. Des peintres comme Abbey, Sargent et Whistler, des sculpteurs comme Mac Monnies et Saint-Gaudens ont conquis la renommée hors d'Amérique. Enfin les Universités, dont l'influence n'a cessé de grandir depuis vingt-cinq ans, sont les foyers de cet idéalisme qui remonte aux puritains et qui demeure une des marques distinctives de la nation américaine [1]. Cet idéalisme va de pair avec un immense orgueil national, orgueil justifié, s'il faut en croire le critique le plus pénétrant de la société américaine. « Ceux qui considèrent, dit James Bryce, non les quelques privilégiés pour le profit desquels le monde semble avoir jusqu'ici créé ses institutions, mais l'ensemble du peuple, seront d'avis que l'Amérique représente le niveau le plus élevé, non seulement de bien-être matériel, mais d'intelligence et de bonheur, qu'ait encore atteint la race humaine [2]. »

1. V. Caullery, *Les Universités et la vie scientifique aux États-Unis*, 1917.
2. Ce sont les dernières lignes de *La République américaine*.

NOTE BIBLIOGRAPHIQUE

Aux deux ouvrages cités dans l'avant-propos, il convient d'ajouter une histoire collective publiée par un groupe de savants sous la direction de Hart, *The American Nation. A History*, New-York et Londres, 1904-1907, 27 vol. Parmi les meilleurs résumés on peut indiquer le tome VII de la *Cambridge modern history* et le livre de Channing, *A Student's History of the United States*, nouvelle édition, New-York, 1908. Mais je ne veux pas essayer une bibliographie complète de l'histoire des États-Unis, puisque le travail est fait, et bien fait, dans le livre de Channing, Hart et Turner, *Guide to the Study and Reading of American History*, nouvelle édition, Boston et Londres, 1912. Depuis 1912, il suffit de compléter ce livre par l'*American Historical Review*, qui indique toutes les publications importantes.

Je me bornerai à donner la liste, malheureusement très brève, des ouvrages écrits ou traduits en français. Je laisse de côté les livres antérieurs à 1880, quoiqu'il y ait encore profit à lire, non seulement la *Démocratie en Amérique* de Tocqueville (1835-1840), mais les ouvrages de Guizot (*Vie, correspondance et écrits de Washington*, 1840, 6 vol.), et de Cornelis de Witt (*Jefferson*, 1861, 2ᵉ éd.), malgré sa haine contre le grand démocrate. Nous avons des ouvrages importants sur la guerre de l'Indépendance, mais non sur la période postérieure à 1789 ; autant les descriptions, les récits de voyages abondent, surtout depuis vingt-cinq ans, autant les livres d'histoire manquent.

Auguste Moireau a publié les deux premiers volumes d'une histoire d'ensemble (*Histoire des États-Unis*, 1892) ; ils vont jusqu'à 1801 et, par leur valeur, font regretter que l'ouvrage n'ait pas été continué. L'auteur a du moins fait les chapitres consacrés à ce pays, jusqu'à 1900, dans l'*Histoire générale* de Lavisse et Rambaud ; il a publié aussi divers articles dans la *Grande Encyclopédie* et dans quelques périodiques. A part cela, on ne peut guère citer que le résumé de Cons, *Les États-Unis de 1789 à 1912*, 1912. Le magistral ouvrage de Bryce, *La République américaine*, indispensable à l'étranger qui veut comprendre les États-Unis, a été bien traduit (1911-1913, 5 vol.). Le tome II de la traduction d'Ostrogorsky, *La démocratie et l'organisation des partis politiques* (1903), est très utile pour l'histoire des partis, malgré le pessimisme excessif de l'auteur. En janvier 1918 a commencé à paraître par fascicules la traduction de l'*Histoire du peuple américain*, par le Président Wilson. Pour l'histoire économique, nous avons Viallate, *L'industrie américaine* (1908), et *Un siècle de finances américaines* (*Revue de Paris*, 15 juin 1901).

J'ai indiqué dans le cours du livre quelques travaux français concernant des questions spéciales. Pour la période antérieure à 1787, la Bibliothèque France-Amérique vient de nous donner l'intéressant livre de J. Merlant, *La France et la guerre de l'Indépendance américaine*, 1918.

TABLE DES GRAVURES

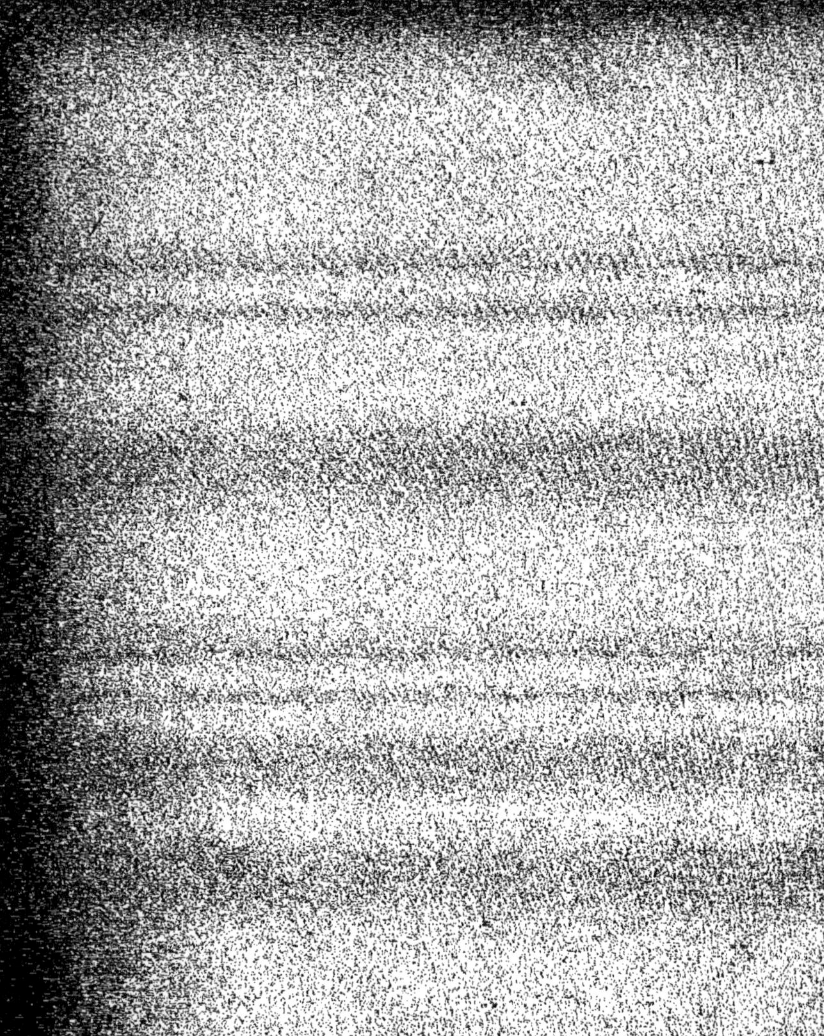

TABLE DES MATIÈRES

ÉVREUX, IMPRIMERIE CH. HÉRISSEY

FRANCE-AMÉRIQUE

Le Comité France-Amérique, *qui édite la Bibliothèque à laquelle cet ouvrage appartient, a été fondé, il y a dix ans, par un grand nombre de personnalités qui ont lancé l'appel suivant, résumant le programme du Comité :*

Les Français qui signent cet appel viennent de fonder une institution qui se consacre à une œuvre urgente de rapprochement et de sympathie entre la France et les nations américaines : c'est le Comité *France-Amérique*.

Travailler au développement des relations économiques, intellectuelles, artistiques, etc., entre les nations du nouveau monde et la nation française ; fonder une Revue mensuelle et y coordonner les renseignements les plus complets sur la vie économique et intellectuelle des peuples américains ; attirer en France des étudiants et des voyageurs des deux Amériques et leur préparer un accueil cordial ; encourager toute œuvre ou toute action qui fera connaître l'Amérique en France ou la France en Amérique : telle sera la direction donnée à nos efforts.

Les soussignés font appel au concours généreux et au dévouement actif de ceux qui, en France, s'intéressent aux Amériques et de ceux qui, dans les Amériques, s'intéressent à la France.

Cette fondation a été accueillie avec tant de faveur que, trois ans après, le nombre de ses membres actifs et de ses adhérents dépassait le millier. A cette date, après avoir organisé en France une base solide, il a commencé à fonder des Comités correspondants en Amérique.

Dans l'Amérique du Nord, les Comités suivants fonctionnent sous la présidence : à Montréal, de l'Hon. sénateur Raoul Dandurand, ancien président du Sénat fédéral; à Québec, de M. Ferdinand Roy; à la Nouvelle-Orléans, de l'Hon. Juge Bréaux, ancien président de la Cour Suprême de la Louisiane; à Los Angeles, de M. L. W. Brunswig; à San Diego, de M. Eugène Daney, ancien président de la California Bar Association; à Seattle, de M. R. Auzias de Turenne; à Salt Lake City, du Major Richard W. Young, etc., etc. La Société « The Friends of France », de San Francisco, est également affiliée au Comité France-Amérique de Paris.

Le Comité de New-York est ainsi constitué : Président : Dr Nicholas Murray Butler, président de l'Université Columbia; vice-présidents : Frédéric R. Coudert, Chauncey M. Depew, William D. Guthrie, Myron T. Herrick; trésorier : J. Pierpont Morgan; secrétaire : S. Reading Bertron; président du comité exécutif : R. Cunliffe-Owen; membres du Conseil de Direction : Robert Bacon, Peter T. Barlow, George W. Burleigh, William A. Clark, Paul Fuller, Warren L. Green, Mc Dougall Hawkes, A. Barton Hepburn, E. H. Outerbridge, Georges Foster Peabody, Edward Robinson, Henri W. Sackett, Herbert L. Satterlee, W. K. Vanderbilt, Henry Van Dyke, Whitney Warren, Henry White, George T. Wilson.

Dans l'Amérique latine, des Comités ont été constitués ou sont en voie de formation à Santiago du Chili, São Paulo, Buenos Aires, Montevideo, La Paz, Bogota, Costa Rica, etc. Le Comité de São Paulo, notamment, a organisé en 1913 une brillante Exposition d'Art français, dont la section d'art rétrospective a servi à constituer le premier Musée d'Art français permanent en Amérique du Sud.

D'autre part, en France, une section spéciale, dite Ligue française de propagande, *a organisé un service de renseignements et de propagande en Amérique, touchant le tourisme en France, l'enseignement français, l'art français et les produits de l'industrie française.*

Le Comité central de Paris, qui a son siège social 21, *rue Cassette, se compose d'un Bureau, d'un Conseil de direction, de membres actifs et d'adhérents. Le Bureau de* France-Amérique *est actuellement formé des personnalités suivantes :*

Président du Comité : M. Gabriel HANOTAUX, de l'Académie française, ancien ministre des Affaires étrangères; *président de la Ligue française de propagande :* M. HEURTEAU, délégué général du Conseil d'administration de la Compagnie d'Orléans; *président de la section France-Amérique latine :* M. François CARNOT; *président de la section France-États-Unis :* M. Alexandre MILLERAND; *président de la section France-Canada :* vicomte R. DE CAIX DE SAINT-AYMOUR; *président d'honneur de la Ligue française de propagande :* M. Georges PALLAIN, gouverneur de la Banque de France; *président de la Commission de l'Enseignement :* M. APPELL, de l'Institut, doyen de la Faculté des sciences; *président de la Commission des Beaux-Arts :* M. François CARNOT, président de l'Union des Arts décoratifs; *président de la Commission de l'Industrie et du Commerce :* M. DE RIBES-CHRISTOFLE, président de la Chambre de commerce de Paris; *président de la Commission du Tourisme :* M. Edmond CHAIX, président de la Commission du Tourisme de l'Automobile-Club; *trésorier :* comte R. DE VOGUÉ; *directeur :* M. G. LOUIS-JARAY, membre du Conseil d'État.

Le Comité publie, depuis le 1er janvier 1910, une Revue mensuelle France-Amérique, *qui est la propriété du Comité, et des revues suppléments :* France-États-Unis, France-Amérique latine *et* France-Canada. *Cette revue étudie la vie des nations américaines dans toutes leurs manifestations politiques, nationales, économiques, financières, sociales, intellectuelles, artistiques, etc. Elle a publié régulièrement des articles et chroniques des auteurs les plus connus et les plus compétents. C'est une revue de luxe, qui avec ses suppléments paraît sur une centaine de pages de grand format, et publie chaque mois des gravures ou cartes en planches hors texte sur papier couché. Elle donne également le compte rendu complet des diverses manifestations, initiatives et organisations du Comité.*

Le numéro (France et Etranger) : 2 fr. 50.

Abonnement annuel: 28 francs (France) ; 30 francs (Amérique) ; 32 francs (autres pays étrangers).

France-Amérique *paraît depuis le 1er janvier* 1910; *chaque année est envoyée franco contre 25 francs.*

FRANCE
AMÉRIQUE

www.ingramcontent.com/pod-product-compliance
Ingram Content Group UK Ltd.
Pitfield, Milton Keynes, MK11 3LW, UK
UKHW022012170726
13837UKWH00001B/136

9 782019 918101